中国国家博物馆国内交流系列丛书

丝路孔道

甘肃文物菁华

王春法　主编

北京时代华文书局

主办单位

中国国家博物馆　甘肃省文物局　甘肃省博物馆

协办单位

敦煌研究院

参展单位（排名不分先后）

甘肃省博物馆	麦积山石窟艺术研究所
敦煌研究院	甘肃大地湾文物保护研究所（大地湾博物馆）
甘肃省简牍博物馆	秦安县博物馆
甘肃省文物考古研究所	甘谷县博物馆
兰州市博物馆	清水县博物馆
永登县博物馆	张家川回族自治县博物馆
榆中县博物馆	静宁县博物馆
金昌市博物馆	灵台县博物馆
金昌市金川区博物馆	崇信县博物馆
永昌县博物馆	泾川县博物馆
张掖市博物馆	庄浪县博物馆
山丹县博物馆	华亭市博物馆
高台县博物馆	庆阳市博物馆
肃南县民族博物馆	庆城县博物馆
酒泉市肃州区博物馆	华池县博物馆
敦煌市博物馆	镇原县博物馆
玉门市博物馆	环县博物馆
瓜州县博物馆	宁县博物馆
嘉峪关长城博物馆	陇东古石刻艺术博物馆
甘肃炳灵寺文物保护研究所	礼县博物馆
临夏回族自治州博物馆	武都区博物馆
广河县齐家文化博物馆	西和县博物馆
天水市博物馆	

中国国家博物馆国内交流系列丛书

——

丝路孔道——甘肃文物菁华

中国国家博物馆策展团队

总　策　划：王春法

总　协　调：陈成军

总　　　监：陈　煜

策　展　人：王志强

内容设计：王志强

形式设计：李梦涵

制作设计：孙　涛

新闻宣传：刘　钧

社会教育：赵　悦

数据支持：李华新　邓　帅

甘肃展览工作团队

展览总策划：马玉萍　贾建威

展览统筹：白　坚　王　琦

展览联络：刘光煜　米　毅　杨　杰

展品筹备：王　勇　孙　玮　徐　琳
　　　　　焦桂彩　徐　缨　张　仁静
　　　　　高一竑　马　榕　罗　静
　　　　　何孟君　黄　博

展览推广：李延强　陈愫闿

致 辞

王春法

中国国家博物馆馆长

甘肃地处我国中原地区通往西北边疆的走廊形过渡地带，其西北直通中亚腹地，东部则为关陇核心区的重要组成部分，是中华文明的重要发祥地之一，也是中华文明与两河流域、古印度、地中海等古老文明融合汇流之地。历史上众多民族在这块土地上繁衍生息，密切交往，交融互鉴，共同创造出了灿烂辉煌并且带有鲜明地方特色的地域文化。考古发现的秦安大地湾文化，与中原地区的裴李岗文化、华北地区磁山文化以及东南沿海地区的河姆渡文化、良渚文化等诸多史前新石器文化并行发展、竞放异彩，共同构成了早期中华文化灿烂辉煌的绚丽画卷，为推动形成中华文化多元一体格局做出了重要贡献。

继大地湾文化后，甘肃一带的先民们历经仰韶文化、马家窑文化、齐家文化、辛店文化和沙井文化，创造形成了独具特色的彩陶文化体系，甘肃地区也因而成为名副其实的"中国彩陶之乡"，绚丽多彩的马家窑彩陶更是代表了中国彩陶艺术的最高成就，被誉为"彩陶之冠"；不仅如此，距今5000年前的马家窑先民在中华大地上还率先开启了青铜铸造的先声，随后的齐家文化、辛店文化、四坝文化、沙井文化居民在吸收中原青铜文化、借鉴欧亚青铜文化的基础上，创造出别具一格、熠熠生辉的甘肃青铜文化，甘肃因而成为中国青铜文化的萌生之地。进入商周时期以后，周人和秦人先后在这里发展壮大、奠基立业，秦人更是由关陇起家进而一统华夏，创建了中国历史上第一个中央集权的大一统王朝，影响后世2000余年。西汉武帝时张骞"凿空"西域，开辟了号称"世界文化大运河"的丝绸之路，处于丝绸之路黄金段和核心区的甘肃由此又被誉为丝绸之路上的"孔道"。在此后近千年间，来自东方和西方的政治、经济、物质与文化因素在这段狭长的地理空间中激荡碰撞、交流对话，不同族群在这里迁徙流动、融汇共生，共同演绎形成了厚重多彩的甘肃地域历史文化，成为中华优秀传统文化的重要组成部分。

历史是现实的基础，现实是历史的延续。悠久恢宏的历史传统，深厚醇美的文化底蕴，多民族交流互鉴、共融共生，塑造了甘肃地方特有的精神气质，形成了积极进取、兼容并蓄、不畏艰险、勇于创新的精神品格。习近平总书记突出强调，"文明因交流而多彩，文明因互鉴而丰富。文明交流互鉴，是推动人类文明进步和世界和平发展的重要动力"。甘肃作为丝路孔道的历史发展充分证明了这一点。本次展览以时间为轴，以文化交流为线索，通过516件（套）不同门类的重要文物，为观众勾勒了一幅历史悠久、文彩纷呈、多民族和谐共生的甘肃古代历史图景，全方位直观呈现出甘肃地方在早期中华文明起源发展进程中、在东西方文明交流互鉴中所扮演的重要角色和所发挥的突出作用，无可辩驳地证明"多样带来交流，交流孕育融合，融合产生进步"，不同文明交流互鉴是促进各民族文化多样性发展、增进各国人民相互理解、实现人类社会进步的根本途径。我们相信，在"一带一路"建设的伟大进程中，甘肃走廊的"通道"和"枢纽"作用必将再次激活，勇敢地肩负起新的历史使命，焕发出新的生机。

中国国家博物馆是代表国家征集、收藏、保管、展示、阐释能够充分反映中华优秀传统文化、革命文化和社会主义先进文化代表性物证的最高机构。近年来，中国国家博物馆深入贯彻落实以习近平同志为核心的党中央重大决策部署，奋力开拓创新，秉持"不求所藏、但求所展，开放合作、互利共赢"的价值理念，与国内多家文博机构建立战略合作关系，联合举办文物精品展。这次由中国国家博物馆与甘肃省文物局、甘肃省博物馆共同主办的"丝路孔道——甘肃文物菁华"展览，就是我们与地方文博机构共同举办古代历史文物系列展的又一成果。衷心希望展览能使广大观众对甘肃地方历史文化的面貌特征有更加全面的了解，对甘肃在中华文化多元一体格局形成与演进过程中的角色、地位与作用有更加深刻的认知，对历史上甘肃在东西方文明交流互鉴中的"通道"和"枢纽"作用有更加准确的理解，为进一步增强文化自信、促进中外文化交流互鉴、推动"一带一路"建设做出应有的贡献。

致 辞

贾建威

甘肃省博物馆馆长

甘肃省位于我国西北地区的中心，母亲河——黄河的中上游，东西跨度达1520千米。青藏高原、阿拉善高原、黄土高原三大高原在省域交接，黄河流域、长江流域、内陆河流域三大水系在境内分流，是我国政区中唯一包括三大自然区的省份。山地起伏，岭塬绵延，河流广布，深谷纵横。

从宏观角度看，这里是亚洲东部与亚洲中部的分野地带，大致以乌鞘岭为界，以西地区河流皆为内流水系，属亚洲中部；以东地区河流统属太平洋流域，属亚洲东部。甘肃省位于上述界限两侧这一特点，使它理所当然成为东亚与亚洲中部、西亚和欧洲之间的陆上交通孔道。古代丝绸之路和现代的新亚欧大陆桥均取道于此。

从微观角度说，省内各地的地形、地貌、气候、土壤、植被、水源存在巨大差别，形成了许多适宜于人类群体生存的小型区域性生态环境，为远古时代史前文化的多样性，以及文明时代多民族并存共生创造了条件。

甘肃境内不仅是早期人类繁衍生息的重要区域，也曾是一些种族转移迁徙的通道；后来又是各种类型的古文化育生递接，众多民族活动、交往、冲突、融汇、定居的舞台。

在中华民族基本形成之后的漫长历史中，甘肃是农耕、游牧、骑猎三大文化圈的切合地带，不同经济形态的碰撞和渗透，使社会文化洋溢着地域性特色。

甘肃一方面是东、西交通的必经之路，一方面又是封建王朝西北边域的塞防要地。境内驿道通畅，烽隧相望，亭障遍设，重镇棋布，与国家命运息息相关的"丝绸之路"，几度勃兴。

从新石器时代的彩陶文化（以马家窑文化为代表），先周、早期秦文化（周人、秦人都发祥于陇东南），魏晋河西文化，到汉唐时代丝绸之路文化，宋辽夏金元时期的多元民族文化，共同演绎了绚丽多彩的甘肃区域文明。上述历史背景奠定了甘肃地区深厚而卓异的文化底蕴，并决定了今天甘肃省古代物质遗存丰富且具特色的优势。同时，这也是甘肃省博物馆文物收藏的土壤和根基。

"丝路孔道——甘肃文物菁华"展在中国国家博物馆隆重推出，这是2018年甘肃省文物局、甘肃省博物馆与中国国家博物馆签订战略合作协议后，合作推出的一个重要的反映中华优秀传统文化的大型文物精品展。

该展荟萃了甘肃省内45家文博机构，共516件（套）文物，其中一级文物322件（套），二级文物94件（套），三级文物42件（套），其中许多为近年来重大考古新发现的文物珍品，珍贵文物占比高达88.7%。展览以时间为轴，以东西方文化交流为线索，以考古发掘的甘肃各历史时期文物为基础，建构起甘肃历史文明的基本面貌，向观众展示一幅历史悠久辉煌、文化异彩纷呈、多民族聚居的甘肃历史文明图景，从而使观众对开放、多元、包容的甘肃文化产生更深刻的理解，感受中华文明的源远流长和博大精深！

目　录

致　辞 .... 王春法　006

致　辞 .... 贾建威　008

历史的走廊　文明的枢纽
——"丝路孔道：甘肃文物菁华"展览总述 .... 王志强　018

文明序曲

人头形器口彩陶瓶 040

黍、粟、油菜籽标本 042

石斧 043

单孔石铲 044

石锛 044

陶纺轮 045

骨鱼钩 045

陶杯 045

玉笄 046

骨笄 046

宽带纹三足圜底彩陶钵 048

绳纹灰陶圈足碗 049

绳纹三足深腹罐 050

小口尖底陶瓶 051

宽带纹彩陶钵 052

写实鱼纹彩陶盆 053

变体鱼纹彩陶盆 054

三角纹彩陶钵 055

对三角纹彩陶钵 056

变体鱼纹彩陶钵 057

彩绘符号陶片 058

彩绘符号陶片 059

彩陶之冠

仰韶文化彩陶 **062**

宽带纹彩陶钵 063

葫芦形红陶瓶 064

变形人面纹葫芦形彩陶瓶 065

深腹彩陶罐 066

人头形器口陶瓶 067

鲵鱼纹彩陶瓶 068

变体鲵鱼纹彩陶瓶 071

马家窑文化彩陶 072

漩涡纹四鋬彩陶瓮 073

水波纹双耳深腹盆 074

弦纹变体动物纹双耳彩陶豆 074

波纹弦纹双横耳彩陶盆 075

长颈双耳彩陶瓶 076

弧线网纹彩陶瓶 077

对鸟纹彩陶壶 078

锯齿漩涡纹双耳彩陶瓮 079

漩涡纹双耳彩陶壶 080

圆圈网纹圆点纹鸟形壶 081

四大圈纹网格纹彩陶壶 082

四大圈纹双耳彩陶壶 083

锯齿漩涡纹彩陶鼓 084

弧线扇面纹双耳彩陶壶 085

折线纹双耳彩陶罐 086

复线交叉纹双耳彩陶罐 087

菱形网纹双耳彩陶罐 088

双耳弧线及平行线纹彩陶罐 089

水波纹圆点纹提梁彩陶罐 089

四大圆圈网格纹彩陶瓮 090

双耳圆圈方格网纹彩陶瓮 091

变体神人纹彩陶瓮 092

变体神人纹筒状单耳杯 094

变体神人纹彩陶罐 095

回形纹双耳彩陶罐 096

回形纹彩陶豆.....................................097

齐家文化、辛店文化彩陶.....................098
网纹高圈足单耳彩陶罐.............................099
网格纹间"V"形纹彩陶尊.........................100
三角网纹彩双耳陶罐.............................101
红"井"纹单耳彩陶壶.............................101
双勾纹、鹿纹双耳彩陶罐.........................102
双勾纹太阳纹彩陶罐.............................104
双勾纹勾索纹彩陶罐.............................105
双勾纹大双耳彩陶罐.............................105
狩猎纹彩陶罐...................................106
鸟纹漩涡纹彩陶罐...............................107

四坝文化、沙井文化彩陶.....................108
人形彩陶罐.....................................109
鹰形彩陶壶.....................................110
矛形钮盖四耳罐.................................112
回纹双大耳彩陶罐...............................113
人形舞蹈纹彩陶罐...............................114
"Z"字纹彩陶碗.................................115
双肩耳彩陶罐...................................116
三角网纹竖线纹彩陶罐...........................117
倒三角纹彩陶壶.................................118
双耳圜底夹砂红陶罐.............................119

青铜之路
河陇青铜文化的发展.........................122
青铜刀...123
环首青铜短刀...................................124
素面青铜镜.....................................125
臂钏形青铜器...................................126
月牙形青铜项饰.................................126

璧形青铜器.....................................126
弦纹青玉琮.....................................127
青玉璧（2件）.................................128
人首形柄青铜匕.................................129
人首形柄青铜匕.................................130
带銎青铜钺.....................................131
青铜空首斧.....................................132
青铜铲...133
球形石权杖头...................................134
石权杖头.......................................135
陶勺...136
环首青铜刀.....................................136
骨柄青铜锥.....................................137
金鼻饮...138
金耳环...138
网格纹彩陶埙...................................139
刻画人物纹双耳陶罐.............................139
环首铜刀.......................................140
云雷纹环首青铜短剑.............................141
孔首青铜刀.....................................142
环首青铜刀.....................................142
鹰首形青铜权杖头（2件）.......................143
嵌绿松石金耳环.................................144
兽纹青铜镜.....................................144
鸮首铜权杖头（一对）...........................145
凤鸟状铜带扣...................................145
三层仵马青铜饰牌...............................146
青铜立鹿.......................................146
联珠纹铜泡饰...................................147
竹节状铜针筒...................................148

中原青铜文化的西进.........................149
"父丁"青铜角.................................150

"鸟祖癸"青铜爵 · 152
"辇父辛"青铜罍 · 153
云雷纹青铜瓿 · 154
"𤔲"青铜鼎 · 155
"师伯"青铜盨 · 156
"中生父"青铜鬲 · 158
"伯硕父"青铜鼎 · 160
夔龙纹青铜瓿 · 162
饕餮纹青铜鼎 · 163
"祖癸乙"青铜盉 · 164
卷体夔纹青铜簋 · 165
"隩伯"青铜簋 · 166
"𤔲举父己"青铜簋 · 167
兽面纹青铜瓿 · 168
对凤纹筒形青铜卣 · 169
"徙遽爨"青铜盉 · 170
"隩伯"青铜尊 · 171
"子夌"青铜尊 · 172
浮雕羊首青铜戈 · 173
夔纹三穿青铜戈 · 173
青铜啄锤 · 174
青铜削 · 175
戴冠玉人 · 176
镂空蛇纹鞘青铜短剑 · 177
"吕姜"青铜簋 · 178
五孔管銎青铜钺 · 179

北方青铜文化的融合 · · · · · · · · · · · · · · · · · · · 180
嵌绿松石兽面纹青铜牌饰 · · · · · · · · · · · · · · · · · · 181
嵌绿松石青铜扁壶 · 182
虎噬羊纹青铜牌饰 · 184
浮雕五龙斗虎青铜牌饰 · · · · · · · · · · · · · · · · · · · 184

镂雕鹰首纹金饰片 · 185
铃首铜短剑 · 186
触角式青铜短剑 · 187
触角式青铜短剑 · 188
环首式青铜剑 · 189
马手柄箭镞式青铜短剑 · · · · · · · · · · · · · · · · · · · 190
异形青铜剑 · 191
翼兽青铜提梁盉 · 192
几何纹青铜鍑 · 194
透雕双马咬斗青铜牌饰 · · · · · · · · · · · · · · · · · · · 195
双马青铜牌饰 · 195
花角青铜麋鹿（一对） · · · · · · · · · · · · · · · · · · · 196
虎噬鹿纹铜牌饰 · 198
鎏金卧牛青铜牌饰 · 199
透雕鹿形铜牌饰 · 200
蜻蜓眼琉璃珠 · 201

嬴秦摇篮
赫赫秦风 · 204
垂鳞纹"秦公"青铜鼎 · 205
垂鳞纹"秦公"青铜鼎 2 · · · · · · · · · · · · · · · · · · · 206
窃曲垂鳞纹青铜鼎 · 207
窃曲波带纹青铜鼎 · 208
窃曲波带纹青铜鼎 · 209
回纹青铜鼎 · 210
四钮盖附耳鼎 · 211
蟠虺纹带盖青铜簋 · 212
青铜舟 · 213
蟠虺纹青铜簋（3 件） · · · · · · · · · · · · · · · · · · · 214
窃曲纹"秦公"青铜簋 · 216
对凤纹青铜方壶 · 219
蟠虺纹青铜盉 · 220

蟠虺纹青铜盉 ………………………… 221

阔流青铜匜 ……………………………… 222

蟠虺纹附耳盘 …………………………… 223

垂鳞纹青铜鍑 …………………………… 224

蟠虺纹青铜车型器 ……………………… 225

"秦子"青铜镈钟 ……………………… 228

"秦子"青铜甬钟 ……………………… 230

石磬 ……………………………………… 231

带耳青铜矛 ……………………………… 232

曲腰短柄青铜剑 ………………………… 233

青铜柄铁剑 ……………………………… 234

云纹圭形金饰片 ………………………… 235

目云纹金饰片（2件）………………… 236

卷云纹金饰片 …………………………… 237

口唇纹菱形金饰片（2件）…………… 238

金饰片（2件）………………………… 239

变体鸟纹盾形金饰片 …………………… 240

兽面纹盾形金牌饰（2件）…………… 241

兽面纹盾形金牌饰（2件）…………… 242

玉饰牌（2件）………………………… 244

玉牌饰 …………………………………… 244

弦纹玉玦（2件）……………………… 245

青铜诏版 ………………………………… 246

西戎故土 ……………………………… 248

人面形金饰 ……………………………… 249

线刻胡人射猎纹骨管 …………………… 250

青铜敦 …………………………………… 251

兽面纹银饰片（2件）………………… 252

三角鸟纹银饰片（3件）……………… 253

高浮雕兽面纹金带扣 …………………… 254

鎏金银铁车横饰 ………………………… 255

双鸟喙形车轮银饰片 …………………… 256

兽纹金牌饰（2件）…………………… 257

千里走廊

开拓与经营 …………………………… 260

《仪礼》木简 …………………………… 261

医方简（14枚）……………………… 262

彩绘木辂车 ……………………………… 263

彩绘木鸠杖 ……………………………… 264

《侯粟君所责寇恩事》简（36枚）… 265

丸墨 ……………………………………… 269

"白马作"毛笔 ………………………… 269

木斗 ……………………………………… 270

木尺 ……………………………………… 271

《相利善剑》简（6枚）……………… 272

社会与生活 …………………………… 273

彩绘耕地图画像砖 ……………………… 274

彩绘播种图画像砖 ……………………… 275

彩绘扬场图画像砖 ……………………… 276

陶仓楼 …………………………………… 277

陶楼院模型 ……………………………… 278

彩绘坞堡射鸟图画像砖 ………………… 279

木斗帐模型 ……………………………… 280

彩绘帐居图画像砖 ……………………… 281

"坞"字图画像砖 ……………………… 282

彩绘"卧具"图画像砖 ………………… 283

彩绘牵马猎犬图画像砖 ………………… 284

黄羊夹子 ………………………………… 285

彩绘牧羊图画像砖 ……………………… 286

彩绘车马出行图画像砖 ………………… 287

彩绘木牛辂车 …………………………… 288

彩绘人物车马木板画..........................289
木男子俑..................................290
木舞佣（一对）............................291
彩绘木盒..................................292
彩绘凤鸟纹木几案..........................293
彩绘木鸡栖架..............................294
木鸡舍....................................295
彩绘木卧犬................................296
彩绘木卧犬................................297
六簙戏青铜俑..............................298
彩绘六簙图画像砖..........................301

盛宴长相欢..............................302
彩绘宰牛图画像砖..........................303
彩绘宰羊图画像砖..........................304
彩绘宰羊图画像砖..........................305
彩绘挤奶图画像砖..........................306
彩绘饮羊图画像砖..........................307
彩绘厨房人物图画像砖......................308
彩绘切肉图画像砖..........................309
彩绘执扇仕女图画像砖......................310
彩绘对座品茗图画像砖......................311
彩绘宴乐图画像砖..........................312
彩绘宴乐图画像砖..........................313
彩绘烹肉图画像砖..........................314
彩绘贵妇宴享图画像砖......................315

事死如生................................316
彩绘木俑（3件）...........................317
双鸟圆币形金箔片..........................318
冥衣......................................318
都中赵双衣物疏............................319

彩绘伏羲图画像砖..........................320
彩绘女娲图画像砖..........................321
彩绘西王母图画像砖........................322
铜獬豸....................................323
炭精猪....................................324
傅长然镇墓瓶..............................324
木连枝灯..................................325

丝路交响
交通与邮传..............................328
甲渠候官检................................329
出入关刺..................................329
"居延都尉府"封检..........................330
邮传"过书刺"刻齿..........................330
张掖都尉棨信..............................331
肩水金关签牌..............................332
肩水金关通关符............................332
彩绘驿使图画像砖..........................333

使者与商旅..............................334
悬泉置遗址................................335
悬泉置检（2件）...........................336
传车亶舆簿................................337
马匹传食诏书简............................338
大月氏使者传食简..........................339
大月氏使者等传车简........................340
乌孙使者传食与传马简......................340
《传驿马名籍》简..........................341
折垣国贡狮简..............................342
接待西域七国使者简........................342
《康居王使者册》简........................343
大宛使者献驼简............................344

于阗王使者简 ……………………………… 344
乌孙贵人传舍简 …………………………… 345
悬泉置漆筷、竹筷 ………………………… 346
悬泉置木匕 ………………………………… 346
悬泉墨书纸 ………………………………… 347
悬泉麻纸 …………………………………… 348
悬泉麻纸 2 ………………………………… 349

商品与货币 …………………………… 350
蚕纹双联陶罐 ……………………………… 351
针黹盒 ……………………………………… 352
团窠动物纹刺绣剑臂 ……………………… 353
"福受右"铭蓝地黄绿云气纹织锦残片 …… 354
"大汉乐"铭黄地蓝绿云纹织锦残片 ……… 356
绢质红地凤鸟纹刺绣 ……………………… 358
红地中窠小花对鸟纹锦 …………………… 359
丝绸舞马覆面 ……………………………… 360
采桑图画像砖 ……………………………… 362
彩绘双驼图画像砖 ………………………… 363
"采帛""木几"画像砖 …………………… 364
彩绘"会绩"图画像砖 …………………… 365
彩绘仕女开箱图画像砖 …………………… 366
彩绘丝束图画像砖 ………………………… 367
贵霜金币 …………………………………… 368
波斯银币（10 枚） ……………………… 369
波斯陣鲁斯王银币（6 枚） ……………… 370
希腊文铅饼（6 枚） ……………………… 371
希腊文铅饼 ………………………………… 372
菱格重圈纹料珠 …………………………… 372
仿玻璃陶珠 ………………………………… 372
金步摇 ……………………………………… 373
连珠纹扁壶 ………………………………… 374

嵌宝石金戒指 ……………………………… 375
鎏金银骑射狩猎纹铜叶饰（2 件） ……… 375
镶绿松石金壶 ……………………………… 376
花鸟纹鎏金铜梳 …………………………… 377
海马瑞兽葡萄纹铜镜 ……………………… 378

胡人与胡风 …………………………… 380
胡人牵马俑 ………………………………… 381
三彩胡人牵驼俑 …………………………… 382
三彩胡人骑马俑 …………………………… 384
三彩胡人女俑 ……………………………… 385
三彩镇墓兽 ………………………………… 386
彩绘牵驼俑 ………………………………… 388
彩绘胡人俑 ………………………………… 390
彩绘胡人滑稽俑 …………………………… 392
彩绘黑人舞俑 ……………………………… 394
彩绘袒胸胡人俑 …………………………… 396
彩绘牵马俑 ………………………………… 398
彩绘杂戏俑 ………………………………… 399
彩绘杂戏女性俑 …………………………… 400
唐天宝某年王修智卖胡奴契 ……………… 401
胡人牵驼画像砖 …………………………… 402
模印胡人牵驼画像砖 ……………………… 403
模印胡人牵驼画像砖 ……………………… 404
红陶胡人俑 ………………………………… 405
红陶胡人俑 ………………………………… 406
三彩胡俑首 ………………………………… 408
印度人俑 …………………………………… 409
彩绘吹排箫伎乐俑 ………………………… 410
彩绘吹横笛伎乐俑 ………………………… 411
彩绘弹琵琶伎乐俑 ………………………… 412
彩绘吹贝蠡伎乐俑 ………………………… 413

彩绘吹笙伎乐俑....................414

天马西来....................417

迎天马简....................419

彩绘木马....................420

墨绘木马....................421

铜车马出行仪仗俑（12套）....................422

青铜马....................431

彩绘翼马图画像砖....................432

彩绘翼马图画像砖....................433

模印骑马图墓砖（2件）....................434

模印牵马图墓砖（2件）....................435

共同家园

氐、羌与匈奴....................440

错金银兽纹铜车饰....................441

镶琉璃透雕凤鸟纹鎏金青铜饰....................441

人驼纹鎏金青铜牌饰....................442

镂雕虎噬牛铜带钩....................443

"新有善铜"四神规矩铜镜....................444

"尚方"铭四神博局铜镜....................445

新莽铜诏版....................446

"一刀平五千"错金刀币....................447

"大泉五十"砖钱范....................448

"大泉五十"青铜钱范....................449

"月氏"铭货泉铜母范....................450

"永元五年"铜弩机....................451

《归义羌人名籍》册....................452

骑吏与羌族少女图画像砖....................453

《塞上烽火品约》册....................454

王莽"除匈奴之号"诏书....................455

"晋归义氐王"金印....................456

"晋归义羌侯"金印....................457

"晋率善羌伯长"铜印....................457

吐谷浑、吐蕃....................458

交河郡夫人慕容仪墓志铭....................459

龙纹金饰皮带....................460

如意形金饰....................462

彩绘马、蛇生肖图木版画....................463

彩绘鼠、猪生肖图木版画....................463

彩绘"门楼图"木版画....................464

回鹘文木活字....................465

党项....................466

青釉梨形瓷壶....................467

白釉荷叶形碟....................468

青釉刻划牡丹纹碗....................469

西夏文印本《三才杂字》残页....................470

西夏文楷书医方残片....................471

西夏文草书占卜词残片....................472

乾祐蝴蝶纹鎏金铜牌....................473

西夏文首领铜印....................473

西夏"天盛元宝"....................474

西夏"乾祐元宝"....................474

白釉剔刻牡丹纹罐....................475

黑釉剔刻牡丹纹罐....................476

蒙古....................477

青铜爵....................478

"金玉满堂"铜镜....................479

三足铜盘....................479

龙泉窑青釉刻划莲瓣纹碗....................480

龙泉窑青釉瓷匜....................481

釉里红高足杯...........................482

青白釉玉壶春瓶.........................483

定窑白釉刻莲花纹洗.....................484

豆青釉荷叶形盖罐.......................485

织金锦抹胸.............................486

妆彩（蓝）吉羊团花锦...................487

佛陀之路

拉梢寺摩崖浮雕大佛.....................490

悬泉浮屠简.............................491

高善穆石造像塔.........................492

王文超石造像碑.........................494

王令猥石造像碑.........................496

阁楼式石造像塔.........................498

曹天护阁楼式石造像塔...................501

阁楼式石佛造像塔.......................502

三层石造像塔...........................503

石雕佛传故事碑（复制品）...............504

彩绘舍利石函...........................505

石雕座佛...............................507

泥塑菩萨立像（2件）....................508

释迦牟尼青铜像.........................511

七佛背光铜佛像.........................513

四面浮雕造像塔塔顶.....................514

一佛二菩萨造像碑.......................517

泥塑菩萨头像...........................518

泥塑菩萨头像...........................519

影塑弟子立像...........................520

泥塑胁侍菩萨立像（复制品）.............521

影塑飞天...............................522

石佛头.................................523

石佛头.................................523

石雕菩萨像.............................524

石雕观音立像...........................526

鎏金一佛二菩萨青铜像...................528

鎏金十一面观音青铜像...................530

石雕弟子像.............................532

"胡跪"菩萨影塑（2件）.................533

石雕菩萨头像...........................534

石雕菩萨头像...........................535

泥塑菩萨头像...........................536

水月观音像.............................537

许愿绢幡...............................538

供养人刺绣画残片.......................540

《缘生论》.............................542

《大般涅槃经》卷第二十八...............543

后　记................................544

历史的走廊　文明的枢纽

——"丝路孔道：甘肃文物菁华"展览总述

王志强（中国国家博物馆）

甘肃地处中国西北部、黄河上游地区，介于黄土高原、蒙古高原和青藏高原交汇处，自东向西形成一条长达1600余千米、南北宽数十千米至数百余千米的狭长走廊，世称甘肃走廊。东接关中腹地，西连新疆，是我国中东部腹地通往西北广袤大地的走廊过渡地带。东部的山地、高原、草原，西部的绿洲、戈壁、冰川，地理与生态环境的复杂性、多样性造就了甘肃独特的人文环境。这里是中华文明的重要发祥地之一，也是中西文明交流的前沿阵地、融合汇流之地，也是古代陆上丝绸之路的重要节点和核心区。历史上，众多的民族曾经在这块土地上繁衍生息，密切交往，交融互鉴，共同创造出了灿烂辉煌并且带有鲜明地方特色和烙印的地域文化，为中华文明多元一体格局的形成做出了重要贡献。

"丝路孔道——甘肃文物菁华"展汇集516件（套）涵括陶瓷器、青铜器、金银器、玉石器、竹木器、丝织物、纸制品等不同门类的重要文物，通过"文明序曲""彩陶之冠""青铜之路""嬴秦摇篮""千里走廊""丝路交响""共同家园""佛陀之路"八个单元，着力呈现了以史前大地湾文化、黄河中上游彩陶文化、河陇青铜文化、早期秦与西戎文化、汉魏晋唐时期河西文化、汉唐丝绸之路文化、多元民族文化、佛教文化等为主体的甘肃历史文化，为观众勾勒出了一幅历史悠久、精彩纷呈、多民族和谐共生的甘肃古代历史图景。

本文以此次展出文物为基础，将"物"与"史"相结合，深入阐述历史文物背后的甘肃历史发展特征以及其在中华文明起源和早期发展进程中、在东西方文明交流互鉴中所扮演的重要角色、地位和所发挥的突出作用。

一、"黄土高原上的文化奇迹"：大地湾与早期中华文明

20世纪以来，中华文明起源问题长期深受中国乃至国际学术界的广泛关注。先后经历了"中国文化西来说""东西二元对立说""中原中心论"等诸学说的碰撞、激辩。1981年，中国现代考古学的奠基人苏秉琦先生提出了考古学文化"区系类型"理论，把中国古代文化划分为六大区系。[1]经过进一步思考深化，苏秉琦先生提出中华文明起源"满天星斗说"模式。他认为，从新石器时代起直至夏商时期，中华大地上同时存在着发展水平相近的众多文明，犹如满天星斗一样星罗棋布，它们各有根源，分别创造出灿烂的文化。"满天星斗说"打破了一直存在于历史和考古学界的"中原中心论"的旧说，这一突破性的理论为中华文明起源研究开启了新思路，提供了新方法。[2]位于甘肃东部秦安县的大地湾文化属于第六区系"从陇东到河套再到辽西的长城以北地区"的代表性文化。

大地湾遗址是西北地区新石器时代最重要的遗址之一。1958年，考古工作者在泾渭流域进行文物调查时，首次在大地湾发现新石器时代遗址。自1978年起至2008年，考古工作者先后数次在大地湾遗址开展科学考古发掘，获得一系列重大成果。尤其是2006—2008年由甘肃省文物考古研究所、兰州大学、美国加州大学戴维斯分校等考古人员联合考古发掘，通过精耕细作的发掘和高分辨率的测年技术，在遗址内辨识出自上而下的六个史前文化层，"揭示出旧石器时代向新石器时代演变、过渡的文化序列，完整地记录了中国北方从狩猎采集经济到旱作农业起源的发展过程，反映了大地湾遗址距今6万年以来持续人类活动的历史"[3]。

大地湾文化大致可分为五期：大地湾文化，仰韶文化早、中、晚期和常山下层文化，年代距今8000—5000年。其中大地湾一期文化是中国西北地区迄今为止考古发现中最早的新石器文化。考古资料证明，大地湾遗址遗存丰富、内涵深厚、特征鲜明。考古发现的拥有较高水平的史前宫殿式建筑，早期旱作农作物粟、黍的炭化标本，精美又质朴的早期彩陶样式，原始粗犷的艺术（地画）以及神

秘的刻画符号（记事符号）等足以证明，距今8000—5000年，大地湾的先民们在这片神奇的土地上孕育、肇启和创造出了高度发达的史前文明。大地湾文化成为中华文明起源时"满天星斗"中最熠熠闪光的那颗星，闪耀在中国西北大地的上空。

大地湾产生了西北地区最早的农业文化。大地湾一期遗存中发现有少量人工培养的旱作农作物碳化黍、油菜籽的标本，这表明大地湾先民在距今8000年前就已经有意识地栽培、收割和储存黍，并且黍成为他们最早食用的粮食。在大地湾二期文化（仰韶文化早期）中，黍和粟大量出现，且碳化籽粒与现代黍和粟粒的尺寸相当。有研究者推测，自大地湾二期文化始，粟可能逐渐代替了黍在大地湾先民生活中的重要地位。[4]大地湾遗址发现的生产工具具有"原生型"特色，常见的有磨制石刀、石铲、石锛、石镰等，未发现其他新石器时代遗址中常见的石磨盘和石磨棒。农业生产工具，黍、粟和油菜籽旱作农作物炭化标本，大量动物骨骼的发现，足以证明距今8000—5000年的大地湾先民已经进入了以原始旱作农业为主，以采集渔猎、畜牧业为辅的生计模式。大地湾遗址中发现的黍的年代，与世界范围内最早发现的希腊阿尔基萨史前陶器地层出土的同类标本时代相近。当然，在新的考古证据发现前，我们很难确切判定大地湾是最早的中国农业起源地，但可以肯定这里是中国北方旱作农业起源地之一。[5]无论如何，大地湾遗址为我们提供了先民从采集狩猎到旱作农业发展的过程，为研究中华文明早期形态提供了重要资料，在中华文明起源中具有极其重要的地位。

大地湾出现了中国最早的宫殿式建筑。大地湾遗址中共发掘出240多座房基遗址，其中绝大多数是中小型房基遗址，多呈方形、长方形，少量椭圆形，室内面积一般在4.5—35平方米之间，较大的可达55—150平方米。[6]研究显示，一至三期文化中，房屋基本上都属于"半地穴式建筑"，仅有形态、大小、柱洞多寡和穴壁上有无装饰的区别。至第四期（仰韶文化晚期）时，大地湾房屋建筑样式开始突变，一改"半地穴式"直接在地表起建，且多采用竖木柱作骨、草泥垛墙，即所谓"木骨泥墙"。[7]其中，一座属于大地湾四期文化、编号为F901的建筑是最具代表性的大型房屋建筑，总占地面积约420平方米，是目前中国发现的史前时期面积最大、工艺水平最高的房屋建

筑，其布局规整，中轴对称，被誉为"宫殿式建筑"（图一）。其中主室地面全部由料礓石和砂石混凝而成，类似现代水泥地面，这也是世界范围内迄今发现最早用混凝土装饰房屋的案例之一（图二）。

大地湾先民制作了中国最早的彩陶。考古资料显示，大地湾一期文化遗址中出土了200余件陶器。这些陶器以夹细砂褐陶为主，大多为圆底、三足器，且多饰有交叉绳纹，部分钵形器口沿外施一周红彩宽带纹，它们被认为是中国彩陶最早的样式。可以讲，大地湾一期文化彩陶拉开了中国彩陶文化发展的序幕。从二期开始，大地湾彩陶文化进入仰韶文化，彩陶文化的发展将在后面详细论述。

大地湾出现了中国文字最早的雏形。考古工作者在大地湾一期出土的陶片上共发现了十几种彩绘符号，其时

图一　F901宫殿式建筑遗址

图二　F901宫殿式建筑遗址混凝土地面（局部）

间比国内最早发现的仰韶文化早期陶器刻画符号要早一千多年，且某些符号与仰韶文化早期刻画符号具有高度相似性。大地湾二期文化属于仰韶文化早期，其中亦发现有十几种刻画符号。大地湾陶片上的刻画符号属不属于文字？其代表了什么意义？是汉字最早的雏形？这些问题至今未能破解。[8]细细观察，这些刻画符号很明显是有意刻画而成，一定具有某种指示性或特定的意义，可能是氏族、部落或个人的所有权符号，或陶匠约定的一种标记，或是一种专门的巫术（宗教）符号，也有可能是特定的记事或计数符号。[9]我们以为，虽然大地湾刻画符号所代表的意义至今未能破解，但这些刻画符号显然已经具有了特定的计数、表意或简单记事功能，它们是研究汉字形成的可靠出土材料，也为今人探索大地湾先民的思维形成、生活状况等提供了宝贵的材料。

大地湾出现了中国最早的绘画。考古工作者在编号为F411的房屋遗址地面上清理出一幅用炭黑线条描绘的图像，命名为"地画"（图三）。完整的地画图像由两只动物和三个人组成：上部有三人，左侧一人头近圆形，颈部细长，肩部左低右高，左臂上举至头部，右臂下垂，手握棍棒类器物，两腿相交直立，呈行走或舞蹈状（左腿下端残缺）；正中一人上身近长方形，左臂亦伸至头部，右臂下垂，手中亦握棍棒类器物，两腿交叉直立，呈行走或舞蹈状。仔细观察，正中间的人物所握器物较左侧人物所握粗壮；右侧一人仅残存炭黑残迹，形象动作应与左侧两人一致，其形体较小，推测很可能是一个少年。三人下方绘一斜30度的长方框，框内画着两个屈腿仰躺、头部偏向

图三　F411 房屋遗址上的地画

左侧带触角、躯体上有横线纹的节肢动物。此地画发现以来，不同学科的专家对图像内容进行过精彩解读，先后形成"狩猎说""祭祀祖神说""悼念亡灵丧舞说""生殖崇拜说""驱虫弥灾巫术说"等学说。[10]目前的主流是"狩猎说"，即两个成年男子正带领着一个少年准备猎杀躲藏在地洞里的动物。时至今日对大地湾地画的解读、阐释仍在继续，还可能出现不同的说法，这也正彰显了这幅中国最早的史前绘画的神秘和魅力。

北方旱作农业标本、史前宫殿式建筑、最早的彩陶、文字的雏形、史前绘画等等是大地湾遗址最为突出的几点特征，这也正是探究中华文明起源和早期发展的几点最基本的特征。考古学家认为："各地史前文化是在适应当地自然条件的基础上发展起来的，它们通过直接或间接的关系相互促进，相互影响，或多或少都对中国古代文明的形成和发展做出了自己的贡献。"[11]我们有理由认为，早在8000年前的大地湾先民们已经奏响了中华文明的序曲，它与裴李岗文化、磁山文化、河姆渡文化、良渚文化等散落在中华大地上的史前新石器时代文化竞放异彩，相互影响，最终共同孕育了灿烂的早期中华文明。

一、"中国彩陶之乡"：绚烂的甘肃彩陶文化

彩陶集实用和艺术于一身，其产生不仅满足了人们日常生活中的需要，也满足了人们精神生活的需要。彩陶上的纹饰逐渐由简趋繁。多彩多样的纹饰，是先民们对自然的观察与认识，蕴含着他们的思维认知与审美情趣。

甘肃是世界上最早产生彩陶的地区之一。考古发现，从距今8000年的大地湾文化一期起，到距今2500年的沙井文化，甘肃彩陶文化延续发展了5000多年，经历了仰韶文化、马家窑文化、齐家文化、辛店文化和沙井文化等阶段，形成了其独立的彩陶文化体系和完整的发展史。同时，甘肃彩陶还在早期中西文化交流的首要通道、"丝绸之路"的前身——"彩陶之路"中产生过重要影响。[12]

早在8000年前的大地湾文化就已经产生了彩陶，这是目前中国发现最早的一批彩陶，在中国乃至东亚的史前彩陶文化中占有重要的地位，被誉为中国彩陶的起源。公元前5000年仰韶文化西进，与大地湾文化逐渐融合，甘肃东部进入仰韶文化时代。甘肃仰韶文化早期彩陶是半坡类型

向西传播、过渡后的庙底沟类型。考古资料显示，甘肃仰韶文化早期遗存主要分布在渭河上游地区，仰韶中期文化分布较为广泛，遍布渭河流域，零星分布于西汉水、白龙江和泾水流域，代表性遗址有秦安大地湾三期文化、天水师赵村、西山坪遗址等。甘肃仰韶文化早期陶器与半坡文化彩陶类型、纹饰具有高度一致性，如圆底钵、葫芦瓶、鼓腹罐等器型与半坡文化彩陶基本一致，纹饰以宽带纹、三角纹、写实鱼纹、变体鱼纹、锯齿纹、口唇纹等为主；甘肃仰韶文化中期彩陶开始以平底器为主，纹饰也逐渐趋向多元化，圆点、曲线、弧边三角形、月牙形叠弧纹等常见于陶器表面，还出现"当地化"的鸟纹、鲵鱼纹等，表现出写实风格。此后，庙底沟文化不断向西传播，经天水、陇西，一直向西深入到青海东部的黄河沿岸，最远到达河西走廊东端。[13]在西传过程中又衍生出石岭下类型，因最先发现于武山县城关镇石岭下而得名，主要分布在渭河、泾河、洮河流域，重要遗址有武山石岭下、傅家门，甘谷灰地儿、王家坪，天水西山坪、师赵村等。石岭下类型是庙底沟类型至马家窑类型之间的过渡阶段，是仰韶文化在中原走向瓦解时在甘肃东部的一次绽放（图四）。

马家窑文化期（公元前5000—前4000年），彩陶工艺进一步提升，进入了甘肃彩陶发展的鼎盛时期，代表着中国史前彩陶艺术的最高水平，是中国彩陶史上的"黄金时代"。"无论就其丰富性还是就其深刻性而言，马家窑文化不仅是中华民族从史前蒙昧走向文明的重要中介，而且是中华史前审美文化之渊薮。"[14]此外，马家窑文化彩陶在世界彩陶文化史上占有重要的地位，被誉为世界"彩陶之冠"。

马家窑文化遗址广泛分布于甘、青、宁地区，尤其遍布于甘肃全境。在甘肃境内，马家窑文化彩陶的发展主要经历了石岭下、马家窑、半山、马厂四个有内在继承发展性的基本类型。石岭下类型（公元前3800—前3000年）和马家窑类型（公元前3290—前2880年）属于早期，半山类型（公元前2650—前2350年）和马厂类型（公元前2350—前2050年）属于后期。彩陶器型丰富，以钵、瓶、盆、罐为主；纹饰精美多元，多袭自庙底沟、石岭下等彩陶文化类型并有创造性发展。经统计，纹饰主要以动物纹（鱼纹、鸟纹、蛙纹）、植物纹（草叶纹、花瓣纹）、几何纹（漩涡纹、波浪纹、垂弧纹、锯齿纹、菱形纹、三角纹、十字纹、圆点纹、圆圈纹、网纹、回纹等）为主，其中鸟

纹、蛙纹、漩涡纹、圆圈纹、垂弧纹、锯齿纹等是最常见的纹饰，尤以蛙纹（神人纹）、鹿纹和圆圈纹最具特色。

不同类型的马家窑文化彩陶纹饰各异，但四个类型有内在继承性。石岭下类型彩陶纹饰以动物纹和几何纹最为常见，其中动物纹又以姿态各异的写意、抽象鸟纹最具代表性；几何纹主要以平行线纹、连弧纹、锯齿纹为主。马家窑类型彩陶纹饰以漩涡纹、波浪纹、圆点纹、圆圈纹、弧线三角纹、网格纹等为主，其中以漩涡纹和神人纹（蛙纹）最具特色。马家窑文化彩陶上的漩涡纹流畅且富有旋动感，研究者认为漩涡纹是从鸟纹演变而来的，是鸟头的形状，且形成二方连续图案。我们以为漩涡纹虽然与鸟首纹具有相似性，但其应该是马家窑先民对河流的观察与描摹，连续旋动的漩涡纹表现的是奔流不息的河流（图五）。

马家窑文化发展到半山类型，彩陶器型和纹饰有了进一步发展，器型主要有壶、罐、杯、钵等，以壶和罐类最多，多为折肩、鼓腹、敛底造型，显得浑圆敦实；纹饰多为旋纹、折线三角纹、葫芦网纹、同心圆纹、圆圈方格网纹等，其中由连续三角组成的锯齿纹、四大圈纹是标志性纹饰。常见的四大圈纹内多饰网格纹、菱格纹、棋盘格

图四　鲵鱼纹彩陶瓶，仰韶文化石岭下类型，甘谷县西坪出土

图五　漩涡纹彩陶罐，马家窑文化半山类型，兰州市花寨子出土

图六　神人纹彩陶壶（局部），马家窑文化马厂类型，征集

生活在黄河两岸的马家窑先民的一种生计补充形式。

马厂类型彩陶保留了半山时期彩陶的装饰风格，同时又有诸多变化和创新。纹饰以折带纹、回纹等为主，以四大圈纹、神人纹最具代表性。神人纹是由马家窑类型彩陶蛙纹演变而来，半山类型时期是神人纹的成熟期，马厂类型早中期神人纹出现变体，至马厂类型晚期随着彩陶制造业的衰落，神人纹不断简化。关于神人纹的内涵，一般认为神人纹是人形与动物的结合体，人形应当是有某种超能力的神人如巫师，动物则是蛙，是由仰韶文化半坡类型彩陶上的蛙纹经马家窑彩陶逐渐演变而来；也有研究者认为半山、马厂类型彩陶上的神人纹应该是先民对原始生育的信仰，是一种生殖崇拜（图六）。

齐家文化因首先发现于广河县齐家坪遗址而得名，距今约4000—3600年，主要分布在渭河、泾河、洮河、湟水流域和河西走廊。随着青铜时代的到来和冶铸技术的提高，扩展了铜器的应用领域，铜制品逐步进入了齐家文化先民的生产和日常生活领域。青铜铸造业的发展，逐渐影响到制陶业的主体地位。考古资料显示，在泾河上游、渭河上游、洮河地区的齐家文化墓葬中，彩陶所占的比例较少，彩绘纹饰亦趋向单一的几何化图案。河西走廊的齐家文化墓地中，彩陶数量也不多，纹饰多系用红彩或深褐色彩绘制的简单三角形线纹、垂带纹、折线纹等。虽然齐家文化早期彩陶对马家窑文化有一定的集成，但整体观之，齐家文化彩陶开始走向衰落。

辛店文化较晚于齐家文化，分布区域与齐家文化大体相同，这一时期彩陶文化进一步衰落，且与之前的彩陶呈现出不一样的面貌。考古资料显示，辛店文化彩陶以夹砂红褐陶为主，陶胎较为粗糙，纹饰以近似一对羊角的双勾纹，羊、鹿等动物纹饰为代表。辛店文化先民虽仍以农业为主，但彩陶上的代表性纹饰表明，此时已经有新的族群进入到辛店文化区域，他们很可能是来自西部的羌人。

四坝文化是分布在河西走廊地区的一支青铜时代文化，以火烧沟文化为代表。研究显示，四坝文化在形成过程中曾受到马家窑文化和齐家文化的影响。马家窑文化半山时期向西传至河西走廊东部，至马厂时期扩张至河西走廊西部，在当地兴起四坝文化。四坝文化含有数量较多的彩陶，且造型新颖，纹饰独具特色。三立犬盖陶方鼎（图七）、羊首柄方陶杯、鹰首陶壶、人形陶罐、矛形钮带盖

纹、小圆圈纹等。人们经常将四大圈纹内饰的网格纹等解释为纵横阡陌的农田，或是细密有序的渔网，因为考古资料证明马家窑先民以农业为主要生计形式，而渔猎经济是

图七 三立犬盖陶鼎，四坝文化，玉门市火烧沟遗址出土

陶罐、鱼形陶埙等为代表性器物。纹饰方面具有浓郁的地方风格，以蜥蜴、犬、羊、鹿等动物纹最具特色。四坝文化彩陶以火烧沟遗址出土彩陶最为著名，出土数量大（彩陶数量占陶器总数的一半多），纹饰丰富，主要有乳钉纹、梳齿纹、菱格带纹、"山"字纹、栅栏纹、"Z"字纹、"M"字纹、"W"字纹、"X"字纹等。

沙井文化是甘肃境内年代最晚的一支含有少量彩陶的青铜文化，距今约3100～2400年，大致为西周至战国时期。主要分布在河西走廊武威、古浪、永昌、民勤等地。考古资料显示，沙井文化先民以经营畜牧业为主，辅之以狩猎和简单的农业生产，主体人群属于游牧族群，他们已经有了相当规模的聚落城址，其中以永昌三角城遗址为代表。关于沙井文化的族属目前还未有明确定论，但多数研究者倾向于月氏人或乌孙人。彩陶以平底器为主，器形较为单一；纹饰以几何纹为主，其中以禽鸟类（天鹅、大雁、鹳和野鸭等）纹饰最具特点。彩陶纹饰来源于生活，大量的禽鸟类纹饰出现在彩陶上，可能预示着沙井文化先民的生活环境水资源非常丰富，应该是水草丰美的绿洲，既有利于放牧，也有利于农作物生长。沙井文化制陶技术较为原始，陶器种类较单一，器形变化不明显，其曾受到

北部草原文化的影响，也曾受到西传至渭河上游的中原文化的影响。有研究者指出，沙井文化彩陶上的乳钉纹可能就是受商周早期青铜器上乳钉纹的影响。

三、交融互鉴：多元文化交错中的甘肃青铜文化

甘肃地处东西交通要道，农耕文化、游牧文化圈在这里相切相交。中原文化向西辐射与周边游牧民族文化相接触、交融，形成了以齐家文化、辛店文化为主的陇右青铜文化；欧亚文化东传，在河西走廊与当地文化互动、融合，形成了以四坝文化、沙井文化为主的河西青铜文化。河陇青铜文化受到了中原青铜文化和欧亚草原地区考古学文化的双重影响，这也决定了甘肃青铜文化的独特性：既保有商周中原青铜器的基本特征，又融有域外青铜器文化的独特风貌。

冶铜术是人类一项伟大的发明创造，是世界科技史上一个重要的里程碑。人类掌握青铜冶炼和铸造技术，广泛制作和使用青铜器，极大地提高了社会生产力，促进了社会发展。考古学将人类社会发展的这一阶段称之为"青铜时代"。考古资料显示，人类最早认识和利用铜金属，可以上溯至公元前7000年前。当然其时的铜金属是指存在于自然界的天然铜。考古证明，迄今为止世界范围内共发现了公元前5千纪至公元前2千纪早期的人工冶炼黄铜制品40余件，分布在爱琴海、两河流域、波斯湾、西亚、中亚和东亚等地。[15] 有研究者认为，世界上最早的人工冶炼铜器出现在伊朗叶海亚地区，距今约5800年。中国学者则一直认为陕西姜寨遗址发现的铜片和由铜片卷成的管状器是最早的人工冶炼铜器。[16]

关于中国冶铜技术的起源，一直是中国考古学界关注和持续探索的重大课题。1973年考古工作者在仰韶文化时期陕西临潼姜寨遗址上发现了铜片和一件铜片卷成的管状器，经鉴定为黄铜制品，年代为公元前4500年（最新碳十四测定为公元前4675±135年）。有研究者认为这是中国最早的铜制品。然而，由于时代过早，学术界对这件铜管状器还存在诸多争议。

1975年，考古工作者在马家窑文化（公元前3100—前2700年）林家遗址，发现了一件铜锡合范铸成的青铜刀和残留的数块铜渣，年代为公元前2900—前2740年。经科

图八　四羊首铜权杖首、四坝文化、1976年玉门火烧沟墓地出土

学检测，此青铜刀中含有约6%—10%的锡，材料为锡铜合金。研究者认为，马家窑遗址出土的铜器中有红铜器，也有青铜器，且其先民已经掌握了锻造和铸造两种工艺技术。林家遗址含锡青铜刀的出现足以证明，马家窑文化的居民已经掌握金属冶炼技术，并开始了冶炼合金青铜的最初尝试，且冶炼合金铜的能力，足以与同期世界其他文明古国在冶金术方面取得的成就相媲美。[17]林家遗址青铜刀被认为是迄今中国考古发现最早的青铜器，被誉为"华夏第一刀"，对探索中国青铜器的起源和发展进程，以及与域外青铜文化之间的关系具有重要价值。

齐家文化期，随着冶铜技术的提高（铸造方式逐渐取代锻造成为主流），不仅能铸造单双耳竖銎铜斧、带钮铜镜、人首铜匕等，还铸造铜项饰、臂钏等装饰性铜器，较大地拓展了铜器的应用领域。在广河齐家坪、临潭磨沟等齐家文化遗址中，出土了铜刀、铜斧、铜匕、铜镜、铜饰（如项饰、臂钏）等。[18]受中原冶铜技术的影响，辛店文化期的冶铜技术进一步提高，出土铜器以刀、锥、矛、匕、凿、铃、铜扣等为主，并出现青铜容器残片和冶铜炉壁残块等。但值得注意的是，辛店文化虽然受到商周冶铜技术的影响，但其遗址出土的多是小件青铜器物，并没有

出现像商周时期一样的大型青铜器。

考古资料显示，与齐家文化期相较，地处河西走廊中西部的四坝文化冶铜技术更加稳定、成熟，可以综合应用铸造、热锻和冷加工技术，并以铸造为主。除使用单范浇铸，还出现合范、分铸技术；除锡青铜，还出现砷铜、锡铅青铜等合金铜器。在玉门火烧沟、酒泉干骨崖、安西鹰窝树、民乐东灰山等主要四坝文化遗址，发现有斧、刀、锥、矛、匕、镞、耳环、手镯、连珠饰、权杖头等种类多样、数量丰富的铜器及少量的金、银耳环，绿松石、海贝项链等装饰品。这足以说明，至四坝文化期甘肃冶铜业已经进入成熟期。研究者认为，齐家文化期和四坝文化期冶铜技术的快速发展，一方面得益于由中亚经新疆传入的域外冶铜技术，一方面又受到中原冶铜技术的影响（图八）。

考古资料显示，早在青铜时代早期，夏商文化已经深入毗邻中原的甘肃东部地区，并对当地文化形成强有力的影响。由于毗邻中央王朝，这里成为西周王朝的西北门户，周王室加强对甘肃东部的统治，以便于对戎、狄诸部落的经营与控制。在全盛时期，周王室对甘肃东部方国或直接管理，或派王室成员加强统治。灵台、庆阳等地考古资料显示，随着驻边将领或王室成员的到来，盨、簋、鬲、觚等生活起居类青铜器直接被带到了这里；一些刻有相同族徽的器物既有商代铸造的，又有西周时铸造的，商代器物很有可能是周人灭商后落入周人贵族手中保存下来的。当然也不排除这样的可能：周人灭商后残存的商遗民分散在各地，保持着贵族的身份，并在铸造器物上仍旧保留着商人先祖的遗风。还有一些驻守将领、王公贵族、官员在当地铸造的青铜器，著名者如"徙遽觾"青铜盉（这是一名叫徙遽的人，为其名为"己"的父亲所作的祭器，它成为最早记录古代驿传的器物，因此被视为中国古代驿传制度的最早证物）、"中生父"青铜鬲（西周贵族中生父为其嫁到井国的长女所作的媵器）、"师伯"青铜盨（一个名叫师伯的贵族为其姞姓妻子专门制造的器物）、"子麦"青铜尊（"子麦"为祭祀母亲"辛"而铸造的器物）等。

在灵台等地考古发现的大量青铜器，整体风格与中原商周青铜器一脉相承，但又明显保有西北少数民族文化色彩，甚至有来自域外的文化因素。如对凤纹筒形青铜卣、镂空蛇纹鞘青铜短剑、五孔管銎青铜钺、青铜啄锤、浮雕

羊首青铜戈等（图九、图一〇）。

考古学界将在中国北方发现，并以大量动物纹样为特征，有别于中原式的青铜器命名为"北方系青铜器"，常见的有兽首刀、短剑、战斧以及动物形装饰的佩饰等。值得注意的是，甘肃地处农耕文化与游牧文化的中间地带，自东部庆阳、秦安、灵台至西部永昌、酒泉等地皆发现大量风格迥异，形制独特的融合型青铜器——北方系青铜器。

四、嬴秦故里：早期秦人在甘肃东部的兴起

甘肃东部是周人、秦人的发祥地，被称为"周道始兴之地"和"嬴秦故里"。嬴秦，原是东夷部族集团中的一支，夏商之际远徙甘肃东部繁衍生息，在西汉水上游建立了一个以"西"邑为中心的嬴姓方国（约略在今天水、陇南等地），先后为商、周王朝"保西垂"。西周后期，犬戎叛乱时起，周王室危机重重，秦人则独处一隅稳定发展。秦人利用已掌握的先进农耕、畜牧技术开发经营西垂，增强了经济与军事实力。至秦庄公、秦襄公时，秦国国力逐渐强盛，先后两次参与平犬戎之乱，解除了犬戎的威胁。周王室对秦封爵赐土，先是封秦庄公"西垂大夫"，后封秦襄公为诸侯，至此秦由畿外属邦升封为诸侯国，开始登上了历史舞台。东、西周交替，周王室被迫携众东迁后，向东发展、经营关中成为秦人的最大政治战略。经过数十年的锐意经营，关陇地区已基本被纳入秦人的行政版图。接下来，秦人开始在更广阔的历史舞台上，纵横捭阖，驰骋中原。

"周厉王无道，诸侯或叛之"，西戎亦随之叛离。秦人作为周王室"保西垂"的方国，在王室的支持下同西戎展开了漫长的军事斗争。秦襄公时，秦人相继征服"西戎八国"，取得了对西戎诸部的绝对控制。春秋战国时期，随着秦人势力日益强盛，秦穆公时西戎诸部被秦国征服。

秦人在与周人的接触中，不断向周王室学习礼乐文明、行政与施政，这在青铜器中都有体现。礼县秦公墓出土铸造精良的春秋早期"秦公"青铜鼎，在形制与纹饰方面较多地保留了西周后期因素，但又初步呈现秦鼎的某些特征，说明早期秦人在发展过程中对中原王朝文化的模仿、借鉴与吸收。青铜列鼎列簋，"沃盥"礼使用的青铜匜、盘，都足以说明秦人学习中原"礼"文化走向文明化

图九　人头形銎青铜戟，西周，灵台县白草坡出土

图一〇　虎纹青铜钺，西周，灵台县白草坡出土

图一一　2006年礼县大堡子山乐器坑"秦子"青铜编钟、石编磬出土现场

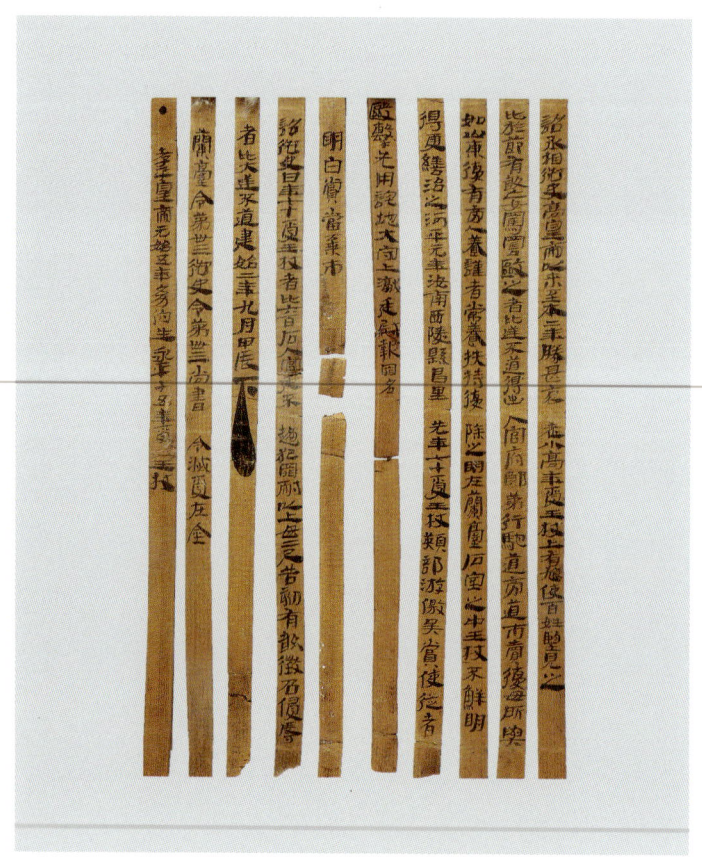

图一二　王杖十简，汉代，1959年武威磨嘴子汉墓出土

的史实。"秦子"编钟、石编磬等器物的出土，更是刷新了今人对秦人礼乐文化和音乐艺术的认知，充分证明了中原礼乐文化对秦人的影响（图一一）。

秦人在发展过程中，与西戎有着漫长持久的互动。秦与戎之间密切交往，既和睦共处，又有碰撞竞争，加速了

两大族群间的交流与融合。西戎文化为早期秦文化注入了活力，也加速了早期秦文化趋向稳定与成熟。秦人向周王室学习行政与施政，并融合周边西戎诸族群文化，形成以积极进取，勇于革新为核心的早期秦文化。

随着秦人力量不断壮大，威服百戎，锐意经营关中，虎视列国，逐鹿中原。最终，僻居甘肃东部一隅、中原人眼中比之于"戎狄"的秦人，最终完成对中国的统一，并创建了中国历史上首个中央集权的大一统王朝。

五、历史走廊：汉魏晋唐时期的河西走廊

河西走廊是中原腹地通往西域、中亚的重要通道，闻名于世的丝绸之路由东向西横贯河西走廊全境。在海上丝绸之路兴起之前，河西走廊也一直是中原王朝对外交往的重要窗口，其战略地位深受中原王朝的重视。

西汉初期，匈奴控制河西走廊和新疆大部分地区，长期驻牧在这里的月氏人被迫西迁，定居在妫水（今阿姆河）的北岸。匈奴人占据河西走廊，实力迅速增强，开始不断骚扰甘肃东部地区，严重威胁到汉王朝的安全。汉武帝即位之初，一改文帝、景帝时对匈奴的消极政策，开始谋求反击匈奴，维护王朝稳定。公元前121年春，汉军"出陇西"，接连在春、夏发动两次河西之战，重创匈奴右部，匈奴内部分化，或退守漠北，或向西转移，或归降汉廷。河西归汉后，汉武帝在河西走廊先后设四郡（张掖、酒泉、武威、敦煌）、筑长城、建城障、起列亭，设官职守，对河西走廊进行有效的行政和军事管理，并进而通过移民实边、兴修水利等措施，开启了对河西走廊的开发与经营，河西走廊也逐渐从游牧民族的牧场演变为中原王朝的疆土。

在汉廷移民屯垦实边的举措下，屯兵、移民大量到来，汉文化开始在河西走廊生根发芽。礼是儒家学说中的核心部分，是中国古代政治文化的主要内容。武威磨嘴子汉墓出土的《仪礼》简（保存有《士相见》《服传》《特牲》《少牢》《有司》《燕礼》《泰射》《服传》《丧服》共计9篇）[19]、"白马作"毛笔、用松烟或桐油烟调制的丸墨等说明中原文化在河西走廊的展开。彩绘木轺车（用于官吏出行）反映了汉代官方的车舆制度、木鸠杖反映了汉王朝"七十赐王杖"之敬老尊老制度（图一二）、

医方简则反映了官方医学医疗制度等在河西走廊的施行。由36枚木简组成的《侯粟君所责寇恩事》简，完整反映了民事纠纷从诉讼、审讯到结案的整个司法程序，被认为是东汉时期西北地区基层法律诉讼的活态样本，反映了汉代国家法律在西北边塞的施行。作为国家政权力量反映的官制量具——木斗、木尺等在河西地区的出土，都进一步说明了汉王朝对河西走廊的施政与统治。此外，汉墓中出土的彩绘凤鸟纹木几案、彩绘木卧犬、彩绘木鸡栖架、木鸡舍等则是墓主人生前日常生活的真实写照。木斗帐模型则形象地反映了汉代河西走廊居民的居住与生活方式。接近于游牧民族的穹庐式毡帐出现在汉民族墓室内，则展现了汉代河西走廊汉民族与少数民族之间的文化交融。

　　魏晋时期，中原大乱，政权更迭频仍，只有河西地区暂保社会安定，经济富庶。"八王之乱"，尤其是"永嘉之乱"后，中原世家大族在南迁的同时，避居河西者"日月相继"。大量流民为避战乱亦纷纷带来了先进的生产工具和生产技术（"二牛抬杠"、大型铁犁铧等先进农耕技术），促进了河西地区农业的大发展，改变了以前"农牧并序"的生业局面（图一三）。敦煌、嘉峪关、酒泉和张掖高台等地魏晋墓出土的画像砖上描绘的牛耕图、播种图、扬场图等正是对河西走廊农业发展的真实写照。

　　汉晋时期的河西走廊，民族众多，居住形式多样化。汉代时实行移民屯垦政策，具有军事防御性质的坞壁（又称坞堡）逐渐出现在河西走廊并流行开来（图一四）。魏晋时期，坞壁得到进一步的发展和普及。在一个个坞壁里，坞主负责管理和保护坞民安全，坞民从事农业生产、蓄养牲畜、蚕桑养殖等经济活动。坞堡式陶楼院模型、"坞"字画像砖、彩绘坞堡射鸟图画像砖等直观再现了汉晋时期移民、屯民的生活方式。汉晋时期，生活在河西走廊的少数民族仍保有狩猎的生活习俗。中原世家大族迁入后，亦接受了少数民族狩猎的传统，将其作为休闲娱乐的方式之一。黄羊夹子、彩绘牵马猎犬图画像砖表现的就是贵族们备猎的情景。

　　经济的富庶，为饮食的丰富多样化奠定了基础。河西走廊魏晋墓出土画像砖描绘庖厨、炊事活动和宴饮、进食场面的题材众多。此次展出的高台县骆驼城魏晋壁画墓的彩绘宰牛图、宰羊图、挤奶图、饮羊图、厨房人物图、切肉图画像砖展现了丰富的饮食生活。画像砖上还多有墓主

图一三　彩绘牧羊图画像砖，魏甘露二年（公元257年），嘉峪关市魏晋1号墓出土

图一四　陶楼院，东汉，1969年武威雷台汉墓出土

人宴饮的情景。他们或与亲友对饮；或是广庭高宇下宾朋云集、场面宏大的大型宴会，侍者环侍左右。展出的彩绘执扇仕女图、仕女对座品茗图、宴乐图、烹肉图、贵妇宴享图等画像砖反映的都是这一主题。宴会上，既有烹制美味的佳肴，又有歌伎乐工美妙的乐舞。一幅幅宴饮图，表

图一五 彩绘贵妇宴享图画像砖，魏晋，嘉峪关市魏晋壁画 4 号墓出土

图一六 彩绘烤肉煮肉图画像砖，魏晋，嘉峪关市魏晋 1 号墓出土

现出墓主人生前"盛宴长相欢"的生动场面（图一五、图一六）。

随着中原世家大族和百姓的大量迁入，中原的丧葬文化习俗也随之传入河西走廊。河西走廊魏晋墓中砖砌的楼阁、斗拱、双阙、雷公、力士等；出土的明旌、招魂幡、冥间过所、镇墓文与买地券、衣物疏、连枝灯等；墓室画像砖上描绘的伏羲女娲、青龙白虎、东王公西王母等形象，都说明了汉晋时期河西走廊丧葬礼仪与中原丧葬观念、礼仪上直接的联系。考古发现，中原丧葬习俗还通过河西走廊向西继续传播至新疆东部。

六、孔道与枢纽：汉唐丝绸之路的缩影

丝绸之路自东向西绵延三千余里，横贯甘肃全境。汉唐时期，丝路商贸畅通，甘肃丝绸之路上"使者相望于道，商旅不绝于途"，"商旅往来，无有停绝"，奇异多彩的东西方珍宝在这里交流互通，甘肃也成为隋唐丝绸之路上的黄金路段。

甘肃丝绸之路的"通"与"绝"，直接影响到中原王朝对西域的统治，故历代王朝都很重视对甘肃"丝路孔道"的维护。汉唐时期，为保证丝绸之路的畅通，制定了形式多样的邮传制度。出土于甲渠候官驻地破城子、悬泉置的封检（古代文书包装标识，如甲渠候官检、"悬泉置"检），出土于肩水金关的签牌（即向前往其他郡县乡里的人发放的通行证）、通关符（一种辅助通关的文书）、出入关刾（出入关口的实时记录文书）以及作为高级官吏通行关禁时传令启门证件的棨信（张掖都尉棨信），都直观反映了汉代公文邮传制度和重要关口出入制度。

丝绸之路畅通，驿使"骏马奔驰，不绝于时月"，像流星般奔驰于丝绸之路上，"一驿过一驿"，传递文书、沟通信息。彩绘驿使图画像砖上，画匠用简洁的线条描画了一名邮差手持文书、骑在一匹红棕色马背上疾驰送文书的真实场景。

丝绸之路畅通，中原与西域、中亚、南亚沿线各国政治、经济交往日益密切。丝绸之路上使者（贡使）、胡商贩客东来西往，络绎不绝。位于河西走廊西端的敦煌悬泉置，是汉唐时期的国家邮传驿站，在丝绸之路上发挥过重要作用。悬泉置出土的传车亶舆簿，反映了悬泉置内部对于驿车定期检查、修缮维护的情况；《传驿马名籍》简中记录了悬泉置的驿马名籍信息，反映了悬泉置内部马匹饲养与管理制度；马匹传食诏书简表明了悬泉置在其时国家邮传系统中的重要性，也说明信息传递的通畅和有效。

接待往来的使者，为使者们提供所需的饮食、马匹和车辆是悬泉置日常工作任务之一。出土的大月氏使者传食简、大月氏使者传车简、乌孙使者传食与传马简、接待西域七国使者简、于阗王使者简、乌孙贵人传舍简等等，都直接反映了这一点。值得一提的是乌孙贵人传舍简与汉宣帝时期解忧公主返回长安事件有关。汉宣帝甘露二年（公元前52年），在乌孙生活了半个世纪之久的解忧公主上书

汉宣帝,表示"年老土思,愿得归骸骨,葬汉地",汉宣帝同意了解忧公主的请求,并下诏要求沿途各地驿站提供食宿与车辆,悬泉置作为西域至长安的必经驿站,也接到了为解忧公主提供食宿、传车马的诏令。

根据出土于悬泉置的汉简记载,频繁往来于丝绸之路上的,有中原王朝派往西域、中亚的使者,也有来自中亚、西亚的使者。使者主要是来自西域乌孙、楼兰(鄯善)、疏勒、龟兹、车帅、于阗、莎车等国,中业大宛、康居等国和西亚及南亚的大月氏、乌弋山离(伊朗高原一带)和罽宾(今印度西北及克什米尔一带)等国。使者们常常带着本国的奇珍异宝(如波斯狮子、西域良马、中亚骆驼等)行走在丝绸之路上,带到内地献给中原皇帝。悬泉置遗址出土的折垣国贡狮简记载的是"折垣国"国王派使者向汉朝贡献狮子,汉廷派遣少府属吏钩盾(专门掌管皇家禁苑的官吏)前往敦煌悬泉置迎接的事。大宛使者献驼简记载了大宛国贵人乌莫塞想要进献给汉朝皇帝一匹橐驼,但不幸的是,这匹橐驼最终死在了悬泉置。

甘肃位于丝绸之路上的核心区是否生产丝绸,学术界对此一直存有争议。考古资料显示,早在七八千年的仰韶文化、红山文化、河姆渡文化等遗址中就已经发现了"陶蚕形饰",玉石上、黑陶器上刻画的蚕形象,这与中国蚕业的起源有着重要的关联。甘肃齐家文化蚕纹双联陶罐的发现,说明早在四千年前,齐家文化先民们就已经对蚕有了基本的认识。[20]

丝绸是汉唐时期丝绸之路中西贸易中最名贵、最重要的物品。考古发现,甘肃境内出土了为数不少的汉唐时期的丝绸制品。这些来自中原地区的丝织品既带有中国风格,又具有一些明显的西方特色,反映出了异域文化对中原丝绸制品的影响。与此同时,河西走廊出土的魏晋墓室画像砖上采桑、丝束、"采帛""木几""会缋"等图像,证明了甘肃河西居民也已经掌握了纺织技术。

"职贡不绝,商旅相继"。来自中亚的粟特人以及波斯、大食和安息商人在将中国丝绸源源不断转销至西方的同时,也带来了各国的珍贵物品,如金银器、玻璃制品等。这些带有浓郁异国风情的奢侈品成为汉唐时期统治阶层眼中的奇珍异宝,并开始了对它们的模仿、改造和创新。菱格重圈纹料珠、仿玻璃陶珠、金步摇、连珠纹扁壶、嵌宝石金戒指、鎏金银骑射狩猎纹铜叶饰、镶绿松石

图一七 鎏金铜折足盘,唐—吐蕃,1979年肃南县西水乡大长岭出土

金壶、鸟纹鎏金铜梳、海马瑞兽葡萄纹镜等等,或是通过商旅带到中国,或是中国工匠通过对西方器物模仿、改造后创造出来的器物(图一七)。

散落在甘肃大地上的贵霜、波斯、罗马、安息等国的金银币、铅饼等多种国际货币,证明了甘肃丝绸之路上中西方贸易的繁盛。

伴随着丝绸之路的开通,胡人陆续来华。隋唐时期,国力日臻强盛,声名远播海外,丝绸之路上"胡商贩客,日款于塞下",贸易空前繁盛。胡人大量来华,在中国或从事政治、商贸、宗教,或做苦役、侍从、艺人谋生。考古发现的大量深目高鼻、留有络腮胡子的胡人俑,胡人牵马、牵骆驼俑等,直观地展现了甘肃地区唐代胡人的生活面貌(图一八)。2001年出土于庆城县唐代游击将军穆泰墓的一组胡人陶俑,主要包括胡人牵驼俑、男女滑稽艺人俑、袒胸胡人俑等,生动再现了穆泰家里蓄养胡人的面貌。[21]胡人还被作为一种特殊的商品用于交易。发现于敦煌藏经洞的唐天宝某年王修智卖胡奴契,为唐天宝年间旅居敦煌的王修智卖胡奴时所订立的契约,更加直观地反映了唐代丝绸之路上胡人的生业状态。

胡人的大量涌入,同时也带来不同的文化习俗,"胡风"也逐渐影响和改变着唐人的思想与生活。胡服、胡

图一八　三彩胡人牵马俑，唐代，秦安县叶家堡唐墓出土

图一九　彩绘木马，汉代，武威磨嘴子汉墓出土

器、胡乐、胡食、胡妆、胡舞等形成的"胡风"成为其时中国社会的时尚，受到上至王室贵族，下至平民百姓的追逐和喜爱。1982年出土于天水秦州区石马坪粟特墓里的五件彩绘伎乐男俑，分别手持横笛、贝蠡、排箫、笙、琵琶等乐器。[22]横笛、贝蠡、排箫、笙、琵琶等都是"龟兹乐""西凉乐"中必备的乐器。

汉通西域，汉王朝从西域等地获得了更多的良马、善马。"天子好宛马，使者相望于道"。来自大宛国进献天马的庞大贡使团源源不断地将"天马"运至甘肃和中原地区。与此同时，汉廷在河西走廊武威、张掖等地设立国家牧苑，改良中国马匹。在河西走廊出土的汉晋隋唐时期的铜质、木质马匹，都具有头小颈长，胸部宽厚有力，四肢修长的外部特征，表现的当是其时人们理想中的天马形象（图一九）。其中出土于武威雷台汉墓的铜奔马更是被普遍认为是"天马"的代表，声名远播海内外。

七、从逐鹿竞争到融合共生：甘肃多民族格局的形成

河陇大地是古代众多民族迁徙流动与交往的重要舞台。从汉以前的塞种、月氏、乌孙、诸羌戎等，到汉武帝之后的羌、氐、吐谷浑、突厥、吐蕃、回纥（鹘），宋元时期的党项、蒙古等民族，都曾在这里迁徙、扎根、生息繁衍，在中国民族融合史上留下浓墨重彩的一笔。

秦汉时期，生活或游牧在甘肃境内的民族主要有氐、羌、匈奴、大月氏等，在与汉民族接触过程中，有些部落逐渐改变单一的畜牧生业方式，开始兼营农业，婚嫁等风俗渐与汉民族同。至隋唐时期，隋唐以降，氐族逐渐融入汉、藏民族之中。自汉武帝置武都郡始到魏晋时期，氐、羌族首领多归附中原王朝并受拜封。20世纪60年代初，陇南西和县相继出土了"魏归义氐侯""晋归义氐王""晋归义羌侯"三枚金印。[23]金印上皆有"归义"二字，即"归义内属"之意，指内迁接受中央王朝统治的各族"向慕教化来归，隶属于汉"。（图二〇）此外，考古发现了为数不少的赐为下级官吏的印章。如陇南宕昌县曾出土了"汉率义羌佰长""魏率善羌君""魏率善羌仟长""晋率善羌仟长""晋率义羌佰长"等五枚铜印。这些金印、铜印是氐、羌少数民族被纳入中央王朝统治管辖的直接见证。

图二〇　"魏归义氏侯"金印，三国魏，西和县出土

《归义羌人名籍册》简是汉朝地方政府对所管辖羌人名籍的登记册。羌人在归附汉朝后，获得"归义"的身份，接受所在郡县或属国管理的直接行政管理。汉武帝时河西归汉，部分月氏人内迁在宁夏及甘肃东北部一带，与汉民族错综杂居。"月氏"铭货泉铜母范的发现，表明新莽时期月氏人曾在这里铸造过钱币，拥有一定的自治权。

隋唐时期，突厥、回纥、吐谷浑、吐蕃等族群相继在西北地区兴起。吐谷浑原为辽东鲜卑慕容部的一支，魏晋之际西迁至今甘肃临夏地区，并以此为基地向西拓展势力，占据今青海、甘南、四川西北等地，与羌人杂处。隋唐时期，吐谷浑归附中央政府，并隋唐王室建立姻亲关系。吐蕃灭吐谷浑，诺曷钵率残部归唐朝，先后迁居凉州、灵州，后又散居河套、山西一带，逐渐融于汉族之

中。诺曷钵死后与弘化公主一起归葬凉州。吐谷浑慕容家族是唐代民族融合的典范。交河郡夫人慕容氏墓志铭是吐谷浑王诺曷钵和弘化公主的后裔——慕容仪。慕容仪病逝于金城郡，归葬于丈夫金城郡麴氏高昌王族墓地。

吐蕃是发源于青藏高原的古老民族。唐安史之乱之际，吐蕃趁机攻占甘肃东部各地，迁入大批吐蕃部落，并实行对汉、羌的同化政策。张掖市肃南县西水乡大长岭唐墓出土的如意形金饰，龙纹皮带，彩绘马、蛇、鼠、猪生肖图木版画，彩绘"门楼图"木版画等，都反映了吐蕃统治时期对汉文化生活、丧葬习俗的接受，也表明了吐蕃与汉民族之间文化的交流与融合。

北宋初，党项采取"倚辽和宋"的策略，对宋朝中央时叛时服。公元1038年，李元昊仿照汉制自称皇帝，建立了以党项羌为主体的西夏王朝，与宋、辽、金鼎足而立。西夏王朝西界玉门，东尽黄河，南接萧关，北控大漠，今甘肃东北部至河西走廊皆入其统治版图。

西夏文《三才杂字》是在西夏流行较广的一部字书，该书讲述了一个富贵人家子弟从小到老的一生，意在用通俗易懂讲故事的方法来宣扬党项人应遵循的道德规范和儒家学说、思想。[24]西夏药方基本上遵循了中医药的传统，又融合有党项人原始、神秘的巫医色彩，甘肃地区出土的西夏文医方，显示了党项与汉民族间在医学上的交流与融合。西夏文草书写就的占卜词，其内容与汉文化民间占卜词相类，显示了西夏文化与汉民间文化之间的影响与互动。西夏王朝还仿照中原王朝铸造了"天盛元宝""乾祐元宝"等汉文钱币。另外，党项人在与中原王朝的交流中掌握了制瓷技艺，且因受汉民族文化的影响，牡丹、莲花、菊花、海棠、草叶纹、忍冬纹等中原王朝瓷器上常见的纹饰，也成为西夏瓷器上最常用的纹饰。

金元时期是中国历史上民族大迁徙大融合的又一个重要时期。民族流动、迁徙与融合在西北地区表现得尤为突出。出自蒙古汪古部的漳县汪世显[25]家族广采博取，融合吸收不同民族的文化，重视汉文化，最终成为西北地区最大的"豪酋世家"[26]。考古人员对甘肃漳县城南五里的徐家坪汪氏家族墓葬群进行了考古发掘，从墓葬结构、葬制，到墓碑、墓门、墓壁、门楼建筑风格等均可以看出汉文化传统（图二一）；出土墓室壁画、随葬砖雕木刻及陶器上既有道教、佛教内容以及"二十四孝图"，又有蒙古

图二一　木屋模型，元代，漳县汪世显家族墓出土

图二二　莲花形玻璃托盏，元代，漳县汪世显家族墓出土

武士、狩猎形象等；陶俑、骨刀、羊皮帽、抹胸织金锦、长袍等随葬品则带有明显的蒙古族特征。青铜爵、青铜盘、"金玉满堂"青铜器等礼器，龙泉窑青釉刻划莲瓣纹碗、龙泉窑青釉瓷匜、定窑白釉刻划莲花纹瓷洗、青白釉玉壶春瓶、釉里红高足杯等陈设瓷器的出土，无不彰显了其家族的富足与政治社会地位（图二二）。织金锦（蒙语

谓"纳石失"）制作技艺十分复杂，是元代上层社会特别崇尚的一种高级丝织品，汪世显家族墓出土的织金锦抹胸（另说为姑姑冠中部圆筒上的装饰物）足以体现其家族的政治和社会地位。

八、佛陀的故事：佛教东渐与本土化中的文化交流

孔雀王朝阿育王统治时期（公元前268—232年），佛教开始向古印度以外的周边国家和地区传播。佛教东逾帕米尔高原，沿丝绸之路向天山以南诸绿洲城郭国家传播，进而传播至河西走廊，与大月氏人密切相关。大月氏是游牧在河西走廊敦煌、祁连山一带的古老游牧民族。西汉初，匈奴人强势进入河西走廊，大月氏人被迫西迁至中亚大夏(巴克特里亚)人统治地区，并建立了以小乘佛教为主的多宗教国家——贵霜帝国。贵霜王国信奉佛教并积极向外传播，佛教东传开始加速。佛教何时传入中国，一般认为是于公元前1世纪首先传入西域于阗。于阗成为中国最早接受佛教的地区。敦煌悬泉置遗址出土的"悬泉浮屠简"，说明至少在西汉末至东汉初，即公元1世纪下半叶时，佛教就已经传入敦煌地区。

佛教传入中国之初，为吸引信众、立足发展，开始与中国社会、文化、民众日常生活相适应、相结合，形成独具区域本土特色的佛教，表现出有别于印度佛教特征。酒泉市石佛寺湾子出土的北凉高善穆石造像塔整体呈圆锥形，由塔顶、塔身、基座组成，是已发现的中国模仿印度覆钵塔的最早实例。塔顶上的"七星"和塔基的"八卦"符号，显示了佛教传入中国后与中国本土文化之间的互动与交融[27]。酒泉出土的一件北魏楼阁式石造像塔，其形制已经摆脱了西域造像塔的影响，以中原传统建筑多层楼阁式为形制，说明佛教东传过程中的中国化和本土化倾向。甘谷县华盖寺遗址出土的北魏石佛造像塔亦呈楼阁式，塔顶虽有残损，但瓦楞屋檐均有保留。

"秀骨清像"一词最早源于人们对南朝宗室画家陆探微绘画风格的指称，后又被论者借指北魏中晚期佛教造像艺术形式与风格。[28]"秀骨清像"造像的典型特征是广额、削颌、眉楞、颧骨、下巴突出，清秀瘦削，身形瘦长、修身细腰，显示出超凡脱俗的风度；佛像服饰的衣纹刻画概括简练，多呈直线，显得雄健有力。麦积山石窟第

162窟的两尊泥塑菩萨立像长颈削肩，身躯颀长，清秀俊美，菩萨像衣纹飘逸流畅，是北朝造像"秀骨清像"的典型代表。同样来自天水麦积山石窟的两尊北魏泥塑菩萨头像，也是"秀骨清像"造像样式的典型作品，值得注意的是，两尊泥塑菩萨还保持有一种"古风的微笑"，展现出菩萨慈祥宁静的内在精神。

作为南北朝时期最为突出的造像样式，"秀骨清像"造像样式主要集中在北魏、东魏、西魏时期。至北齐、北周时，佛造像逐渐出现了新样式，即由"秀骨清像"向"丰圆"转化。2012年出土于泾川县大云寺佛造像窖藏的一批石佛头提供了明证。[29]（图二三）此次展出的几尊石佛头面相均表现出丰圆的特征。

唐代是中国佛教发展史上的鼎盛时期，在甘肃境内出土了不少精美的佛教艺术珍品（图二四）。这一时期佛教开始向世俗化与平民化方向的过渡与转变。此次展出的来自炳灵寺石窟的几尊石雕菩萨头像、石雕弟子像等是唐代佛造像世俗化（大众化）的典型代表。其中，一尊石雕菩萨头像发髻高耸，面型圆润丰腴，典雅娴静，尽显唐代菩萨温婉柔美的女性特征。另一尊石雕菩萨头像双耳前后、后脑及头顶部有规律地束起发辫（大而粗的麻花辫），紧凑而别致，就像是唐代社会生活中常见的女子形象。

"许愿"是信众在向佛祈福、祈求佛祖保佑时立下的某种承诺和保证，需要在应验后"还愿"。"许愿还愿"是中国民众佛教信仰中常见的佛事仪式。1965年，考古人员在敦煌莫高窟第130窟南壁西侧一岩孔内发现了几件唐开元年间的许愿绢幡。幡是佛教供养品，主要与药师信仰有关，从绢幡上的发愿文内容来看，都是信众祈求佛祖祛除疾病、保佑自己或亲人身体安康等内容。同年在莫高窟125—126窟前崖壁裂缝中发现的北魏供养人刺绣画残片，也属于此类。从刺绣上发愿文可知，此刺绣为北魏太和十一年广阳王（推测为第四代广阳王元嘉）从平城（大同）定制转送到敦煌莫高窟的"还愿"物或供养物。

在佛教东传内地过程中，河陇大地上的高僧辈出，多以译经闻名于世，现存的数以万计的佛教经卷便是明证。此次展出的唐代《大般涅槃经》（简称《涅槃经》，共计四十卷，北凉昙无谶译）、唐代《缘生论》等唐代早期佛经、佛教著作写本都是甘肃佛教经典的代表作品。

佛教东传，自敦煌至天水沿途佛教石窟星罗棋布，形

图二三　2012年泾川县大云寺佛造像窖藏发掘现场

图二四　金棺、银椁、铜匣、舍利瓶及石函，唐代，泾川县大云寺出土

成了一条石窟走廊。如河西走廊的敦煌莫高窟、榆林窟，酒泉文殊山石窟，张掖马蹄寺石窟，武威天梯山石窟；陇中永靖炳灵寺石窟；陇东天水麦积山石窟、武山水帘洞石窟、甘谷大象山石窟、庆阳北石窟寺等。甘肃佛教石窟数量多、跨越时间长、分布区域广，题记内容丰富，创作艺术精湛，在彩塑艺术、壁画艺术、建筑艺术等方面都有自己的独特价值，成为中国石窟艺术中的一朵奇葩。

结　语

从华夏文明早期文化之一的大地湾文化，到绚丽多彩、灼灼其华的彩陶文化；从华夏边缘"羲、轩桑梓"，到统一周、秦王朝的"始兴之地"；从中原王朝的边疆、控制西域的军政中心，到"胡商贩客，日款于塞下"的汉唐丝绸之路；从不同族群的迁徙流动、冲突融合，到多元文化互补争辉、共融共生；从不同物质文化流动、交融的走廊，到兼容佛教思想与石窟艺术的"佛陀之路"……在甘肃这片热土上，带给了我们数不清的精彩与神奇。

回望历史，我们可以清晰地看到，河陇大地在中华文明历史进程中的独特地位，在中西文化交互传播中的独特角色；这里是连接古代中国与世界、沟通东方与西方经济文化交往的重要通道；甘肃走廊是一条商旅之路、使者之路、宗教之路、文明交互传播之路。

如今，在"一带一路"国家大战略构想中，甘肃的"通道"作用将会被再次激活，重回历史舞台，肩负起新的历史使命，重新焕发出新的生机。

注释：

[1] 主要包括：一是以仰韶文化为代表的中原文化，也就是传统意义上的黄河文化；二是以泰山地区大汶口文化为代表的山东、苏北、豫东地区的文化，其突出特点是不同于仰韶文化红陶的黑陶文化；三是湖北及其相邻地区，其代表是巴蜀文化和楚文化；四是长江下游地区，最具代表性的是浙江余姚的河姆渡文化；五是西南地区，从江西的鄱阳湖到广东的珠江三角洲；六是从陇东到河套再到辽西的长城以北地区，最具代表性的是内蒙古赤峰的红山文化和甘肃的大地湾文化。

[2] 苏秉琦先生的"满天星斗说"被誉为是最"具有思想性的历史解释模型"，至今仍是中国文明起源研究最重要的指导思想。随着"中华文明探源工程"的深入，"满天星斗说"被进一步证实。

[3] 六个文化层：分别为1层—3层距今60000—20000年；第4层距今20000—13000年；第5层距今13000—7000年；第6层距今7000—5000年。参阅安志宏《大地湾：史前人类文明的摇篮》一文，载《天水日报》2018年4月13日，第008版。

[4] 参见刘长江、孔昭宸、朗树德《大地湾遗址农业植物遗存与人类生存的环境探讨》，《中原文物》2004年第4期。

[5] 有研究者认为，大地湾一期文化不是中国早期农业文化的源头，它仅仅是漫长的农业起源过程中的一个环节。参见徐旺生《关于农业起源的若干问题探讨》一文，载《农业考古》1994年第1期。

[6] 程晓钟：《大地湾居住遗址的复原推测及初步研究》，《考古与文物》2010年第3期。

[7] 甘肃省文物考古研究所：《秦安大地湾——新石器时代遗址发掘报告》，文物出版社，2006年。

[8] 对大地湾彩陶刻画符号的认识，郭沫若先生曾做出过判断："彩陶上的那些刻画符号，可以肯定地说就是中国文字的起源，或者说中国原始文字的孑遗。"参见郭沫若：《古代文字之辩证的发展》，《考古学报》1972年第1期。

[9] 有研究者认为，大地湾一期彩绘符号与二期刻画符号是面貌不同、性质和功能也不尽相同的史前陶符。大地湾一期彩绘符号可以分为两类：象形符号和几何形符号。大地湾二期刻画符号则明显具备一定的记事功能，可称之为"记事符号"，但并不具备记录语言的功能，还没有达到记录语言的文字符号的程度。参见黄亚平、伍淳等《大地湾陶符的性质及史前陶符的研究方法》，《西北民族大学学报》2002年第2期。

[10] 学术界对大地湾地画的讨论一直未曾中断。主要有尚民杰《大地湾地画释意》（《中原文物》1989年第1期）、陈星灿《大地湾地画和史前社会的男性同性爱型岩画》（《东南文化》1998年第4期）、于嘉芳等《大地湾地画探析》（《中原文物》1999年第2期）、祝恒富《甘肃秦安大地湾地画是一幅野合图》（《四川文物》1999年第1期）、邵明杰《大地湾地画新考》（《四川文物》

2009年第3期）等文。

[11] 陈星灿：《从一元到多元——中国文明起源研究的心路历程》，《中原文物》2002年第1期。

[12] 韩建业：《"彩陶之路"与早期中西文化交流》，《考古与文物》2013年第1期。

[13] 青海省文物考古研究所：《再现文明——青海省基本建设重要考古发现》，文物出版社，2013年，第12—17页；北京大学考古文博学院、甘肃省文物考古研究所：《河西走廊史前考古调查报告》，文物出版社，2011年，第64—65页。

[14] 陈望衡：《史前彩陶艺术的巅峰——简论马家窑彩陶的历史价值与艺术价值》，《湖北美术学院学报》2016年第1期。

[15] 凡小盼、赵雄伟：《史前黄铜器及其冶炼工艺》，《中国国家博物馆馆刊》2016年第8期。

[16] 凡小盼、赵雄伟：《史前黄铜器及其冶炼工艺》，《中国国家博物馆馆刊》2016年第8期。

[17] 持不同意见者认为，林家含锡青铜刀的出现，可能与当地矿产资源条件有关，并非马家窑先民有意识地冶炼青铜合金的结果。李水城：《西北与中原早期冶铜业的区域特征及交互作用》，《考古学报》2005年第3期。

[18] 陈建立、毛瑞林、王辉等：《甘肃临潭磨沟寺洼文化墓葬出土铁器与中国冶铁技术起源》，《文物》2012年第8期。

[19] 裴之祺：《汉代〈仪礼〉简、医药简牍和王仗简》，《文物天地》2015年第4期。

[20] 《汉书》卷一百二十三，《大宛列传》。

[21] 王春、王彦川、黄丽宁、裴斌、赵雯：《甘肃庆城唐代游击将军穆泰墓》，《文物》2008年第3期。

[22] 天水市博物馆：《天水发现隋唐屏风石棺床墓》，《考古》1992年第1期。

[23] 王裕昌：《三方魏晋金印》，《文物天地》2015年第4期。

[24] 聂鸿音、史金波：《西夏文〈三才杂字〉考》，《中央民族大学学报》1995年第6期。

[25] 汪世显（1195—1243），字仲明，金代巩昌盐川镇（今漳县）人，以军功起家，历任镇远军节度使、巩昌便宜总帅等职。元太宗六年（金天兴三年，公元1234年），蒙古灭金后，汪世显随蒙古大军南下征讨四川。后以军功升任便宜都总帅，领秦州、巩昌等20余州事，并受赐虎符、锦衣、玉带等，卒后又追封陇西公。巩昌汪氏家族自此始，成为历金元明三代的世侯之家。关于汪世显的族属，一直存有两说，一说其出自蒙古汪古族，一说出自徽州歙县汪氏，先祖在唐代时移居巩昌。最新研究普遍认为，巩昌汪氏家族出自蒙古汪古族，系汉化的蒙古人。参见俄军编《汪世显家族墓出土文物研究》，甘肃人民美术出版社，2017年。

[26] 许世娣：《漳县元代汪世显家族墓研究》，郑州大学硕士学位论文，2015年。

[27] 卢冬：《"高善穆"石造像塔》，《文物天地》2015年第4期。

[28] 李梅：《北魏佛教造像艺术的"秀骨清像"论》，《民族艺术研究》2015年第4期。

[29] 魏文斌、吴荭：《泾川大云寺遗址新出北朝造像碑初步研究》，《故宫博物院院刊》2016年5期。

文明序曲

考古发现，位于甘肃省秦安县五营乡的大地湾遗址涵盖了中国新石器时代早、中、晚期的考古文化（距今约8000年至5000年），前后赓续3000余年，被称为"大地湾文化"。大地湾文化共分为四期，其中一期文化是迄今为止西北地区考古发现最早的新石器时代文化。

　　大地湾遗址内涵之丰富，在中国重大史前文明考古中占有重要地位。遗址中发现的具有较高水平的史前宫殿式建筑、早期旱作农作物粟、黍的炭化标本，精美又质朴的早期彩陶样式，原始粗犷的艺术（地画）以及神秘的彩绘刻画符号（记事符号）等等，足以证明在这片神奇的热土上，远古时期的大地湾先民曾经创造出了灿烂的新石器时代早期文化，奏响了文明的序曲。因此，大地湾文化也被称为"黄土高原上的文化奇迹"。

　　中华文明的起源经历了从多元到一体的过程。位于黄河上游的大地湾文化，与中原地区的裴李岗文化、华北磁山文化，以及东南沿海地区的河姆渡文化、良渚文化等诸多史前新石器文化并行发展、竞放异彩，又相互影响，碰撞融合，共同形成了灿烂的早期中华文化。

考古资料显示，大地湾的先民们过着定居的生活。他们主要从事渔猎、采集和经营原始的农业，并开始饲养猪等家畜。以粟、黍、油菜籽等为代表的旱作农作物炭化种子的发现，表明大地湾先民的原始农业已经达到了一定水平。

随着原始农业水平的提高，手工业和建筑水平也获得进一步的发展。大量精美的磨制石器、骨笄、玉笄、陶纺轮的发现即是明证。其中F901宫殿式建筑更是代表了当时最高的建筑水平。

甘肃东部天水一带自然地理风光　岳立明拍摄

人头形器口彩陶瓶

大地湾四期文化（距今 5500—4900 年）
高 31.8 厘米，口径 4.5 厘米，底径 6.8 厘米
秦安县大地湾遗址出土
甘肃省博物馆藏

陶瓶系用细泥红陶做成，圆鼓腹，平底。器口为圆雕人头像，头部左右及后部刻画出整齐的披发，前额上垂着一排整齐短发，形成齐眉"刘海儿"。两眼为圆孔洞，显得目光深邃。鼻子呈蒜头形，雕有鼻孔。嘴较小，微微张开，似正言语。两耳外展，皆有穿孔，当为垂系饰物所用。瓶体上从上至下以黑彩饰三层大小相同、由弧线三角纹和斜线组成的二方连续图案，以示华丽的衣物。

陶瓶人头像器口运用不同的雕塑手法，头发和嘴系雕刻

而成，鼻、额和脸部系捏塑而成。人头像五官整齐、面庞秀丽，器身造型典雅，与人物形象浑然一体，是大地湾文化彩陶的代表作，也是中国史前集彩绘、雕塑与造型艺术于一身的杰作。

在本展览中，我们将人头形器口彩陶瓶视作甘肃历史文化的代言人，让她带领观众领略历史悠久、精彩纷呈的甘肃历史文化。

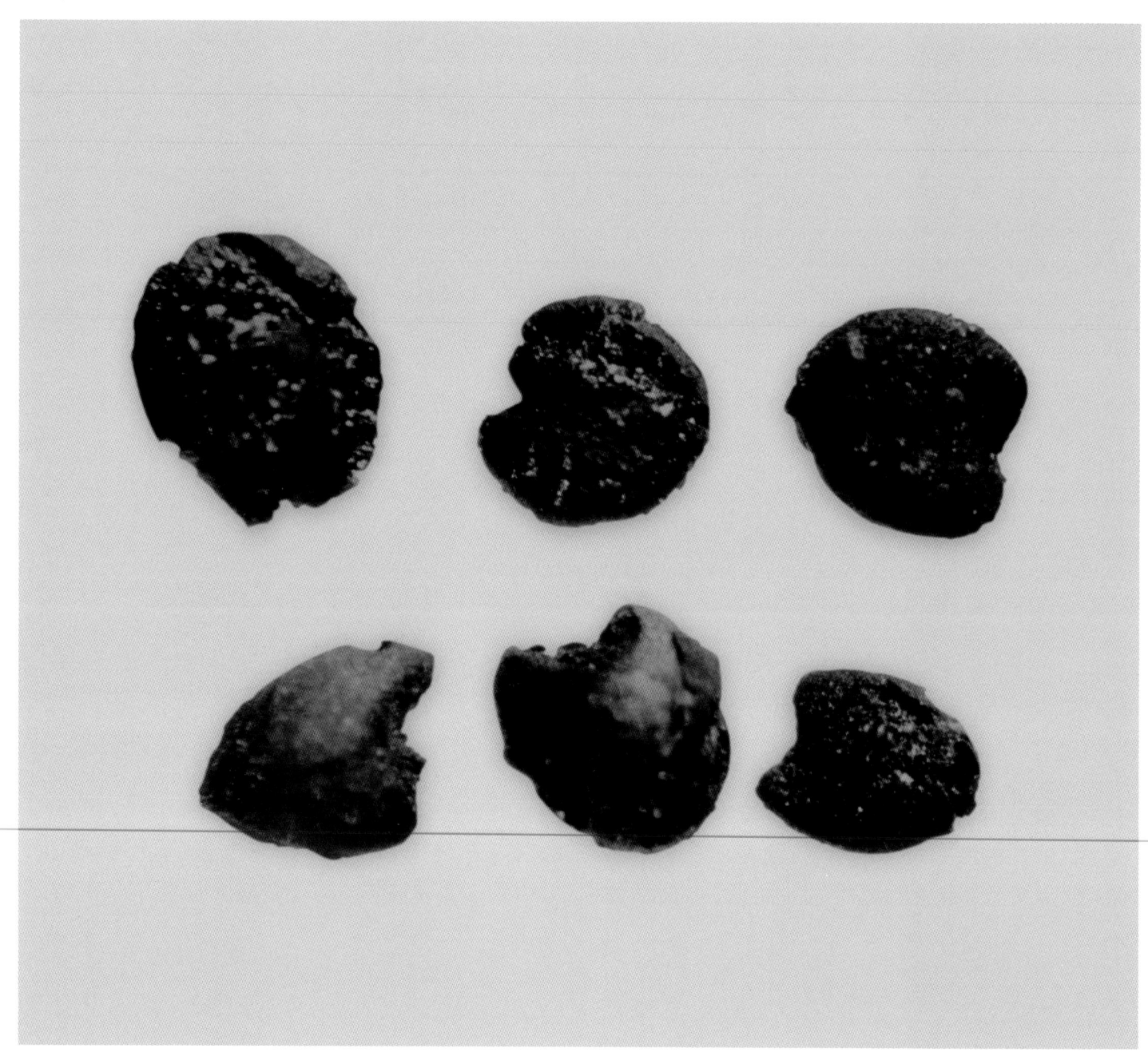

黍、粟、油菜籽标本

大地湾一期文化（距今 7800—7300 年）
1979 年秦安县大地湾遗址出土
大地湾博物馆藏

黍、粟、油菜籽炭化种籽标本。经科学鉴定，大地湾一期文化遗址出土的黍标本，与国际上最早的希腊阿尔基萨前陶期地层出土黍年代相当。这一考古发现具有重大的历史价值，即确认了中国西北地区是黍的原产地之一，这是中国先民对人类的一大贡献。

大地湾二期文化中除了黍，还出现少量的粟，至四期文化则以粟为主。粟也被称为谷子，黍被称作糜子，它们曾是中国北方地区最为重要的粮食作物。近 8000 年后的今天，粟仍是北方地区乃至全国居民餐桌上常见的粮食之一。除黍和粟之外，大地湾遗址中还发现了十字花科油菜的遗存，说明在农业出现的同时人们也开始了蔬菜种植，大地湾先民的餐桌上也随着蔬菜的栽培而丰富起来。

石斧

大地湾二期文化（距今 6500—6000 年）
长 14 厘米，肩宽 6 厘米，刃宽 8 厘米，厚 3 厘米
1979 年秦安县大地湾遗址出土
大地湾博物馆藏

　　石器是早期人类最主要的生产工具，大地湾先民当时除
了使用少量的打制石器以外，磨制石器已占绝大多数，说明
当时已处于新石器时代。石斧主要用于砍伐树木等。

单孔石铲

大地湾二期文化（距今 6500—6000 年）
长 21.8 厘米，宽 9.8 厘米，厚 1.8 厘米，孔径 1.2 厘米
1979 年秦安县大地湾遗址出土
大地湾博物馆藏

　　石铲边缘有磕缺数处，顶部有一钻孔，采用两面旋钻法，孔壁有台阶状旋纹。石铲是翻地的工具，用来疏松土壤，它的使用说明新石器时代的大地湾先民已经真正进入了以原始农业为主的时代。

石锛

大地湾二期文化（距今 6500—6000 年）
长 11 厘米，宽 3 厘米，厚 1.3 厘米
1979 年秦安县大地湾遗址出土
大地湾博物馆藏

　　石锛的平面和横断面均呈长方形，器身扁平，偏锋，刃缘形态以直刃为主。石锛主要为开垦土地的农具，也是平木的主要工具，史前时期还未发明刨子，木料要使之平整不是用刨子，而是用石锛。

陶纺轮

大地湾一期文化（距今 7800—7300 年）
直径 4.6 厘米，厚 0.4 厘米，孔径 0.3 厘米
1979 年秦安县大地湾遗址出土
大地湾博物馆藏

　　夹细砂红褐陶，表面有交错绳纹，周边磨光，中间有一个对钻的穿孔，纺轮是捻线的原始工具，是纺锤上的小轮。圆形，中心有孔，孔中穿上两端削尖的木质直杆，就成了纺锤，可以用来捻线，它们的出现说明当时纺织业已出现，史前人类为了御寒，他们使用骨针、骨锥将植物纤维纺织品缝制成原始的衣服、鞋子。

陶杯

大地湾一期文化（距今 7800—7300 年）
高 6.2 厘米，口径 6.1 厘米，底径 4 厘米
1979 年秦安县大地湾遗址出土
大地湾博物馆藏

　　陶杯为敞口、平底，器型小，当系大地湾先民制作的生活用具。大地湾文化遗址出土的彩陶以罐、瓶等器型为多，杯子等器物十分少见。此件陶杯陶质疏松，器型很小，出土于大地湾一期文化，反映了大地湾先民刚刚掌握了制陶技艺的状态。

骨鱼钩

大地湾二期文化（距今 6500—6000 年）
长 3.2 厘米，宽 2.2 厘米
1979 年秦安县大地湾遗址出土
大地湾博物馆藏

　　骨鱼钩用毛冠鹿大趾骨外侧壁部分制成，表面留有较多的修整痕迹，近顶部有残缺，顶部刻有凹槽，用来捆绑绳、线，钩尖锐利。这枚简单的骨鱼钩是一个极富才智的创造，它和现在的鱼钩极为近似，虽然是骨制的，但精美程度完全可以和今天的钢制鱼钩相媲美。

玉笄

大地湾二期文化（距今 6500—6000 年）
残长 7 厘米，帽长 4.3 厘米，帽宽 1.1 厘米，杆径 1 厘米
1979 年秦安县大地湾遗址出土
大地湾博物馆藏

　　玉笄整体呈丁字形，柄部有帽，帽平面呈椭圆形。主干根部多扁圆，中腰部开始变圆，尖部圆尖。用玉笄作笄住头发的发饰。骨质、玉质笄的出土，足以说明大地湾先民朴素的审美意识、观念与情趣。

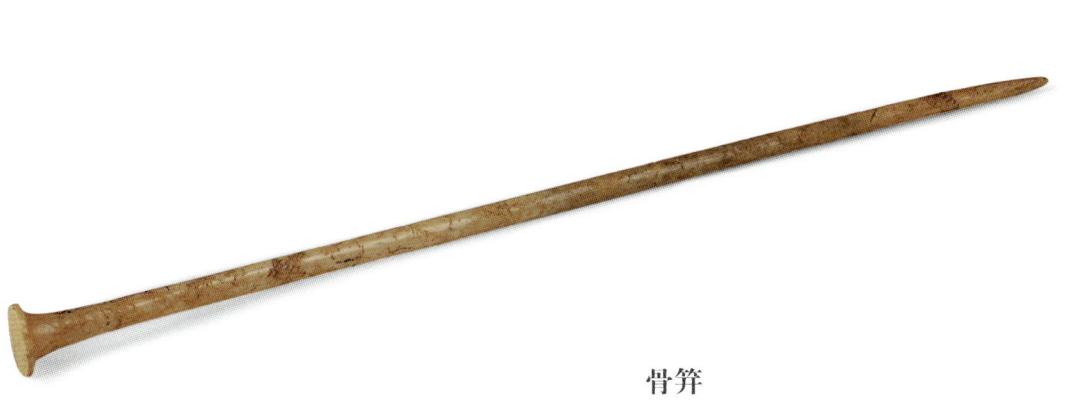

骨笄

大地湾四期文化（距今 5500—5900 年）
长 22 厘米，帽长 1.3 厘米，帽宽 0.8 厘米，杆径 0.6 厘米
1979 年秦安县大地湾遗址出土
大地湾博物馆藏

　　骨笄一端锐尖，表面砥磨光滑。骨笄是用作笄住头发的发饰，它的出现说明大地湾先民已经有了很强的审美观念，也显露出大地湾先民制作装饰品的高超工艺。骨笄的产生溯源于仰韶文化，未发现涉及更早的大地湾一期的骨笄。

随着农业的发展，人们对炊煮农作物、储藏粮食的陶器的需求不断增大；手工业的发展进一步提升了制陶技术。大地湾一期遗址中出土了少量的陶器，主要器型有圜底钵、深腹罐等，并多在口沿外绘一圈宽带纹，这是中国早期彩陶样式之一。大地湾文化也被认为是中国彩陶的渊源。

大地湾先民还将他们对自然万物的观察与认识装饰在陶器上。流光溢彩的彩陶器，代表了大地湾先民高超的制陶技艺，也蕴含着其思维认知方式与审美情趣。

宽带纹三足圜底彩陶钵

大地湾一期文化（距今 7800—7300 年）
高 12 厘米，口径 27.5 厘米
1979 年秦安县大地湾遗址出土
甘肃省博物馆藏

　　夹砂红褐陶，陶钵敞口，弧腹，圜底，腹部下承三乳足。腹部至底部印有交错的绳纹。口沿外壁·周刮光处理，涂绘红色宽带纹，形成一条宽带，并延及口沿内壁。腹部饰交错绳纹、口沿外壁刮光涂红彩的圜底钵是大地湾文化的典型陶器，兼有食器和炊器的功能。

　　大地湾文化彩陶是迄今所知中国最早的彩陶，也是世界上最早出现彩陶的古文化之一。

绳纹灰陶圈足碗

大地湾一期文化（距今 7800—7300 年）
口径 18 厘米
秦安县大地湾遗址出土
甘肃省博物馆藏

　　夹砂灰褐陶，陶碗通体印交叉绳纹，带圈足。圈足碗的制作方法是，先制成圈底的碗体，在表面交错拍印绳纹，再接上预制好的圈足，圈足外也印有绳纹以保持器表装饰的统一性。由于圈足处容易脱落，黏合处往往留有明显的黏合痕迹，以防止圈足脱落。在器表拍印绳纹是大地湾陶器的典型装饰特征之一。

　　饶有趣味的是，这件近 8000 年前大地湾先民创造出的圈足碗的样式，跨越漫漫历史长河而未改其模样，碗至今仍是中国人日常生活中最主要的餐具之一，几乎每天都出现在我们的餐桌上。

绳纹三足深腹罐

大地湾一期文化（距今 7800—7300 年）
高 33.6 厘米，口径 19.2 厘米
秦安县大地湾遗址出土
甘肃省博物馆藏

　　夹细砂红褐陶，侈口，略鼓腹，圜底略平，底部装有三个矮足，略外撇，通体皆拍印交错绳纹。
　　三足深腹罐是中国早期陶器的典型样式。考古资料显示，在新石器时代早期的裴李岗文化、磁山文化中也出土有深腹罐。

小口尖底陶瓶

大地湾四期文化（距今5500—4900年）
高52厘米，口径10.2厘米，肩径22厘米
1979年秦安县大地湾遗址出土
大地湾博物馆藏

　　夹细砂红陶，瓶口呈喇叭形、细长颈、宽圆肩，肩部以下渐敛形成尖底。陶瓶瘦长，通体抹光，整体成流线型，造型优美。肩腹部刻画数道斜线纹。

　　考古资料显示，尖底瓶是一种新石器时代常见的容器，在大地湾文化、大汶口文化、崧泽文化、良渚文化遗址中都有发现，形制大体相同。同时出土的还有大口尖底瓮。关于小口尖底瓶的研究，学界基本上从"汲水器"一说。近年来，学者们认识到小口尖底瓶是一种具有世界性的器物，在古巴比伦、古埃及、古叙利亚等地都曾出土过。研

究显示，此类器物曾被用来酿酒。同时，越来越多的图像资料表明，小口尖底瓶既是用来酿酒的容器，也是喝酒的容器。如古叙利亚人围在小口尖底瓶或大口尖底瓮旁，用吸管共同饮用葡萄酒的图像资料。考古研究显示，中国的酿酒起源于仰韶文化时期，加之甲骨文、金文中"酒"字字形基本上都为小口尖底瓶或瓮的形象，我们有理由相信广泛出土于中国大地上的小口尖底瓶或大口尖底瓮，也应当是先民们用来酿酒的容器。

宽带纹彩陶钵

大地湾二期文化（距今 6500—6000 年）
高 10 厘米，口径 29 厘米
1979 年秦安县大地湾遗址出土
大地湾博物馆藏

　　陶钵为细泥红陶制成，口部饰黑色宽带，圜底，圜底浑
圆，胎体较厚，整体近半球状，表面抹光。

写实鱼纹彩陶盆

大地湾二期文化（距今 6500—6000 年）

高 14 厘米，口径 34 厘米

1979 年秦安县大地湾遗址出土

大地湾博物馆藏

细泥红陶，陶盆侈口，唇下呈圆弧，唇饰黑彩带，深腹，胎体较厚，腹部绘饰写实鱼纹。鱼头较大，鱼眼上翻，鱼身修长，鱼鳍形象，比例恰当。很显然，此陶盆上的鱼形态自然，与自然中常见的鱼十分相近。考古资料显示，鱼纹是大地湾彩陶上出现时代最早、出现最为频繁的纹饰，且经历了从写实到抽象化的演变历程。研究者认为，这是大地湾文化早期彩陶盆上写实鱼纹的典型代表。

有学者认为鱼是某些史前先民的图腾；有学者认为鱼的繁殖能力很强，鱼纹寄托着先民们繁衍后代的希望。鱼作为某些部落的图腾的说法可能值得进一步商榷，因为鱼类是史前先民重要的食物补充源，作为图腾，鱼是不能够被捕杀作为食物的。大地湾文化的鱼纹彩陶盆是仰韶文化的代表性陶器，是中国灿烂的史前彩陶文化的象征。

变体鱼纹彩陶盆

大地湾二期文化（距今 6500—6000 年）
高 16 厘米，口径 42 厘米
1979 年秦安县大地湾遗址出土
大地湾博物馆藏

　　细泥红陶，陶盆侈口，卷沿外卷幅较大，深腹微鼓，圜底，腹部绘饰变体鱼纹。有研究者将大地湾陶盆上鱼纹的演变分为五个阶段：第一阶段以写实的鱼纹为主；第二阶段鱼纹开始简单变体，介于写实和抽象之间，具体表现为鱼头开始变长且图案化，多以直边和弧边三角纹表示头部；第三段鱼纹变体且抽象化，仅用上下相对的两条弧形纹来表示鱼头，用几何图形拼成鱼的基本形态；第四阶段进一步简化鱼

的形态，将鱼胸、腹、鳍三者合一，仅用线条表示鱼的身体且上下对称；第五阶段达到极简抽象化、几何化，仅用三角形表示鱼的形态，用圆点表示鱼眼。

　　大地湾彩陶上鱼纹的演变，经历了从具象写实到抽象化的演变过程，其背后则是鱼纹的绘制者经历了观物取象、得意忘象的艺术过程。鱼纹的演变过程，也客观反映了大地湾先民思维从简单到复杂，从形象到抽象的发展历程。

三角纹彩陶钵

大地湾二期文化（距今 6500—6000 年）
高 9 厘米，口径 17.5 厘米
1979 年秦安县大地湾遗址出土
大地湾博物馆藏

　　陶钵底较平缓，腹饰斜对三角和圆点构成的图案。此陶钵上的纹饰，是大地湾鱼纹演变的第五阶段，已经到达极简抽象化，仅用三角形表示鱼的形体，用圆点表示鱼眼。

对三角纹彩陶钵

仰韶文化半坡类型（公元前 4770—前 4190 年）
高 8.5 厘米，口径 19 厘米
秦安县王家阴洼遗址出土
甘肃省博物馆藏

　　陶盆腹部用留白形式绘直边三角纹四个，三角纹两两尖角顶对；三角纹两两通过四条规整的直线相连接。三角纹是鱼头的变体，四条直线表示鱼的躯体。根据大地湾彩陶鱼纹演变阶段论，此陶盆上的鱼纹系演变到第四阶段的鱼纹。

变体鱼纹彩陶钵

仰韶文化半坡类型（公元前 4770—前 4190 年）
高 6 厘米，口径 13.5 厘米
秦安县五营乡邵店村出土
秦安县博物馆藏

　　陶钵圈底，腹部绘两条变体鱼纹，鱼头的上下鳍简化为
对称的等形三角形，变体夸张，线条挺拔，富有装饰性。可
以看出，彩陶画工已经意在追求对称的装饰效果，体现了先
民们审美的提升。

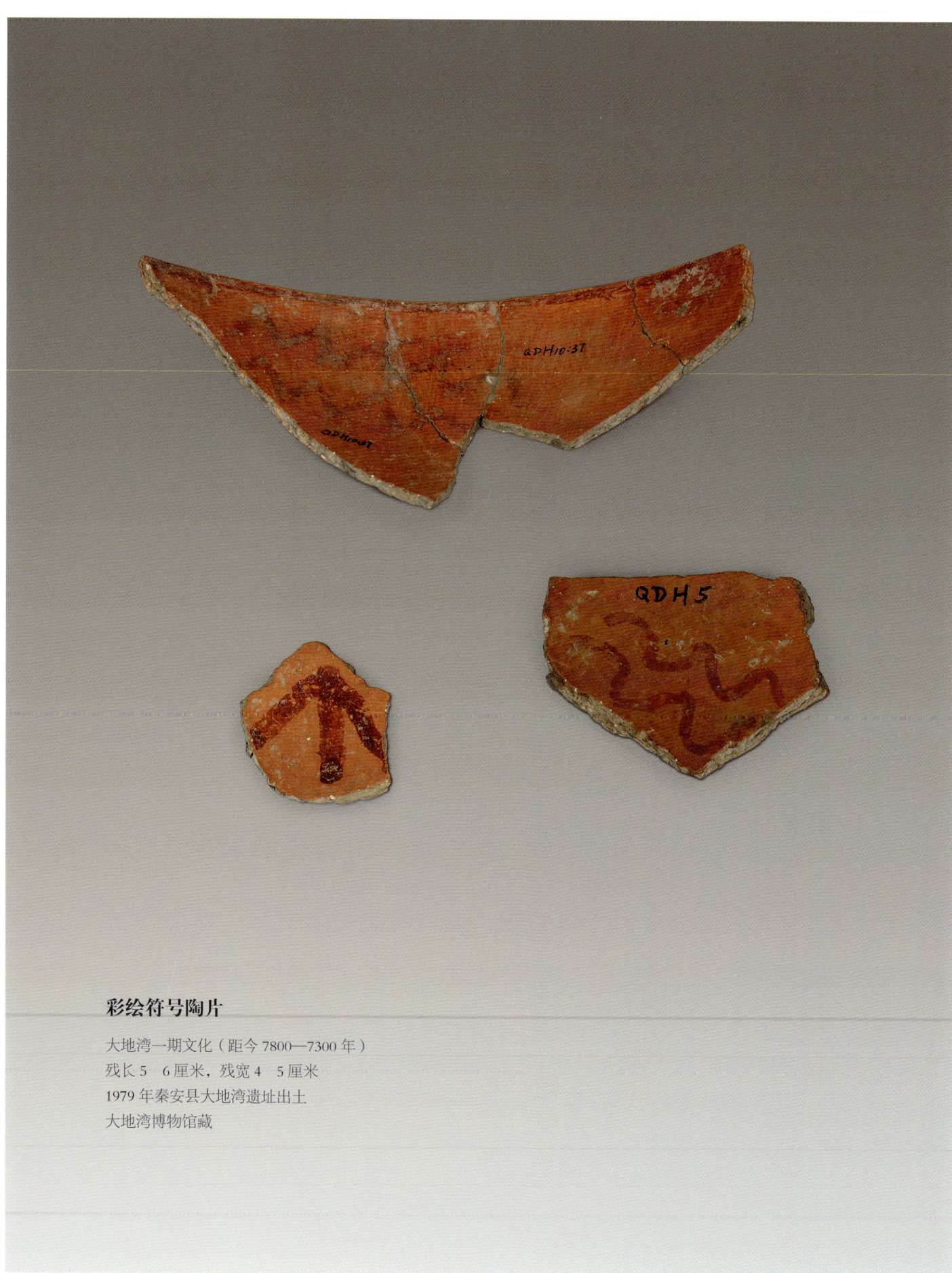

彩绘符号陶片

大地湾一期文化（距今 7800—7300 年）
残长 5 6 厘米，残宽 4 5 厘米
1979 年秦安县大地湾遗址出土
大地湾博物馆藏

彩绘符号陶片

大地湾一期文化（距今 7800—7300 年）
残长 5—6 厘米，残宽 4—5 厘米
1979 年秦安县大地湾遗址出土
甘肃省博物馆藏

在大地湾文化遗址出土的一些彩陶钵上，或彩陶残片上发现带有许多特殊符号，有"↑""‖""+""×"等十余种。研究者认为，这些特殊彩绘符号可能含有记事意义，应属记事符号。它们也被认为是仰韶文化半坡类型彩陶钵刻画符号的前身。

当然，也有人认为这些符号毫无规律可循，可能是制陶匠人信手涂绘的标志而已。这些神秘符号的意义至今未能破解，是大地湾先民留给我们的一个难解之谜。

彩
陶
之
冠

古老、绚丽的彩陶艺术是华夏民族的伟大创造。地处黄河中上游的甘肃是世界上最早产生彩陶的地区之一。考古发现，从距今8000年的甘肃东部大地湾文化一期起，到距今2500年的河西走廊沙井文化，甘肃彩陶文化延续发展了5000多年，经历了仰韶文化、马家窑文化、齐家文化、辛店文化和沙井文化等阶段，形成了其独立的彩陶文化体系和完整的发展史。

甘肃是名副其实的"中国彩陶之乡"。在河陇大地上，考古发现的彩陶文化遗址星罗棋布，灿若星辰，出土彩陶数量巨大、器型丰富、纹饰精美、工艺精湛，极具艺术性。其中尤以马家窑彩陶最为闻名，精湛的工艺，绚丽的色彩，精美繁复、变化万千的纹饰，典雅的风格，代表着中国新石器时代彩陶艺术的高峰，也让其在世界新石器时代彩陶艺术中占有无与伦比的地位，被公认为世界"彩陶之冠"。

仰韶文化彩陶

　　仰韶文化是黄河流域最具代表性的一种新石器时代文化，彩陶是其主要文化遗物，因最早发现于河南省渑池县仰韶村而得名，主要分布在河南、陕西、山西一带，年代约为公元前 5000 至前 3000 年。随着仰韶先民逐渐西进，在甘肃东部的渭河、泾河上游、汉水中游与当地文化（"大地湾文化"）融合，形成具有地方色彩的甘肃早期仰韶文化。

　　考古显示，甘肃东部仰韶文化主要源自仰韶文化庙底沟类型，向西又衍生出石岭下类型（距今约 5800 年）。此后，甘肃仰韶文化逐渐开始脱离豫、晋、陕仰韶文化圈向西发展，经甘肃中部向河西走廊、青海河湟地区传播，最终形成了甘青地区史前彩陶文化。在甘肃，则形成了闻名后世的马家窑彩陶文化。

宽带纹彩陶钵

仰韶文化半坡类型（公元前 4770—前 4190 年）
高 8.1 厘米，口径 23 厘米
秦安县王家阴洼遗址出土
甘肃省博物馆藏

陶钵口沿外绘一圈黑色宽带纹，上阴刻一"フ"符号。在大地湾文化半坡类型黑色宽带纹陶钵上，已发现了数十种阴刻符号。研究者认为，这些刻画符号大多为记事符号，具有一定的意义，可能是汉字的前身，为研究中国古文字的起源提供了重要线索。

葫芦形红陶瓶

仰韶文化半坡类型（公元前 4770—前 4190 年）
高 21.3 厘米，口径 1.6 厘米，底径 6 厘米
秦安县王家阴洼出土
甘肃省文物考古研究所藏

　　陶葫芦形瓶造型典雅优美，线条流畅，比例匀称，与今天所看到的葫芦相类。在距今六千多年前的大地湾先民已经可以制作出精巧的葫芦瓶，表现了他们的聪明才智和高超的制陶技艺，足以想见他们对自然环境中植物的观察与体认之深。

　　葫芦是一种世界性植物。考古资料显示，在亚洲的中国、泰国，南美洲的秘鲁、墨西哥及北非的埃及等地都曾考古发现过史前陶葫芦瓶，时间跨度距今约七千年至一万年。在中国的甘肃、陕西等地都曾出土了数量可观的史前陶葫芦形瓶，或彩绘，或素洁无彩绘。这也证明葫芦是中国先民驯化培育的本土植物。

变形人面纹葫芦形彩陶瓶

仰韶文化半坡类型（公元前 4770—前 4190 年）
高 26.5 厘米，口径 3.1 厘米，底径 10 厘米
张家川回族自治县太阳乡阎家村出土
甘肃省文物考古研究所藏

　　陶瓶整体呈葫芦形，通体绘彩。葫芦颈部以上满黑彩，腹部绘三组纵向图案，分别由上下两组颇似人眼的纹饰构成；三组纵向图案以点圆方格竖条纹分隔，形成人面部的中轴线，两旁为人的眼睛，眼睛下方的空白处宛若人张开的嘴唇。整体来看，组成人面纹形状，构图严谨，图案繁复美观，是仰韶文化早期彩陶精品之作。

　　有研究者认为，陶葫芦瓶的规模化出现，可能和生殖崇拜有关，原因是葫芦的腹部轮廓，与怀孕时女性的肚子形状极为相似，加之葫芦具有多"籽"，繁殖能力强的特点；陶瓶上的人面纹，也似乎预示着人与葫芦的同构，葫芦内的种子象征着母体内的婴儿，寄寓着先民对生育能力的崇拜。还有学者认为，葫芦形彩陶瓶上的人面纹或许与史前先民的某种巫术活动有关。

深腹彩陶罐

仰韶文化庙底沟类型（公元前 3900—前 3000 年）
高 25 厘米，口径 15 厘米
秦安县五营乡邵店村出土
秦安县博物馆藏

红褐陶，侈口，卷唇，深腹略鼓，腹下渐敛，小平底。陶罐腹部抹光，用"留白"的形式饰黑彩，两条留白形成的红褐色平行线纹，将陶罐腹部分为上中下三个区域，每个区域内形成不规则的几何图案，或像花瓣纹，或像口唇纹，或像抽象的飞鸟纹等等。

彩绘图案自由随性、抽象，密而不乱，富有节奏。近底处露胎，饰彩。此深腹彩陶罐器型、纹饰已经渐次脱离了半坡文化彩陶的影响，形成庙底沟自身的特性。

人头形器口陶瓶

仰韶文化石岭下类型（公元前 3800—前 3000 年）
高 26 厘米，口径 6 厘米
秦安县郭嘉乡寺咀村出土
秦安县博物馆藏

　　陶瓶素面无纹饰，器表施橙黄色陶衣并略加打磨。器口为陶塑人头，长颈、宽肩、平底。人的额上部有堆起的横置泥条，以示一排短发。眼睛为雕空的小圆孔，但在眼圆孔外堆塑一圈凸起的泥条，使眼睛突出。鼻子呈微翘的三角体。嘴微张状，似在言说。两耳各有垂系饰物的耳孔。

　　考古发现，以人头作器口的容器（主要是陶瓶）在甘肃、青海地区有广泛的分布。很明显，这类器物造型绝不是先民的随意之作，也非仅为审美需要，应该具有某种功能与意义，即与巫术或祭祀有关。学界普遍认为，这些陶制容器上的人首像很可能是写实的祖先形象，多用于供奉或祭祀，是祖先崇拜的产物。

鲵鱼纹彩陶瓶

仰韶文化石岭下类型（公元前 3800—前 3000 年）
高 19 厘米，口径 6.8 厘米，底径 7 厘米，腹径 14 厘米
武山县马力公社傅家门村出土
甘肃省博物馆藏

　　侈口平沿，平底直腹，腹上部有双耳。器身通体黑彩绘有一鲵鱼，鲵鱼身子蜷曲，尾巴上翘，整体呈弯月形图案。人面双眼圆睁，嘴巴宽阔，似张口大叫，颌下有须，腹部肥大，两前肢张开，腹部满饰网状纹。

　　鲵鱼，俗称"娃娃鱼"，是一种生活在淡水中的两栖动物，因其叫声似婴儿啼哭而被称为"人鱼"。鲵鱼前肢为四指，后肢为五指，疾游时四肢向后划动，与人的泳姿相似。此陶瓶上绘制的鲵鱼脸酷似人面，两目圆睁，具有人格化倾向。另外，现实中的鲵鱼为四足，绘制者将其增为八足，增加了鲵鱼的神秘感。除此件鲵鱼纹彩陶瓶外，在临近武山县的甘谷县西坪也出土了一件类似的人面鲵鱼纹彩陶瓶，更具人格化特征。

变体鲵鱼纹彩陶瓶

仰韶文化石岭下类型（公元前 3800—前 3000 年）

高 43.8 厘米，口径 8.7 厘米

1978 年礼县石沟坪出土

甘肃省博物馆藏

　　陶瓶双环形耳，平底，长颈，颈下有两条横线，肩部绘双鱼纹，中部两边绘有变体鲵鱼纹，鲵鱼的网状腹部、眼睛、爪等严重变体，但又具有一定的辨识度。鲵鱼纹出现在彩陶上，是先民们对自然界生物的直接反映。

　　鲵鱼纹由写实具象而抽象变体，也增加了鲵鱼的神秘感。有研究者认为，陶瓶上的鲵鱼很可能是华夏文明始祖伏羲的雏形。

马家窑文化彩陶

　　马家窑文化是黄河上游新石器时代晚期文化的典型代表。仰韶文化晚期，各地彩陶艺术开始衰退，而河陇地区以马家窑文化彩陶为代表的彩陶仍然蓬勃发展。马家窑文化最为突出的特征是发达的制陶业，彩陶数量巨大，并以纹饰丰富、精美著称于世。一般又分为石岭下、马家窑、半山、马厂四个有内在继承发展性的基本类型。

　　考古证明，约公元前 3500 年，马家窑文化又开始向西传播，扩展至黄河中上游流域，并经河西走廊传至西域，甚至更远的地方，逐渐形成一条自东向西的"彩陶之路"。

马家窑文化因最早发现于临洮县马家窑村而得名，年代约为公元前 3300—前 2050 年，主要分布在甘肃中南部地区。马家窑文化彩陶纹饰丰富，以蛙纹、鸟纹、鱼纹、鲵鱼纹等动物纹，漩涡纹、水波纹、圆圈纹、锯齿纹、网格纹、弧线纹、菱形纹、三角纹等几何纹，及神人纹等神秘符号为代表性纹饰。

漩涡纹四鋬彩陶瓮

马家窑文化马家窑类型（公元前 3300—前 2100 年）

高 34 厘米，腹径 35 厘米

1987 年甘谷县礼辛镇出土

甘谷县博物馆藏

红陶，敛口，口沿外有四个小勾鋬（其中一鋬残缺），丰肩，鼓腹，平底，整体呈瓮状。口沿至肩部绘饰大漩涡纹，隙间填以小漩涡纹；漩涡纹下又绘饰水波纹加以衬托。陶瓮通体表面打磨光亮，黑彩线条明快流畅，富有节奏和韵律，十分接近河水中湍急的水流所形成的大小不一的漩涡。

此瓮出土于渭河边，漩涡纹是生活在这里的先民对渭河中水流形成漩涡现象的直接反映。

水波纹双耳深腹盆

马家窑文化马家窑类型（公元前 3300—前 2100 年）
高 9 厘米，口径 21 厘米，底径 9.2 厘米
永登县金嘴向阳凸出土
永登县博物馆藏

弦纹变体动物纹双耳彩陶豆

马家窑文化马家窑类型（公元前 3300—前 2100 年）
高 13 厘米，口径 25 厘米，底径 13.1 厘米
征集
甘肃省博物馆藏

波纹弦纹双横耳彩陶盆

马家窑文化马家窑类型（公元前 3300—前 2100 年）
高 15.8 厘米，口径 35 厘米
征集
甘肃省博物馆藏

　　陶盆敞口，口沿微外侈，肩部以下渐敛，小平底。肩腹部饰有对称的小环形耳。肩颈口部外饰有一周水波纹，墨色线条细劲有力，分布均匀，表现出起伏有致的波浪，颇有动感。

长颈双耳彩陶瓶

马家窑文化马家窑类型（公元前 3300—前 2100 年）

高 25.4 厘米，口径 6.4 厘米

秦安县五营乡焦沟村出土

秦安县博物馆藏

喇叭口，长颈，溜肩，腹部饰两个对称的环形耳。腹部以下渐敛，小平底。颈部黑彩绘饰条带纹，颈肩处、肩腹处分别饰有三道平行线纹，正好区隔陶瓶肩部与腹部空间。肩部绘饰典型的连续漩涡纹，线条流畅，充满动势，似波涛汹涌；腹部绘饰水波弧线纹，表现的是较为平缓的水面。腹下部至底部分留白。

弧线网纹彩陶瓶

马家窑文化马家窑类型（公元前 3300—前 2100 年）
高 20.8 厘米，口径 5.7 厘米
榆中县连搭乡马家疙出土
甘肃省博物馆藏

　　撇口，长颈，折肩，鼓腹，腹部两侧饰有对称的小环形耳，平底。唇口有四个黑点，颈部绘数周平行弦纹，肩部绘网纹与"X"纹各一组。肩腹处绘三周平行宽带纹。腹部用平行弦纹分为三层，每层绘细密的网纹，间绘圆点纹。

　　陶瓶器型比例协调、精致，与宋元明清时期流行的长颈瓷瓶十分相类；纹饰绘制颇为工整、精细，特别是网纹

的绘制已经达到十分精细的程度。陶瓶通体满饰图案，虽繁密而不乱，纹饰主次分明，疏密有致，极具观赏性，直观地反映出马家窑先民对制陶工艺的不断追求，走向精细与卓越，也使马家窑文化马家窑类型彩陶被冠以世界"彩陶之冠"的美誉。

对鸟纹彩陶壶

马家窑文化马家窑类型（公元前 3300—前 2100 年）
高 14.9 厘米，口径 11.1 厘米，底径 13 厘米
天水市杨家坪出土
甘肃省博物馆藏

　　直口，卷唇，短颈，鼓腹，平底，腹部两侧有对称双耳。陶壶通体施黑彩，颈部饰平行弦纹，肩颈部绘两组展翅相向的鸟纹，鸟形介于具象和变形之间，其下为垂弧纹一周。纹饰线条流畅，简练大方。

　　鸟纹属于象生纹样，是中国早期彩陶上最常见、应用最广泛的纹饰之一，一般被认为是某氏族的图腾或其他崇拜的标志。彩陶上的鸟纹图案种类繁多，富于变化，经历了从写

实到简化变体的过程。考古资料显示，至马家窑文化时，鸟纹逐渐变体趋向漩涡纹，意在表现鸟在飞翔时旋转的形态。

锯齿漩涡纹双耳彩陶瓮

马家窑文化半山类型（公元前 2900—前 2350 年）

高 33 厘米，口径 17.5 厘米，底径 15 厘米

1989 年兰州铁路公安处追缴

兰州市博物馆藏

　　陶瓮为橙黄陶，器表打磨光滑，器型高大、丰满敦实。表面以黑、红彩间绘图案，施彩不到底，主题纹饰位于肩、腹部，为漩涡锯齿纹，彩饰绚丽清晰。陶瓮上的漩涡纹已明显看出向四大圆圈纹演变的趋势，在同类器物中较为少见。

漩涡纹双耳彩陶壶

马家窑文化半山类型（公元前 2900—前 2350 年）
高 28 厘米，口径 9 厘米，底径 11.1 厘米
征集
甘肃省博物馆藏

　　短颈，溜肩，鼓腹，小平底。腹部两侧饰有对称环形耳。
肩部饰有三周弦纹，腹部用黑彩和留白的方式绘饰变形漩涡
纹，线条自然流畅，富有韵律和动感。

圆圈网纹圆点纹鸟形壶

马家窑文化半山类型（公元前 2900—前 2350 年）
高 22.9 厘米，口径 8.8 厘米，底径 8.4 厘米
1977 年兰州市土谷台遗址出土
甘肃省博物馆藏

　　陶壶内口沿绘一周连弧纹，颈部绘细密的网纹，上腹部
一周绘有三个大涡旋纹，内填绘菱形网纹和圆点纹。器型整
体呈现出一只鸟的形状，偏口、双耳、小錾，分别代表着鸟头、
双翅和鸟尾。此陶壶造型别致，是早期彩陶中少见的类型。

四大圈纹网格纹彩陶壶

马家窑文化半山类型（公元前 2900—前 2350 年）
高 27.7 厘米，口径 10 厘米，底径 10 厘米
采集
甘肃省博物馆藏

　　口沿外翻，直颈，圆肩，鼓腹，平底，双腹耳。施红黑彩，
口沿内彩绘锯齿纹、连弧纹各一周，颈部绘两周大锯齿纹。
肩、腹部为四个旋纹，圆圈内填方块网格纹，腹下垂弧纹一
周，使圈纹显得更加丰盈饱满，并且变幻出不同的图案效果。

四大圈纹双耳彩陶壶

马家窑文化半山类型（公元前 2900—前 2350 年）
高 38 厘米，口径 12.3 厘米，底径 11 厘米
1988 年兰州铁路公安处追缴
兰州市博物馆藏

陶壶圆唇，口沿微外撇，颈较高且直，圆肩鼓腹，腹下内收，平底，口沿及腹部分别有对称的小鸡冠耳和半环耳。器表图案用黑、红彩相间绘出，颈为网格纹；肩、腹部饰四大圆圈纹，圈内填菱形网纹和圆点纹。器型高大，制作精细，是该类型较有代表性的器物。

锯齿漩涡纹彩陶鼓

马家窑文化半山类型（公元前 2900—前 2350 年）
长 30 厘米，大口径 22.5 厘米，小口径 9 厘米
1987 年公安局追缴，永登县河桥镇乐山坪出土
兰州市博物馆藏

　　陶鼓为泥质橙黄陶。鼓体采用泥条盘筑法经慢轮修胎制成，共分三部分，即喇叭形口、中筒和曲颈小口。施彩较满，在曲颈小口内沿以连弧纹装饰，外壁饰黑彩网格纹；中筒及喇叭形口壁均以黑、红彩间绘平行锯齿纹和漩涡锯齿纹。从鼓体表面的施彩部位和乳钉的设置看，该鼓应为单面鼓。

　　鼓是最早出现的打击乐器之一，是原始艺术发展的主要标志之一。鼓可以是民间的欢庆锣鼓，也可入庙堂祭祀和宫廷宴集。雄壮的鼓声紧紧伴随着人类，从蛮荒一步步走向文明。

菱形网纹双耳彩陶罐

马家窑文化半山类型（公元前 2900—前 2350 年）

高 21 厘米，口径 14.3 厘米，底径 9 厘米

征集

甘肃省博物馆藏

　　陶罐高颈，侈口，束颈，鼓腹，小平底。口沿和肩部之
间饰对称宽环形耳。口沿内饰有密集短线纹，颈部饰斜网格
纹，腹部用墨线条分为四区，每区呈梯形，其内分别饰网格
纹和斜线纹。下腹部及近底处未绘饰，露胎体。

复线交叉纹双耳彩陶罐

马家窑文化半山类型（公元前 2900—前 2350 年）
高 11 厘米，口径 8 厘米，底径 5 厘米
征集
甘肃省博物馆藏

　　陶罐短颈、侈口、束颈、球形腹、圈底。口沿与肩之间饰对称环形耳。口沿内边缘饰有一周墨彩，颈部饰有竖条纹，肩部饰有一周宽带纹，腹部主体纹饰是短线条纹组成的"X"形纹饰。绕腹部一周共连续分布四个"X"形纹饰，其余空白处均填墨彩。近圈底处留白未绘饰。

折线纹双耳彩陶罐

马家窑文化半山类型（公元前 2900—前 2350 年）
高 29.8 厘米，口径 10.5 厘米，底径 10 厘米
兰州土谷台出土
甘肃省博物馆藏

　　短颈小口，斜肩鼓腹，腹部对称饰一对环形耳。纹饰集中在斜肩部，绘折线纹饰组成的连续纹饰，上下各有一周弦纹。此折线纹与神人纹折线有相同之处，抑或是神人纹变体。肩腹连接处饰垂弧纹一周，起到装饰的效果。

弧线扇面纹双耳彩陶壶

马家窑文化半山类型（公元前 2900—前 2350 年）
高 26.5 厘米，口径 8.3 厘米，底径 9.6 厘米
1987 年在榆中县城关镇杨家庄村征集
榆中县博物馆藏

　　细泥橙黄陶，直口，长颈，折肩，斜腹，饰黑红彩，腹部有对称双耳，平底。颈部饰黑红相间的宽带纹，肩部饰黑色弧线扇面纹，腹中部饰黑红相间的平行线纹，腹中下部饰一圈波浪纹，纹饰精美流畅。

双耳弧线及平行线纹彩陶罐

马家窑文化马厂类型（公元前 2350 一前 2050 年）
高 10.5 厘米，口径 13.9 厘米，底径 7.5 厘米
移交
甘肃省博物馆藏

　　泥质红陶，侈口，束颈，鼓腹，平底，颈肩
处有对称的宽带双耳。口沿内饰横竖短线条纹交
织，颈腹部绘饰平行线纹和弧线纹，下腹部至底
处无纹饰。

水波纹圆点纹提梁彩陶罐

马家窑文化马厂类型（公元前 2350 一前 2050 年）
高 13.5 厘米，口径 11.7 厘米，底径 6 厘米
移交
甘肃省博物馆藏

　　撇口，鼓腹，平底，宽带形提梁。陶罐上绘饰
有水波纹、圆点纹等纹饰。多重纹饰无规则构成，
意在打破器物装饰的单调感，丰富了视觉效果。考
古资料显示，提梁陶罐出现于新石器时代中晚期，
但较为少见。提梁的设计是为便于提拿，饰有水波
纹则表明其为盛水器。

四大圆圈网格纹彩陶瓮

马家窑文化马厂类型（公元前 2350—前 2050 年）

高 38.5 厘米，口径 14.2 厘米，底径 12 厘米

移交

甘肃省博物馆藏

　　小口微侈，短颈，球形腹，腹两侧安设双圆环耳，平底。肩及上腹部以黑彩条带纹绘饰四个多圈同心圆纹，圆圈纹中间又绘饰网格纹。四大圆圈纹下绘饰一周垂弧纹。彩陶上的纹饰构图严谨、描绘熟练流畅，纹饰与近似球形的造型浑然一体，给人以强烈的韵律感。

双耳圆圈方格网纹彩陶瓮

马家窑文化马厂类型（公元前 2350—前 2050 年）
高 47.8 厘米，口径 16.3 厘米，底径 13 厘米
兰州市土谷台出土
甘肃省博物馆藏

　　短颈，溜肩，鼓腹，小平底。肩腹部主体纹饰为大圆圈
纹，其内又绘饰网格纹，每一网格细密线条交织井然有序，
就像是一张张张开的渔网，又像是纵横交错的农田阡陌。

变体神人纹彩陶瓮

马家窑文化马厂类型（公元前 2350 —前 2050 年）
高 44 厘米，口径 19.4 厘米，底径 10.8 厘米
兰州市土谷台出土
甘肃省博物馆藏

　　陶瓮侈口，束颈，圆鼓腹，腹两侧饰圆形小双耳，小平底。口沿内绘饰齿纹，肩部以黑彩绘两个对称的神人纹和两个对称的大圆圈纹。神人双手向上斜伸，身体作条状，且向下延伸到地，犹似尾椎；圆圈内又绘有回形纹和两组网纹。

　　神人纹，研究者一般认为是人形与动物的结合体。关于神人纹上的人形，研究者一般认为其并非真实生活中某一具体的人，应当是有某种超能力的神人，如巫师等；关于神人纹上的动物，有研究者认为是蛙（也有学者认为是蜥蜴），是由仰韶文化半坡类型彩陶上的蛙纹图形经马家窑彩陶逐渐演变而来的。近年来，很多研究者开始否认这一说法，他们指出，马家窑文化半山、马厂类型彩陶上的神人纹虽然与蛙有相似之处，但整体观察，两者的特征并不相同。考古资料显示，马家窑文化彩陶上神人纹的发展大体经历了四个阶段：半山类型早、中期为神人纹的萌芽期，人形写实，神人的双手向上斜伸，身体作条状，并超过双腿之间，像是人的尾椎；半山类型晚期是神人纹的成熟期，人形显得更加具象；马厂类型早中期是神人纹的变体期，神人纹由具象到变体，增加了威严、神秘的感觉；马厂类型晚期是神人纹的衰落期，纹饰不断简化，折肢、身体等趋向线条化，但数量较以前增多。

变体神人纹筒状单耳杯

马家窑文化马厂类型（公元前 2350—前 2050 年）
高 12.3 厘米，口径 10 厘米，底径 9.7 厘米
1973 年永昌县鸳鸯池出土
甘肃省博物馆藏

杯呈圆筒形，口腹耳，对侧下腹部有一乳突状錾。口沿外绘斜锯齿纹、平行线纹，腹部以耳、錾分隔为两组图案，绘有纵向平行线和螺旋纹。

有研究者认为，陶杯腹部的主题图案是神人纹的变体。纵横交错的折线图案，显得繁密复杂，也表明早期彩陶艺术日趋成熟。

变体神人纹彩陶罐

马家窑文化马厂类型（公元前 2350 —前 2050 年）

高 34 厘米，口径 7.2 厘米，底径 9.4 厘米

积石山县征集

甘肃省博物馆藏

陶罐器型独特，口呈罐形，通体施红色陶衣，饰黑彩。
口部绘菱格纹，颈部绘折线纹，腹部绘两组弧形网带纹和变
体神人纹。大量的考古发现证明，神人纹是半山类型和马厂
类型中最具特色的纹饰。

回形纹双耳彩陶罐

马家窑文化马厂类型（公元前 2350 —前 2050 年）
高 14.3 厘米，口径 6.6 厘米，底径 6.7 厘米
移交
甘肃省博物馆藏

　　唇口、短颈、口沿至肩部饰对称双耳、球形腹、小平底。腹部主题纹饰为四方连续的回形纹。回形纹是线条方折回旋的图案，头尾相连，按二方或四方连续排列，可以连续构图。考古资料显示，回形纹大量出现在马家窑文化马厂类型的彩陶上，且都描绘得非常规整，并与其他几何纹饰组合表现。

　　回形纹实际上源自折线纹，与漩涡纹给人韵律美不同，回形纹给观者一种刚毅、庄严的视觉感受。商周时期，回形纹大量出现在青铜器上（又称为雷纹），正符合青铜器作为

祭祀礼器所需要的庄严肃穆感。商周以降，回形纹广泛运用于陶瓷器、织绣、木雕和建筑装饰上，成为古代中国最常见、应用范围最广的纹饰之一。

回形纹彩陶豆

马家窑文化马厂类型（公元前 2350 —前 2050 年）
高 7.3 厘米，口径 15.5 厘米，底径 7.2 厘米
移交
甘肃省博物馆藏

　　浅腹，侈口，口以下渐内收，圜形底下承喇叭形高足。陶豆内饰四个以宽线条构成的三角形回纹，用十字宽带纹间隔。回纹是先民从自然现象中获得灵感而创造出来的一种装饰纹饰，真实地保留了先民的审美观。陶豆最早出现于新石器时代晚期，形似高足盘，或有盖，用于盛食物。

齐家文化、辛店文化彩陶

　　马家窑文化发展至马厂时期，甘肃彩陶文化也显现出衰退之势。新石器时代晚期，随着处于洮河流域的齐家文化勃然兴起，在制陶业之外，人们开始制造并使用一些红铜或青铜器，进入铜石并用时代。随着冶铜业的进一步发展，铜器逐渐影响到彩陶的主体地位。考古发现，齐家文化陶器主要是泥质红陶和夹砂红褐陶，还有少量灰陶，器表多素面。彩陶数量较少，器型单一，以平底罐类居多。

　　在随后兴起的辛店文化中，甘肃彩陶文化进一步走向衰落。陶器以夹砂红褐陶为主，陶胎较为粗糙，彩陶比例大为较低。值得注意的是，辛店文化彩陶上回纹、云雷纹等与中原商周青铜器纹饰十分相似，表明其受到中原青铜文化的影响。

齐家文化因最早发现于广河县齐家坪遗址而得名，距今约4000—3600年，主要分布于甘肃洮河、渭河上游、河西走廊疏勒河流域及青海湟水流域。双大耳罐和高颈双耳罐最具特色，且彩绘以黑色为主，纹饰简单疏朗，常见多菱形、网格、三角等几何纹。

辛店文化因最早发现于临洮县辛店村而得名，距今约3600—2600年，约商代晚期至西周早期。主要分布在洮河、湟水流域。彩陶以双耳彩陶罐、双耳或双钮陶鬲居多，纹饰以近似羊角的双勾纹、犬形纹最具代表性。

网纹高圈足单耳彩陶罐

齐家文化（公元前2200—前1600年）
高13.5厘米，口径8厘米，底径7.1厘米
移交
甘肃省博物馆藏

陶罐束颈，溜肩，垂鼓腹，唇口微侈，喇叭口形高圈足。罐口与腹之间置有一单耳。口外沿饰有三周弦纹，颈部至腹部饰有网格纹，整体呈三角形，各网格纹之间分别用斜条弦纹间隔。

此器型可以看作是垂腹罐与高足豆的组合体，仅见于齐家文化彩陶，且为数较少，是齐家文化在彩陶设计上的一种创新。

网格纹间"V"形纹彩陶尊

齐家文化（公元前 2200—前 1600 年）
高 13.8 厘米，口径 14 厘米，底径 8 厘米
移交
甘肃省博物馆藏

　　高颈，折沿，斜溜肩，肩部以下渐收，小平底。颈部饰网格纹和"V"字形组成的纹饰。网格纹为斜长方形，三个"V"形自上向下倾斜排列。两种纹饰相间向左倾斜排列颈部一周，其他地方均留白。

三角网纹彩双耳陶罐

齐家文化（公元前 2200—前 1600 年）
高 12.5 厘米，口径 7.9 厘米，底径 5.5 厘米
移交
甘肃省博物馆藏

陶罐高束颈，喇叭口，斜溜肩，鼓腹，腹部以下渐收，小平底。口沿处与肩部之间饰对称大耳。主体纹饰为三角网纹。

红"井"纹单耳彩陶壶

齐家文化（公元前 2200—前 1600 年）
高 17.3 厘米，口径 5.6 厘米，底径 7.7 厘米
移交
甘肃省博物馆藏

双勾纹、鹿纹双耳彩陶罐

辛店文化（公元前 1600—前 1000 年）
高 42.5 厘米，口径 17 厘米，底径 12.5 厘米
征集
甘肃省博物馆藏

　　陶罐颈部墨绘条带纹和回形纹，肩部用"S"纹、双勾纹组成近似一对羊角的形状，其上又绘有相对站立的两只羊。
　　彩绘双勾纹、动物纹双耳彩陶罐是辛店文化彩陶最典型的器物，也是辛店文化的重要标志。辛店文化彩陶上出现的犬纹、羊纹、鹿纹、蜥蜴纹等动物纹饰，直观地反映了先民们的畜牧生活。

双勾纹太阳纹彩陶罐

辛店文化（公元前 1600—前 1000 年）
高 24.6 厘米，口径 13 厘米
永靖县张家咀遗址出土
甘肃省博物馆藏

　　双勾纹是辛店文化彩陶上典型纹饰之一。陶罐肩部先用红彩涂绘出一个近似羊角状的图案，其上再用墨彩绘勾勒出三条细线。在双勾纹的钩抱中缀有一组对称的太阳纹，光芒四射。近似羊角的双勾纹和其上光芒四射的太阳纹，是先民们对自然景象与生活状态的真实再现，也是一种太阳崇拜意识的直接反映。

双勾纹大双耳彩陶罐

辛店文化（公元前 1600—前 1000 年）
高 17.2 厘米，口径 10.3 厘米，底径 6 厘米，腹径 12 厘米
1976 年临夏县莲花乡莲城遗址采集
临夏回族自治州博物馆藏

　　陶罐侈口，长束颈，溜肩，鼓腹，平底。饰双大耳。施黑红二彩，口颈处依次绘宽带纹、斜线纹、菱形内填点纹、短平行线纹，肩部对称饰有大双勾纹为主题纹饰，下腹部绘有四组三条竖线纹。纹饰层次多，较为少见。

双勾纹勾索纹彩陶罐

辛店文化（公元前 1600—前 1000 年）
高 29 厘米，口径 12.7 厘米，底径 9 厘米
移交
甘肃省博物馆藏

　　陶罐束颈，侈口，外口沿墨绘一周宽黑带纹，下饰有三周弦纹。肩部绘一周粗弦纹，下面对称绘两个大型双勾纹，近似羊角的形状。肩腹部绘近似锁链的纹饰，将腹部分为五个区域，似乎是在模仿由绳子钩成的用以携带陶罐的绳索套。

狩猎纹彩陶罐

辛店文化（公元前 1600—前 1000 年）

高 37.4 厘米，口径 15.6 厘米，底径 8.5 厘米

秦安县五营乡邵店村出土

秦安县博物馆藏

陶罐口微侈，直颈斜肩，肩部以下腹渐内收，近似圈底。肩部两侧各有一小耳。颈部饰黑彩线条纹，颈肩连接处、颈部、肩部各饰一周由折线组成的带状纹，并涂红彩为地，将罐体分为三个区间，最上区绘有狩猎的场面，一男子跨马步正欲抬弓射箭，前后绘鹿的形象，鹿角高耸多枝，生动写实，

场面充满紧张感；肩部区域一周绘有四个用双曲线构成的变体纹饰；肩腹连接处的带状纹饰上悬挂几个"∞"形钩，并竖状饰由三条墨线组成的带状纹，以示区隔。

狩猎纹彩陶描绘的是先民们日常生活中狩猎的情景，为我们认知他们的生计方式与类型提供了直观的资料。

鸟纹漩涡纹彩陶罐

辛店文化（公元前 1600—前 1000 年）
高 7.6 厘米，底径 3 厘米
1987 年积石山县征集
甘肃省博物馆藏

陶罐颈肩连接处至腹部绘有三周平行线，将罐体分为三个区域。颈部绘有六个近似三角纹；颈肩部分绘六只分布均匀的水鸟，面朝一侧行走，姿态生动；腹部主题图案为弧形三角纹组合而成的连续漩涡纹，似水浪波动。汹涌波动的水浪上，相向而行、动态十足的水鸟，构成了水鸟在水浪中搏击、觅食的生动场景。

四坝文化、沙井文化彩陶

　　马家窑文化在马厂时期传到河西走廊西部，四坝文化随之悄然兴起。四坝文化内涵丰富、独具特色，是河西走廊最重要的一支含有大量彩陶的青铜文化。彩陶器型奇特多样，色彩浓重，以四耳带盖罐、腹耳壶为代表性器物。此外，四坝文化彩陶具有浓郁的地方风格，蜥蜴、犬、羊、鹿等动物纹样，直观地表现了河西走廊的自然环境特征和生活气息。

　　沙井文化是甘肃境内年代最晚的一支含有少量彩陶的青铜文化，年代约为西周至战国时期。陶器以夹砂红陶为主，且多无纹饰。研究显示，沙井文化属于河西走廊东部的一支地方性文化，但发展过程中受到北方草原文化和渭河上游文化的影响。沙井文化彩陶被称为"甘肃彩陶文化的绝响"。沙井文化之后，甘肃彩陶文化逐渐消失在历史长河中。

四坝文化因最早发现于山丹四坝滩而得名，距今约 3950—3550 年，相当于夏代中晚期至商代早期，主要分布于河西走廊中西部地区，包括玉门火烧沟遗址、酒泉干骨崖遗址、瓜州鹰窝树遗址等。四坝文化彩陶类型多样、造型奇特，有矛形钮带盖罐、方鼎、靴形罐、鱼形陶埙、四耳罐等；纹饰丰富，有三角纹、折线纹、竖条带纹、菱形纹、网格纹等几何纹样，具有浓郁的地方风格。

沙井文化因最先发现于民勤县沙井子村而得名，距今约 3100—2400 年，相当于西周至战国时期。主要分布在河西走廊武威古浪、永昌、民勤等地。器物有单耳桶状杯、单耳圜底罐、双耳平底罐与双耳圜底罐等。彩陶多为红彩，饰有三角纹、菱格纹、水鸟纹等几何纹饰。

人形彩陶罐

四坝文化（公元前 2000—前 1600 年）
高 21 厘米，口径 4 厘米，底宽 7.2 厘米
1976 年玉门火烧沟遗址出土
甘肃省文物考古研究所藏

陶罐为一个双手插兜站立的男子，其体态、动作和神情刻画得栩栩如生。人像短发，高鼻深目，双耳开孔，表情生动；身着短上衣，颈部至胸前的网格纹，就像是戴有精美的项饰，下身着网格长裤裙，双手插在裤兜里，硕大的双脚上穿着肥大的高腰靴子，一副怡然自得的样子。

陶男子的装束，或许代表了四坝文化时期河西走廊地区的流行风尚。人体中空，可以盛水，插入裤兜的双臂形成陶罐的双耳，设计大胆精巧。

鹰形彩陶壶

四坝文化（公元前 2000—前 1600 年）
高 7.5 厘米，长 10 厘米
1988 年玉门火烧沟遗址征集
甘肃省文物考古研究所藏

　　彩陶壶整体呈鹰形，以两个小圆孔洞表现鹰眼，显得双目炯炯有神。鹰背上有椭圆形器口，人形双足支撑起鹰的身躯。鹰首、脖颈上绘饰短线表示五官等。通体绘饰点状纹，以表现羽毛。造型浑厚质朴中透露着可爱。看到这尊鹰形壶，不觉让人联想到中国国家博物馆收藏的那件仰韶文化时期的鹰形陶鼎。

矛形钮盖四耳罐

四坝文化（公元前 2000—前 1600 年）
高 24.5 厘米，底径 6 厘米
1976 年玉门火烧沟遗址出土
甘肃省文物考古研究所藏

　　罐盖呈圆形，盖钮呈矛形，鼓腹，平底，上下腹部两侧饰有对称的环形耳。罐盖与罐身饰三角纹和折线纹。矛形器盖装饰是四坝文化彩陶特有的现象，附近遗址还出土了一件相同的彩陶罐，器盖上则饰有双矛形。

回纹双大耳彩陶罐

四坝文化（公元前 2000—前 1600 年）
高 8.5 厘米，口径 7.7 厘米，底径 3 厘米
1976 年玉门火烧沟遗址第 115 号墓出土
甘肃省文物考古研究所藏

　　陶罐侈口，中腹内敛，下腹折收，小平底，双大耳。口沿内饰网格纹，外饰宽带纹，上腹部一周饰有六组回纹，下腹部饰网格纹，双耳上饰直线。最为特别的是，两耳及下腹部粘贴有大小不一的绿松石多片，亦有脱落者。在陶罐上镶贴绿松石在彩陶文化中较为罕见，是四坝文化彩陶特有的现象。

人形舞蹈纹彩陶罐

四坝文化（公元前 2000—前 1600 年）
高 10 厘米，口径 7 厘米，底径 3 厘米
酒泉干骨崖遗址出土
甘肃省文物考古研究所藏

　　陶罐上绘有几组写实的人物形象，体态基本相类，均身
材颀长，纤纤细腰，长袍曳地，双手合于腹前，似乎正在舞
蹈，抑或是在祈祷。

"Z"字纹彩陶碗

四坝文化（公元前 2000—前 1600 年）
高 4 厘米，口径 14 厘米，底径 6.5 厘米
1988 年玉门火烧沟遗址出土
玉门市博物馆藏

　　陶碗内部全部饰"Z"字形纹饰。这种装饰多见于张掖、酒泉、玉门和瓜州等地出土的彩陶上。研究者认为，"Z"字纹是蜥蜴纹的一种变体。

　　"Z"字形符号表现形式与马厂类型彩陶上的"墨绘符号"极为相似，其可能具有极其特殊用途，传达着氏族文化共同体的某种思想和标识。

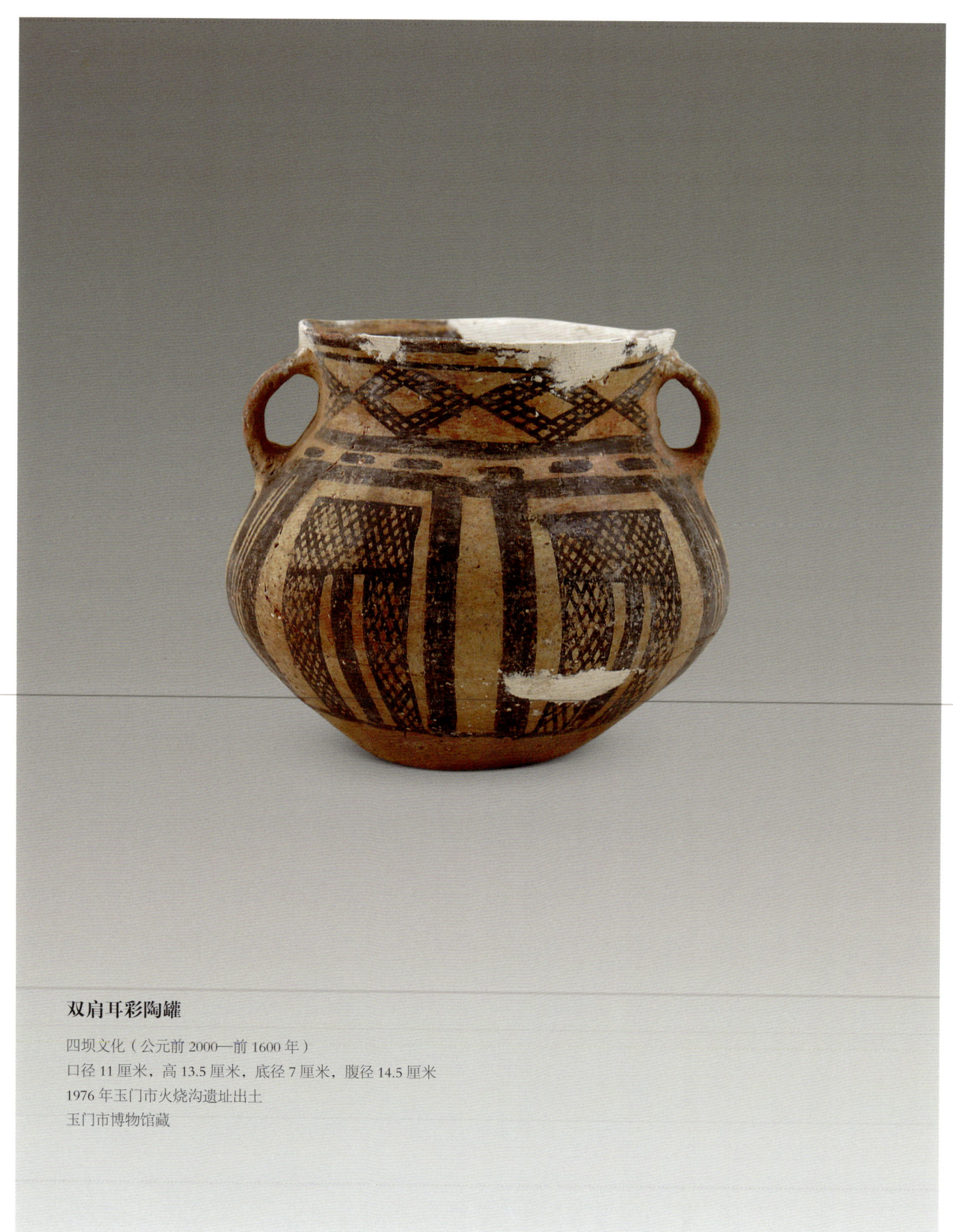

双肩耳彩陶罐

四坝文化（公元前 2000—前 1600 年）

口径 11 厘米，高 13.5 厘米，底径 7 厘米，腹径 14.5 厘米

1976 年玉门市火烧沟遗址出土

玉门市博物馆藏

三角网纹竖线纹彩陶罐

沙井文化（公元前 1100—前 400 年）
高 12.5 厘米，底径 7.5 厘米
民勤县沙井子村出土
甘肃省博物馆藏

　　陶罐高束颈，近喇叭口，肩部以下渐收，小平底。
口沿与肩部之间饰有大单耳。纹饰集中在肩部以上，
四周弦纹之间夹着三周连续相接的三角形纹饰。纹
饰描绘细致精细，在沙井文化彩陶中少见。

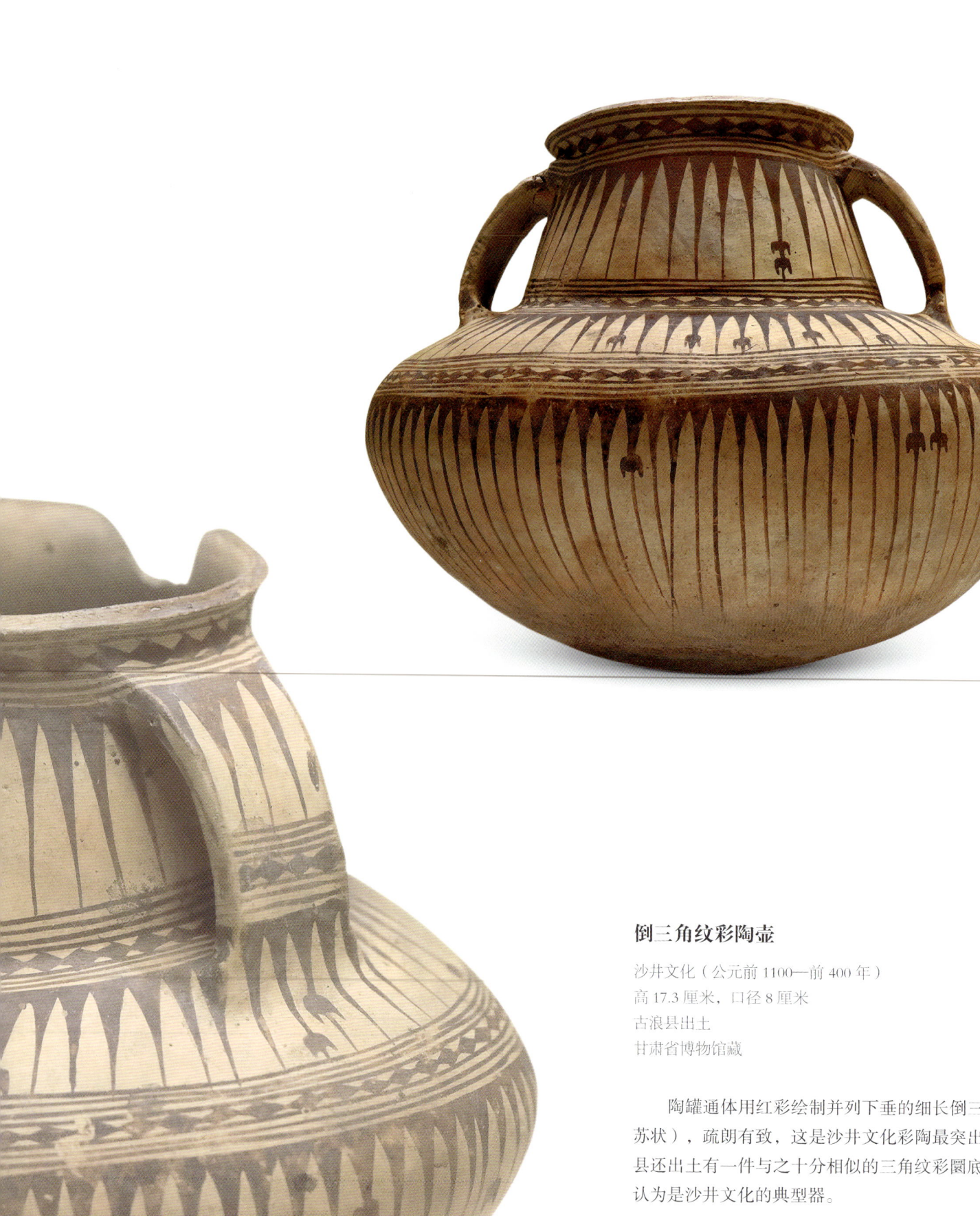

倒三角纹彩陶壶

沙井文化（公元前 1100—前 400 年）

高 17.3 厘米，口径 8 厘米

古浪县出土

甘肃省博物馆藏

　　陶罐通体用红彩绘制并列下垂的细长倒三角条纹（类流苏状），疏朗有致，这是沙井文化彩陶最突出的特征。古浪县还出土有一件与之十分相似的三角纹彩圈底陶罐，它们被认为是沙井文化的典型器。

双耳圜底夹砂红陶罐

沙井文化（公元前 1100—前 400 年）
高 21 厘米，口径 8.9 厘米
征集
甘肃省博物馆藏

　　夹粗砂素面陶罐，高颈、直口略侈，微鼓腹，小平底。
肩部饰有一对耳，肩颈之间饰有一道凸起的绳纹。肩部正面
刻画出一道凸起的短绳纹，与颈部绳纹相似。通体及口沿内
外施红陶衣，腹部外表有烟熏痕迹。

青铜之路

铜的冶炼、加工和使用在人类历史上具有划时代的意义，是人类步入文明社会的重要标志之一。考古发现表明，中国青铜文化可以追溯到约 5000 年前的马家窑文化，其时先民们已经开始冶炼、制作并使用少量铜器。马家窑文化林家遗址出土的一件含锡青铜刀被认为是迄今为止在中国发现的最早青铜器，这与世界范围内最早出现青铜的年代相当。这也让河陇大地成为中国早期青铜文化的萌芽地。

　　甘肃地处东西交通要道，农耕文化、游牧文化圈在这里相切相交，中西文化在这里汇流、融合互鉴，河陇青铜文化受到了中原青铜文化和欧亚草原地区青铜考古学文化的双重影响，这也决定了甘肃青铜文化的独特性，即既保有商周中原青铜器的基本特征，又融有域外青铜器文化的独特风貌。与此同时，河陇青铜文化甚至对中原青铜文化的发展也产生了重要的影响。

河陇青铜文化的发展

　　马家窑文化林家遗址出土的锡青铜刀和炼铜碎渣等表明，距今5000年前马家窑先民通过自己的智慧，逐渐探索出金属冶炼技术。继之而起的齐家文化，继承、吸收了早期冶铜技术的成就，改造、发展了冶金技术，拉开了河陇青铜文化发展的序幕。

　　考古发现与研究表明，河陇青铜文化的发展主要分为两种不同的面相：中原文化向西辐射与周边游牧民族文化相接触、交融，形成了以齐家文化、辛店文化为主的陇右青铜文化；欧亚文化东传，在河西走廊与当地土著文化接触碰撞，互动融合，形成了以四坝文化、沙井文化为主的河西地方性青铜文化。

马家窑文化铜器

考古发现表明，距今 5000 年前后，马家窑文化的居民已经掌握金属冶炼技术，并开始了冶炼合金青铜的最初尝试。出土铜器中有红铜器，也有青铜器，其已经掌握了锻造和铸造两种工艺技术。马家窑文化冶炼合金铜的能力，足以与同期世界其他文明古国在冶金术方面取得的成就相媲美。

青铜刀

马家窑文化（公元前 3300—前 2100 年）
长 12.5 厘米，刃宽 2.4 厘米
东乡族自治县林家文化遗址 20 号房址出土
中国国家博物馆藏

青铜刀为短柄长刃，整体呈扁长条形，刀体近柄处宽而锋端窄，且显得圆钝，弧背，刃部前端因使用磨损而微凹。柄端上下内收而较窄，并有明显的镶嵌木把所遗留的痕迹。刀身厚薄均匀，表面平整，有较厚的深灰绿色锈。此青铜刀由两块陶范闭合浇铸而成，刃部经轻微冷锻或戗磨，以增加锋利度。

经科学检测，此青铜刀中含有约 6%—10% 的锡，为锡青铜。因此有研究者认为，林家含锡青铜刀的出现，可能与当地矿产资源的条件有关，即当地存在锡铜共生的现象，锡铜刀也是冶炼中偶然形成的，并非马家窑先民有意识地冶炼青铜合金的结果。这一问题涉及中国冶金技术的起源问题，值得进一步探究。无论如何，学术界普遍认为，林家遗址青铜刀是迄今中国考古发现最早的青铜器，一直被誉为"华夏第一刀"，它对探索中国青铜冶铸起源和发展的历史过程，以及与域外青铜文化之间的关系具有重要的价值与意义。

齐家文化、辛店文化铜器

在广河齐家坪、临潭磨沟等齐家文化遗址中，均出土有铜制品和铜渣，铜器主要有刀、斧、匕、铜镜、铜饰等。考古研究发现，齐家文化冶铜技术已经达到一定高度，铸造逐渐取代锻造成为主流。不仅能铸造单耳、双耳竖銎铜斧、带钮铜镜、人首铜匕等，还铸造铜项饰、臂钏等装饰性铜器，拓展了铜器的应用领域。

与齐家文化相较，辛店文化冶铜业有较大发展，铜器以刀、锥、矛、匕、凿、铃、铜扣等为主，并出现青铜容器残片和冶铜炉壁残块等。辛店文化虽然受到商周文化的影响，但其遗址出土的多是小件青铜器物，并没有出现像商周时期一样的大型青铜器。

环首青铜短刀

齐家文化（公元前 2200—前 1600 年）
长 18.6 厘米，宽 2.9 厘米，厚 0.2 厘米
康乐县苏集乡塔关村征集
甘肃省博物馆藏

青铜刀刀体扁平，环首，直柄，拱背，刀刃前部微弧，锋部尖锐而后部较宽，使用时着力点能集中在刃端。研究者指出，这类青铜短刀是齐家文化先民用来切割肉类的刀具，还兼有匕的功能。环首可用于穿系，以供使用者随身佩带。

此青铜刀形制轻巧，轮廓优美，被认为是齐家文化冶铜技术的代表作之一。与马家窑文化青铜刀相比，齐家文化先民的冶铜技艺在造型和工艺方面均有了明显的进步。

素面青铜镜

齐家文化（公元前 2200—前 1600 年）
直径 6 厘米
1975 年广河县齐家坪遗址出土
广河县齐家文化博物馆藏

　　镜面扁平，光素无饰，背面中央有桥型钮。研究显示，此青铜镜系一次性陶范浇铸成型。

　　铜镜始于何时？最早记录铜镜的文献是成书于战国时期的《黄帝内经》，且《战国策·齐策》邹忌讽齐王纳谏的故事中，有"朝服衣冠窥镜""窥镜而自视"的记载，于是长期以来铜镜始于战国之说盛行于世。殷墟铜镜的出土，改变

了上述说法。20 世纪 70 年代，甘肃、青海齐家文化遗址相继发现三枚铜镜，广河县林家遗址出土两枚，一枚饰有重环形纹，另一枚即此次参展的这枚，光素无饰；青海贵南尕马台 M25 出土一枚，上饰有七角星纹。齐家文化遗址出土的青铜镜，将中国青铜镜的铸造和使用历史提前到了公元前两千多年，因此被誉为"中华第一镜"。

臂钏形青铜器

齐家文化（公元前 2200—前 1600 年）
直径 8 厘米，高 5.4 厘米
广河县齐家坪遗址出土
广河县齐家文化博物馆藏

　　臂钏，素面无纹饰，系锻制而成。其形制具有西北地区早期青铜文化风格。考古资料显示，齐家文化遗址出土的臂钏、环形项饰、环形壁、耳环、铜泡、青铜刀等器物造型独特，与新疆地区尤其是哈密天山北路文化十分近似。齐家文化中晚期，齐家青铜文化开始向东扩展至关中地区。值得注意的是，二里头青铜文化在经过对西北青铜文化技术与风格的筛选、改造和吸收，逐渐形成华夏青铜文化风格。

月牙形青铜项饰

齐家文化（公元前 2200—前 1600 年）
直径 18 厘米，宽 3.8 厘米
广河县齐家坪遗址出土
广河县齐家文化博物馆藏

　　月牙形饰，又名"弓形饰"，是史前部落首领或贵族身份地位的象征。研究者认为，月牙形饰的用途一般可分为两种，一种是项饰，一种是胸饰。从尺寸来看，此月牙形饰当属于项饰。当然，是项饰还是胸饰，其实并没有绝对的区分，取决于佩戴时悬挂的高低。

璧形青铜器

齐家文化（公元前 2200—前 1600 年）
直径 8 厘米
广河县齐家坪遗址出土
广河县齐家文化博物馆藏

　　圆环状，中央圆孔，两面的壁凸出孔缘，与玉璧器型相类。关于其用途不明，一般认为可能属于象征性礼器，用于祭祀等。

弦纹青玉琮

齐家文化（公元前 2200—前 1600 年）

高 16.2 厘米，宽 7.8 厘米，射径 7.8 厘米

1984 年静宁县治平乡后柳沟村出土

静宁县博物馆藏

　　玉琮为青玉质，方柱型，外方内圆，对钻贯空，两端出射，四角略钝。方体四面等距离地浮雕减地浮雕三组由五条凸线组成的纹带，形制整饬，凸线细匀，是齐家文化出土玉琮中的代表性器物。

　　与此件玉琮一同出土的还有蚕节纹玉琮和素面玉琮，都是齐家文化重要的礼器。研究发现，齐家文化玉琮的起源很可能受到良渚文化、陶寺文化的影响，而陕西石峁文化则是良渚文化玉琮西传至齐家文化的重要中介。

青玉璧（2 件）

齐家文化（公元前 2200—前 1600 年）
直径 27.3—32.1 厘米，孔径 4.4—5 厘米
1984 年静宁县治平乡后柳沟村出土
静宁县博物馆藏

青灰色玉质，中有褐色瑕斑。体呈圆片状，外缘不甚规整，器体厚薄不一，器面有截锯痕；中有圆孔，系单面钻成。通体磨光，素面无纹，器型较大，是齐家文化宗教礼仪的代表性器物。

人首形柄青铜匕

辛店文化（公元前 1600—前 1000 年）
长 14.3 厘米，宽 2.2 厘米
1972 年广河县出土
甘肃省博物馆藏

　　铜匕柄端呈圆形，上浮雕人面像，双目圆睁，
两耳外耸（左耳断缺，右耳佚失），长三角形直鼻，
口半张，嘴唇微凸。匕身扁平，握手处较窄，无明
显柄部，向下渐宽，底端收分作弧形，呈长舌状。
背有条形钮，可能用于穿系佩戴，或便于随身携带。
研究者认为，此类匕当为食器，用于切割、挹取食物，
兼有饭勺的作用。

　　此人面柄首铜匕被认为是迄今为止中国所见最
早的青铜人面雕像，匕的形制与北方草原文化动物
首形青铜短剑相类。

人首形柄青铜匕

辛店文化（公元前 1600—前 1000 年）
通长 25 厘米，匕长 19.1 厘米
宽 3.2 厘米，环径 4.3 厘米
定西市出土
甘肃省博物馆藏

　　此柄铜匕与广河县出土的人首形柄铜匕形制基本相同。铜匕柄端呈人首形，浮雕人面五官清晰，二角形直鼻，双眼与嘴巴均呈圆形，环首形双耳外扩。人首后铸有一环形，可能是为便于悬挂或携带。肩颈部饰有斜网纹，以表示人物服饰。

四坝文化铜器

在玉门火烧沟、酒泉干骨崖、安西鹰窝树、民乐东灰山等主要四坝文化遗址，发现有斧、刀、锥、矛、匕、镞、耳环、手镯、联珠饰、权杖头等种类多样、数量丰富的铜器及少量的金、银耳环，绿松石、海贝项链等装饰品。

与齐家文化相较，四坝文化冶铜业有了显著的发展，表现出更加稳定、成熟的特征：综合应运铸造、热锻和冷加工技术，铸造成为最主要的冶铜技术；除使用单范浇铸外还出现合范、分铸技术；除锡青铜外还出现砷铜、锡铅青铜等合金铜器。这足以说明，四坝文化期甘肃冶铜业已经进入成熟期。

带銎青铜钺

四坝文化（公元前 2000—前 1600 年）
长 15.2 厘米，宽 6 厘米，厚 2.2 厘米
张掖市民乐县采集
甘肃省博物馆藏

钺身呈长方形，光素无纹饰，管状圆形銎，銎内中空，用以固柲。长方形直内。一般认为，铜钺作为兵器具有杀伐、行刑的功用，具有肃杀之威。研究证明，商周时期铜钺的功用几变，最终成为集王权、武器、刑具、仪仗等多种功能于一身器物。在不同的历史时期或不同的场合，铜钺的功能意义不一。从钺身等情况来看，此柄青铜钺当属河西走廊当地少数民族首领仪仗用的礼器。

青铜空首斧

四坝文化（公元前 2000—前 1600 年）

长 12.5 厘米，銎径 3.5 厘米

1976 年玉门火烧沟遗址出土

甘肃省博物馆藏

　　青铜斧为套管形状。考古资料显示，空首斧最早出现在欧亚大陆，且常见于森林族群中，可能是他们用于砍伐树木的工具。四坝文化所见这类空首斧在塞伊玛—图尔宾诺文化中较为常见，这说明两种文化之间的密切关系。除了空首斧外，还有一种被称为塞伊玛—图尔宾诺式铜矛，在中国境内也分布得十分广泛。

青铜铲

四坝文化（公元前 2000—前 1600 年）
长 8 厘米，宽 4 厘米，高 3.2 厘米
2006 年赤金镇天津卫墓出土
玉门市博物馆藏

　　考古学家指出，河西走廊可能是早期青铜时代中国西北地区与欧亚草原文化交流与技术传播的重要通道之一。大体从公元前三千纪末开始，这里便与欧亚草原之间存在文化互动，早期冶金技术大体由南西伯利亚传至新疆北部，再经新疆东部传至河西走廊。但河西走廊在早期铜器技术传播过程中不是简单的中介地带，更是早期冶铜技术实现本土化过程中最重要的地区，四坝文化、齐家文化遗址出土的红铜、青铜及锡青铜器物就是明证。

球形石权杖头

四坝文化（公元前 2000—前 1600 年）
高 5.6 厘米，宽 6.9 厘米，孔径 2.3 厘米
1976 年玉门火烧沟遗址出土
甘肃省博物馆藏

石权杖头呈梨形，上大下小，中心有钻孔，用于纳柄（原有木杖已朽，柄为今配）。出土时置于墓主人右手中。从该墓葬中丰富的随葬品来看，墓主人生前应拥有特殊的身份和享有较高的权力。

考古资料显示，早在公元前 9500 年至前 8800 年的安纳托利亚高原（即土耳其高原）就已经出现石权杖头。此外，在两河流域及埃及等地也发现有大量权杖头。中国发现最早的权杖头是甘肃西和县宁家庄出土的彩陶权杖头和秦安大地湾遗址出土的汉白玉权杖头，距今约 5500 年至 5000 年之间。中国出土的权杖头形态与近东地区的同类物非常相似。研究普遍认为，中国权杖头很可能是通过北方草原丝绸之路传播而来，并随着仰韶文化和马家窑文化的西进而传至河西走廊，直至新疆地区。

石权杖头

四坝文化（公元前 2000—前 1600 年）
高 4.8 厘米，外径 5.8 厘米，内径 2.1 厘米
1976 年玉门火烧沟遗址出土
玉门市博物馆藏

　　所谓权杖，是古代部落首领或贵族用以表示自身权利及地位的一种器物。权杖的柄多用木质材料，易于腐朽，而权杖头则多由石或铜等材质制作而成，所以才能被保存下来。

　　关于权杖头的认知经历了一个漫长的过程，曾被赋予"棍棒头""环状石器""殳"等名称。考古资料和研究显示，中国的权杖头基本都出土于北方地区，源于西方，沿着近东、中亚、新疆、河西走廊、长城沿线进行传播。但权杖头在东传的过程中，又经历了各地方族群结合自身文化本土化改造的过程，创造出各种新的形态和风格，与起源地有较大的差异。石权杖头的发现，证明早在 3000 多年前，生活在河西走廊的羌人族群就已经通过草原丝绸之路和西方有了文化交流。

陶勺

四坝文化（公元前 2000—前 1600 年）
长 7.5 厘米，宽 8 厘米
1976 年玉门火烧沟遗址出土
玉门市博物馆藏

环首青铜刀

四坝文化（公元前 2000—前 1600 年）
长 14.5 厘米，宽 1.3 厘米
1976 年玉门火烧沟遗址出土
玉门市博物馆藏

骨柄青铜锥

四坝文化（公元前 2000—前 1600 年）
通长 10 厘米，锋长 2.2 厘米，柄径 1.2 厘米，锥径 0.4 厘米
1976 年玉门火烧沟遗址出土
甘肃省文物考古研究所藏

　　长条锥，锥后部插入骨柄或木柄内，用于锥刺兽皮等皮毛。骨柄或木柄青铜锥在四坝文化遗址中较为常见，除玉门火烧沟遗址外，山丹四坝滩、酒泉干骨崖、安西鹰窝树遗址等均有出土。

金鼻饮

四坝文化（公元前 2000—前 1600 年）
周长 8 厘米，环径 0.3 厘米
1976 年玉门火烧沟遗址出土
甘肃省文物考古研究所藏

　　此金银饰品出土时位于墓主人鼻骨下，因此被定义为鼻饮，考古工作者推断墓主人可能为部落首领。

　　考古资料和科学研究证明，火烧沟遗址出土的金饰品是迄今中国发现的最早的金银制品。此足以证明，早在四坝文化（约中原夏王朝时期）时人们就已经开始用金银器作为人体的装饰了。考古资料显示，中国早期金银制品主要发现于新疆、河西走廊和东北一带，即处于北方草原游牧文化与农业文明交界地带，可以推测的是金银制品传入中原与草原游牧族群的迁移有关。有研究者认为，中国早期金银器与安德罗诺沃文化关系密切，后者是青铜时代晚期中亚草原最具代表性的文化，用金银制作的饰品十分流行。

金耳环

四坝文化（公元前 2000—前 1600 年）
环径 0.4 厘米
1976 年玉门火烧沟遗址出土
甘肃省文物考古研究所藏

　　金耳环系用金丝弯曲成形，一端呈钝锥尖状，一端呈扁平状。此金耳环属于考古学意义上的"B"型耳环。

　　考古资料证明，河西走廊火烧沟文化遗址出土的金银饰品，是中国境内发现的最早的金银制品。中国早期金银器是由中亚草原游牧地区经新疆地区传入中国境内的，但金银器传入中国后，中国本土工匠并非简单地接受，而是根据自身文化加以改造，创造出独特的器型和装饰风格。

网格纹彩陶埙

四坝文化（公元前 2000—前 1600 年）
长 7 厘米，宽径 5.5 厘米，厚 2.8 厘米
1976 年玉门火烧沟遗址出土
甘肃省文物考古研究所藏

埙属于吹奏响乐器，是一种人类最古老的吹奏乐器，多呈圆形、椭圆形或梨形。考古资料显示，中国的埙起源于新石器时代红山文化期，分布十分广泛，兴盛于夏商周时期。目前考古发现的较为完整的陶埙出土于西安半坡遗址，呈橄榄形，为两孔陶埙。

在火烧沟遗址中发现了 20 余件陶埙，埙身多作鱼尾状或鸟兽状，且多绘有网格纹。陶埙大多数有三个音孔，埙身左右两肩各有一个按孔，腹部左下有一按孔。这些陶埙出土于墓葬中，大多置于死者腰际或胸部，尤多见于小孩墓中。火烧沟遗址上的先民属于羌人，陶埙的大量出现可能和部落内部预警机制有关。

刻画人物纹双耳陶罐

四坝文化（公元前 2000—前 1600 年）
高 7 厘米，口径 3.2 厘米，底径 2.9 厘米
1976 年玉门火烧沟遗址出土
甘肃省文物考古研究所藏

陶罐通体饰有红色陶衣。器身刻画出人物及各种图案，口部一周斜线纹，上腹部主题图案由双线构成的近似人形的"X"形纹，人物双手下垂，双脚上翘，下腹部显要位置刻画出两只胳膊、身躯及手指，脚趾以单线表示。腹部中间两侧刻画有两个较小的人物形象，可能是最早的羌人形象。

沙井文化铜器

　　沙井文化是甘肃最晚的一支青铜文化，出土铜器多为小型工具和装饰品，如带扣、铜环、联珠状铜牌饰、动物纹铜牌饰等。以仿生动物、动物纹为特征的各种小件青铜饰品最具特色。也有一定数量的武器类（如短剑、刀、锥、铲、镞等）和生活用具类（如铜匙、铜梳、铜镜等）铜器，同时伴有少量金银饰品和早期铁器。

　　研究表明，沙井文化的主人可能是月氏人，与北方乃至欧亚草原游牧文化有着密切的关系。沙井文化是以河西走廊东部土著文化为主，吸收草原游牧文化因素而形成的一支独具风格的青铜文化。

环首铜刀

沙井文化（公元前 1100—前 400 年）
长 15.7 厘米，宽 1.6 厘米
金昌市金川区三角城遗址出土
甘肃省博物馆藏

云雷纹环首青铜短剑

沙井文化（公元前 1100—前 400 年）
长 25.8 厘米
金昌市金川区三角城遗址出土
金昌市金川区博物馆藏

　　青铜剑环首，剑茎呈扁圆柱形，上饰云雷纹四组，纹作斜向绕线状。剑格呈椭圆状，上饰内向卷云纹，中起脊。剑身剖面呈菱形，锋部锐利。从此柄青铜剑来看，其制作可能受到东周时期中原青铜剑装饰的影响。

孔首青铜刀

沙井文化（公元前 1100—前 400 年）
长 11.9 厘米，宽 1.5 厘米，厚 0.4 厘米
金昌市金川区三角城遗址出土
金昌市博物馆藏

环首青铜刀

沙井文化（公元前 1100—前 400 年）
长 14.7 厘米，宽 1.8 厘米，孔径 0.4 厘米
金昌市金川区三角城遗址出土
金昌市博物馆藏

鹰首形青铜权杖头（2件）

沙井文化（公元前 1100—前 400 年）

高 5 厘米

永登县榆树沟沙井文化遗址出土

甘肃省博物馆藏

　　权杖头被设计成一只鹰的头部形状，颈内中空为銎，两侧有对称穿孔，用以安装权杖。整体来看，权杖头在设计中运用了写实与夸张兼具的理念。鹰首上饰有线条简洁的勾云状耳和鳞形羽瓣，极富写实性。设计者将鹰的弯喙表现得异常宽厚，意在夸张地展现鹰的力量感；鹰眼锃圆外突，充分渲染鹰的凶猛和桀骜不驯。

　　鹰是中国古代西北少数民族崇奉的猛禽，沙井文化遗址中出土了一定数量的鹰首青铜权杖头，研究者普遍认为其当为月氏或匈奴人的器物，是部族首领权威的象征。鹰首造型生动、夸张，富有艺术性，是游牧民族高超冶铜技艺的直接反映。

嵌绿松石金耳环

沙井文化（公元前 1100—前 400 年）
直径 1.8—2.4 厘米；重 2.6 克
1979 年永昌县沙湾港遗址出土
甘肃省文物考古研究所藏

　　耳环系用一条细柱状金丝弯曲成圆环形，两端交接重叠，但开口不闭合，两端焊接小圆珠。环一侧焊接一菱形框架，内嵌一块绿松石。制作工艺简单粗放，造型朴拙，当属于沙井文化先民本地制作，表现了他们独特的审美。

　　考古资料显示，此嵌绿松石金耳环是目前已知中国出土最早的复合镶嵌金制品。

兽纹青铜镜

沙井文化（公元前 1100—前 400 年）
直径 5 厘米
金昌市金川区三角城遗址出土
金昌市博物馆藏

　　镜背铸有桥形钮，可以系丝带，便于把持和悬挂。由于磨损，铜镜背上的纹饰一直无法辨别，多识为三个小兽纹。经 X 光透视检测后，镜背上的纹饰得以确认：三条躯体蜿蜒、首尾相接的兽纹，环绕在镜钮一周。

　　有研究者认为，沙井文化主体虽然是草原游牧文化，但其与中原文化存在较为密切的联系，镜背上的兽纹可能为龙纹。

鸮首铜权杖头（一对）

沙井文化（公元前 1100—前 400 年）
高 4.5 厘米，长 3.8 厘米
1994 年永昌县水源镇乱墩子滩墓群采集
永昌县博物馆藏

权杖头就像是一个鸮首。鸮双眼平视前方，眼珠圆睁欲凸出，喙部塑造极度夸张，显得锋利无比，意在表现其迅猛与威胁力。

鸮，俗名"猫头鹰"，是一种适应夜行的猛禽。鸮以其俊美的外形、迅猛的速度和威武的外形，成为中国古代工艺品制作中常见的主题，石器、陶器、青铜器等器物中经常能见到它的身影。以鸮首作为权杖头，意在表现权杖拥有者的威严和权力。

凤鸟状铜带扣

沙井文化（公元前 1100—前 400 年）
长 8.2 厘米，宽 5.5 厘米
1981 年三角城遗址柴湾岗墓群出土
金昌市博物馆藏

此铜带扣设计十分精巧，如果观者俯身视觉与其平行或略低时侧视，带扣整体就像是一只正在奋力飞翔的凤鸟。凤鸟的双翅正好围合成带扣的环，凤鸟弯曲的喙部刚好形成带扣的钩，相对的一侧是扇形，犹如凤鸟硕大的尾部，圆形背部饰六个小圆形，疑其原粘贴有绿松石等。带扣环和尾巴上均饰有联珠状纹饰。

三层伫马青铜饰牌

沙井文化（公元前 1100—前 400 年）
高 4.6 厘米，宽 3.3 厘米
金昌市金川区三角城遗址出土
金昌市博物馆藏

　　饰牌面凸背凹。正面上镂雕三层伫马，
中间一马与上下层马的方向相反。此青铜牌
饰可能属于马匹鞍鞯上的配饰。

青铜立鹿

沙井文化（公元前 1100—前 400 年）
高 6.7 厘米，宽 5 厘米
永登县树坪乡榆树沟出土
甘肃省博物馆藏

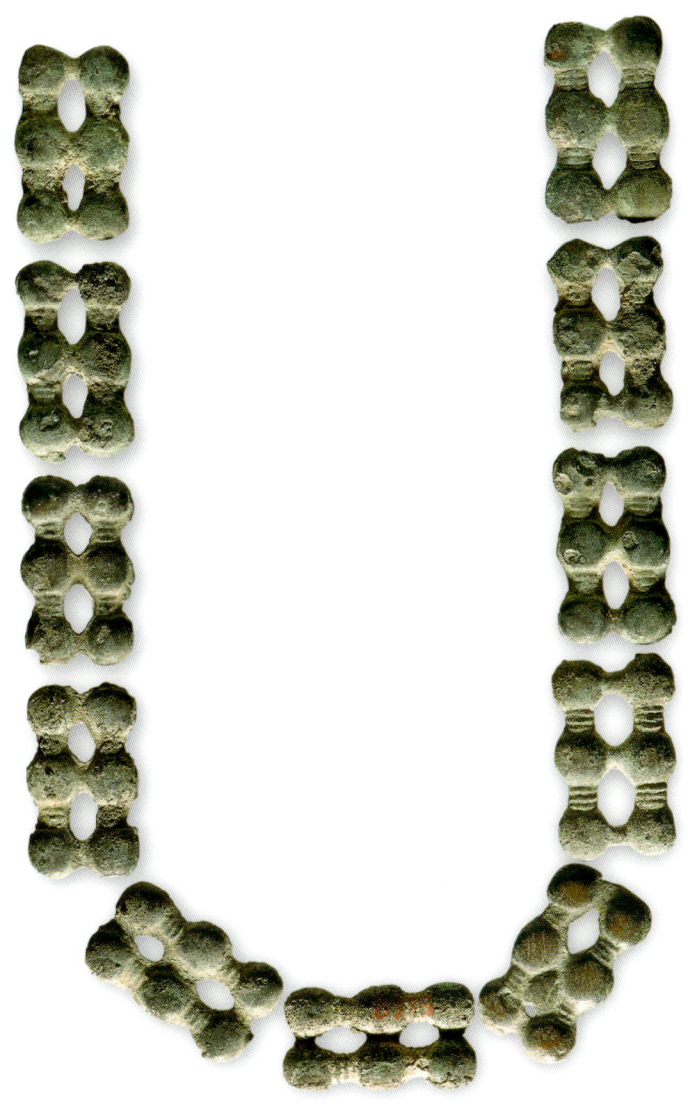

联珠纹铜泡饰

沙井文化（公元前 1100—前 400 年）
长 4.5 厘米，宽 2.8 厘米
1979 年金昌市金川区三角城遗址出土
甘肃省博物馆藏

　　铜泡饰共计十一件。每个由六个圆珠相连成长方形，中间有两个扁孔，纵连的两珠间有突起的三道棱线，背面凸凹状。每个牌饰六珠之间形成两孔，可以用皮革缝缀在腰带或衣服上。有研究者认为，此类铜泡饰品可能是项饰。

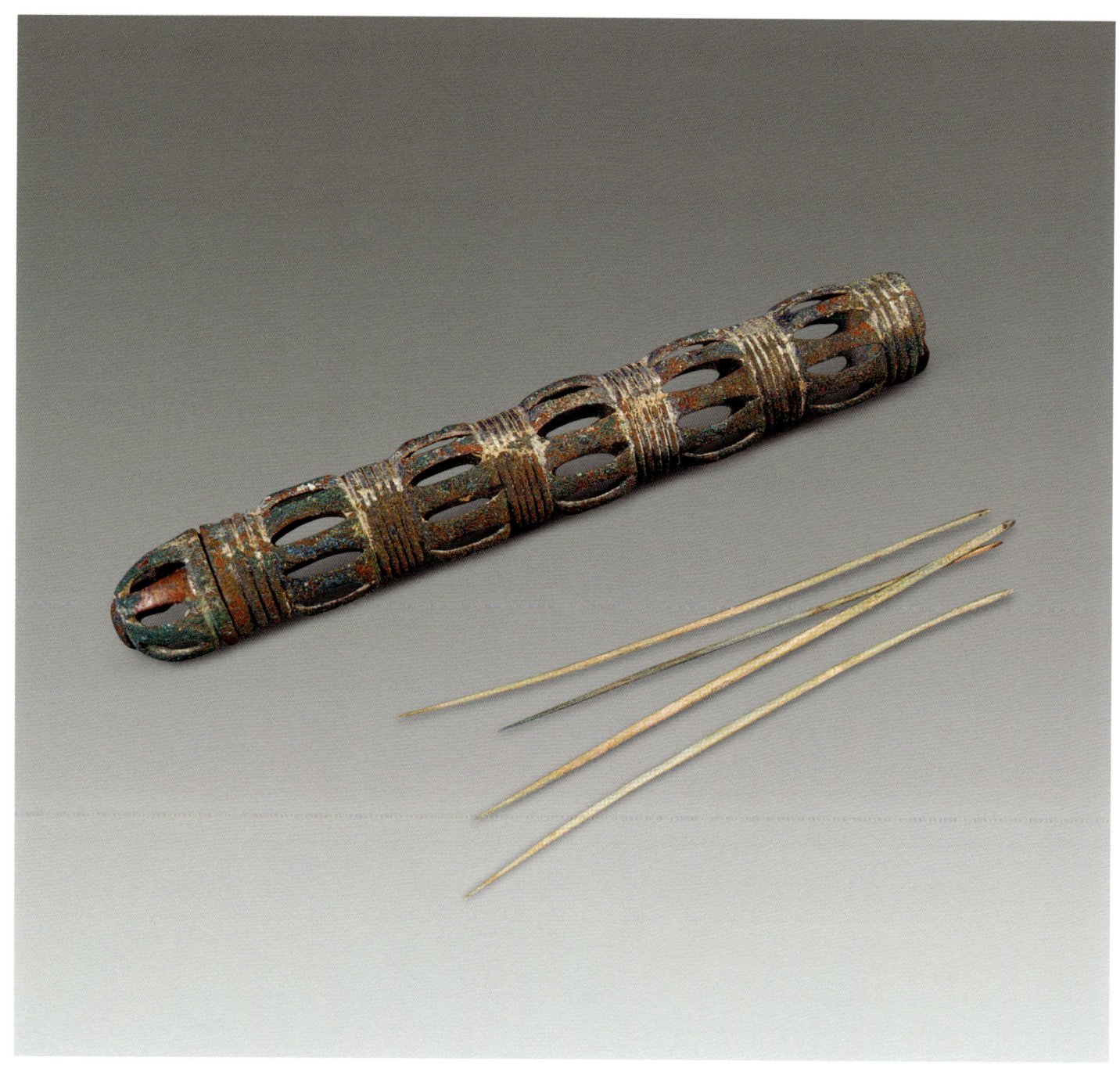

竹节状铜针筒

沙井文化（公元前 1100—前 400 年）

长 15.5 厘米，筒径 2 厘米

1981 年永昌县三角城柴湾岗遗址出土

甘肃省文物考古研究所藏

针筒呈管状，分为六段，每段纵向镂空呈橄榄形。各段连接处内收有五道弦纹。针筒一端为圆形开口，另一端为一子母口式镂空圆头，筒内有一横梁。据了解，出土时针筒内装有一圆形皮囊，皮囊中还装有四枚长短不等的骨针和数根麻线。

此件铜针筒及骨针，当为月氏或匈奴人用于缝补衣物、皮革制品的日常生活用品。骨针纤细，鼻孔微小，似为缝制纺织物所用，缝制皮革制品时须用锥配合方能使用。

中原青铜文化的西进

　　考古发现表明，在青铜时代早期，二里头文化已经深入甘肃东部，对当地文化形成强有力的影响。商朝时，甘肃大部分地区尚未纳入中原王朝的统治范围之内，仅在甘肃东部出现了一些城邦性质的小方国，成为商王朝的属邦。夏末，周人西迁陇东"戎狄之间""修其训典，朝夕恪勤"，积蓄实力。至晚商时周人重回周原故地，取得西北各部族的共主地位，并于公元前 11 世纪中叶率西部反商势力起兵灭商，建立周朝。

　　西周初，甘肃东部方国日渐增多、部族活跃。由于毗邻中央王朝，这里成为西周王朝的西北门户，周王室开始加强对甘肃东部的统治，以便于对戎、狄诸部落的经营与控制。在全盛时期，周王室对甘肃东部方国或直接管理，或派王室成员加强统治。在灵台等地考古发现的大量青铜器，整体风格与中原商周青铜器一脉相承，但又明显保有西北民族文化的浓郁色彩。

"⿰父丁"青铜角

商代晚期（公元前 14—前 11 世纪）

高 24.7 厘米，角距 8.5 厘米

1967 年灵台县白草坡 2 号墓出土

甘肃省博物馆藏

　　"角"为青铜酒器。考古资料显示，角与爵有着密切的关系，其最早出现在二里头文化期，盛行于商周时期。考古资料显示，商周之际墓葬出土的酒器中有以角代爵的现象。角是由爵演变而来的饮酒器。《考工记·梓人》引《韩诗》云："一升曰爵，二升曰觚，三升曰觯，四升曰角，五升曰散"。

　　此件青铜角深腹圜底，带盖，盖上鼻钮，口部分翼呈凹弧形，翼尾呈锐角。腹底承三角锥形实心足，足尖外撇。腹一侧有牛首鋬，对侧凸起一凤鸟首。盖部以细云雷纹衬地，两侧各一组兽面纹；流尾与颈部饰两组兽面纹，腹部饰一组兽面纹，均衬以细方云雷纹；足上饰细线蝉纹。鋬内腹侧铸有阴凹铭文三字"⿰父丁"。首字当为族徽文字，但迄今学界对其含义解释不一而足。

"鸟祖癸"青铜爵

商代晚期（公元前 14—前 11 世纪）

高 20 厘米

1981 年西峰区温泉乡韩家滩村出土

庆阳市博物馆藏

爵腹微鼓，圜底，前有槽形长流，后有呈尖状的尾。流上近口缘处立有两个菌状柱。腹部一侧有由扁条卷成的半环錾，錾下镌刻"鸟且（祖）癸"三字。腹底有三个棱角分明的尖足稍向外侈。腹以云雷纹为地，上饰饕餮纹，饕餮纹上下两端以联珠纹镶边。此青铜爵胎体厚重，铸造技术精良，具有很高的科学、艺术和历史价值。

青铜爵是一种兼具酒器与礼器功能的器物，流行于夏商周时期。夏代青铜爵普遍呈现出胎体轻薄，流长而狭，流口间多不设柱，鲜有装饰纹饰者，且制作粗糙等特征。至商中后期，青铜爵造型基本成型，胎体厚重，纹饰多元繁复，制作精美。考古资料显示，青铜爵作为礼器，常与觚、觯、角、斝等酒器组合使用。

"𣲘父辛"青铜斝

商代晚期（公元前 14—前 11 世纪）
通高 32.5 厘米，口径 19.5 厘米
1967 年灵台县白草坡 1 号墓出土
甘肃省博物馆藏

　　青铜斝素面，仅在颈部饰两周弦纹。口沿立两个束腰方形柱，柱头为伞帽状。腹部鼓如鬲，分档，下承三柱足。颈腹处饰一牛首鋬，光素未饰纹饰。鋬内腹部上阴刻"𣲘父辛"铭文。首字为族徽文字。据推测，此件青铜斝当为泾伯的战利品，抑或为西周王室表彰泾伯军功的赏赐品。

　　青铜斝是盛行于殷商、西周初期的一种贮酒器。考古研究发现，青铜斝主要用来盛酒或温酒，亦作为礼器在行"裸礼"（祭祀祖先）时用来向爵内注酒。

云雷纹青铜觚

商代晚期（公元前 14—前 11 世纪）
高 28.5 厘米，口径 14.4 厘米，底径 9.1 厘米
1981 年西峰区温泉乡韩家滩庙嘴村出土
庆阳市博物馆藏

　　铜觚口与底均呈喇叭形，腰部细长纤秀、舒展，口与颈部素面，觚腹上下饰云雷纹并有扉棱分为三道，每道内有一乳钉，腹部上饰凸弦纹两周，圈足饰云雷纹和目雷纹。

　　青铜觚和爵在殷商时期的礼器中占有重要地位。考古资料显示，青铜觚和爵是殷商墓葬中的必备随葬品，二者数量的多寡是区分墓主人身份地位的重要标志，而这与文献中记载殷商时期"重酒"之风，尤其是商晚期酗酒之风在整个统治阶层蔓延的状况是相契合的。

"^雫" 青铜鼎

西周（公元前 1046—前 771 年）
高 60 厘米，口径 50 厘米
1972 年灵台县百里乡洞山村西周墓出土
甘肃省博物馆藏

　　敛口，折沿平唇，唇口较厚，颈微束，器壁较直，深圆腹，圜底。方立耳厚大，双耳顶部略外撇。三柱足，足中部略细，上下粗，略有蹄意。腹上部间作六条五齿短扉棱，以扉棱为鼻脊，细云雷纹为地，上饰六组兽面纹。足上部外侧亦有扉棱，以扉棱为鼻脊各饰兽面纹一组。腹内壁一侧近口处有铭文"雫"字，应为族徽。

　　双耳厚大，腹部微垂，腹、足上皆以扉棱间隔纹饰，以兽面纹为主纹饰，并单铭族徽，这都是西周早期圆鼎的特征。此鼎形制浑厚庄重，气势恢宏，纹饰繁复华丽，铸造工艺精良，保存完整，被视为甘肃地区出土商周青铜礼器中的代表性器物。

"师伯"青铜盨

西周（公元前 1046—前 771 年）

通长 33.7 厘米，宽 17.8 厘米，高 16 厘米

1981 年宁县湘乐乡谢家村出土

庆阳市博物馆藏

　　西周晚期器。青铜盨呈圆角椭方体，深腹、敛口、浮雕兽首耳，器下接圈足，四侧有拱形缺。盖上有四矩形捉手，可仰置，形成另外一件食器；盖正中起圆形凸，云雷纹为地，周边饰有夔纹。盖沿及上腹部各饰有一周日月盾形纹，盖面和下腹部饰瓦棱纹。腹内底铸有两行六字铭文："师白（伯）乍（作）中（仲）姞尊"。

　　"师伯"可能是驻守甘肃东部的军事长官。仲姞是女性之名，"仲"为其在家中的排行，"姞"为姓，是商周时期甘肃东部很有影响力的大姓，与周人长期保持联姻。根据铭文可以判断出，此青铜盨是一个名叫师伯的贵族为其姞姓妻子专门制造的器物。

　　青铜盨是一种古代盛食器，与簋同类，用以盛放稻、粱、黍、稷等食物。使用时常以偶数出现。考古资料显示，青铜盨的使用大约始于西周初期，主要流行于西周中后期，至春秋时期逐渐消失。

"中生父"青铜鬲

西周（公元前1046—前771年）
高10.9厘米，外径17.7厘米
1981年宁县湘乐乡谢家村出土
宁县博物馆藏

　　鬲整体低矮，口沿宽平外折，束颈，鼓腹，平裆，三蹄形足微外撇。腹与足相连处起弧形扉棱，以扉棱为兽的鼻脊形成兽面纹，用三层重环纹代替目形，构图别致。口沿内侧一周铸十九字铭文："中（仲）生父乍（作）井孟姬宝鬲，其万年子子孙孙永宝用。"研究者认为，铭文中的"中生父"为人名，其姓仲。"井"为古国名，"姬"为姓氏，"孟"

是指在兄弟姐妹中的长幼排行。

　　商周时期，王室、诸侯或贵族家女子出嫁时父母兄长等要为其铸造媵器（即陪嫁物），并在器物上铭文记录下器物的制作者、为谁制作等信息以及吉祥语。根据铭文可知，此青铜鬲当系西周贵族中生父为其嫁到井国的长女所作的媵器。

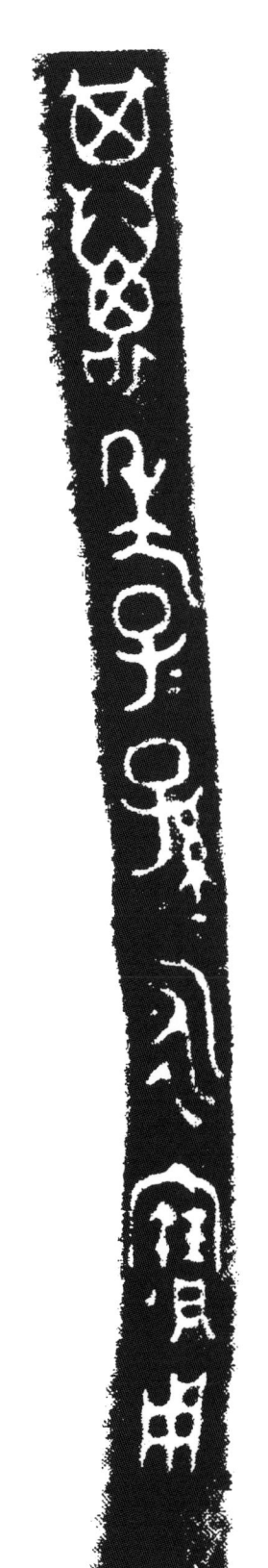

中生父乍井孟姬宝鬲

其万年子子孙孙永宝用

"伯硕父"青铜鼎

西周（公元前 1046—前 771 年）
高 24 厘米、口径 28.5 厘米
2009 年合水县何家畔乡南嶺西周墓出土
陇东古石刻艺术博物馆藏

　　西周晚期器。青铜鼎敞口，宽平沿外折，浅腹圜底，对立耳，三蹄形足。颈部饰"S"形窃曲纹一周。鼎口沿与内壁上铸有长达 60 字的铭文：

　　佳（惟）王三月初吉辛丑，白（伯）硕
　　父乍（作）尊鼎，用导用行，用考（孝）
　　用亯（享）于卿士、璧（辟）王、庶弟、元
　　（兄）。我用兴亂赤戎□驭方。白（伯）
　　硕父（申）姜其受万福无彊（疆），
　　（薎）天子六（曆），其子子孙孙永宝用。

　　铭文主要记述伯硕父作鼎，用之导行、享孝祈福，并颂

扬周天子。研究者认为，铭文中的"申姜"应系"伯硕父"的妻子，她来自姜姓西申国。文献记载中的"申侯"应该就是西中之侯。西申国和秦国、周王室都保持有紧密的关系，其和秦国一起作为戍边方国为周王室"保西垂"，在西周政治舞台上一直扮演着重要的角色。西周末期，因周幽王废申后、逐太子宜臼，致使申侯联合西戎攻打周幽王，造成西周晚期最大的政治危机。研究者认为，器主伯硕父可能是西周晚期周王室人臣，奉周王之命辅佐某位公卿或诸侯驻守西部边陲，正是在这里他迎娶了中国女子申姜。

夔龙纹青铜甗

西周（公元前 1046—前 771 年）

通高 46 厘米，口径 32.3 厘米

2009 年合水县何家畔乡南崟西周墓出土

陇东古石刻艺术博物馆藏

　　甗分上下两部分，中间置一箅子，上部为甑，下部为鬲。此甗系甑鬲合铸而成，整体呈圆形，附双立耳，甑的颈部饰有一周夔龙纹。此青铜甗和"伯硕父"青铜簋一同出土。该墓还出土了贝币九枚，骨针七根。

　　甗是一种甑鬲结合的蒸食器。下部的鬲用来煮水，上部盛食材，蒸气通过中间的箅孔将食材蒸熟。考古资料显示，青铜甗始于商代早期，但使用并不广泛。到商代晚期时青铜甗才日渐增多。西周早期始盛行于世并逐渐成为贵族墓葬中的重要随葬品。

饕餮纹青铜鼎

西周（公元前 1046—前 771 年）

高 23.6 厘米，口径 19.3 厘米

合水县西华池乡兔儿沟周墓出土

庆阳市博物馆藏

　　平沿外折，口微敛，圜底，三柱足，对称的小耳垂直于平沿上。鼎外壁用扉棱隔成六组相等的间距，间以云雷纹作底，上饰饕餮纹，足上部外侧有扉棱，以扉棱为鼻脊各饰兽面一组。

"祖癸乙"青铜盉

西周（公元前 1046—前 771 年）

高 20.5 厘米，口径 7.5 厘米

传 1985 年灵台县新集乡万宝川农场出土，1988 年兰州市公安局追缴

兰州市博物馆藏

青铜盉为侈口、束颈、垂腹、圜底，下承三棱锥足，足外撇。有盖，盖与器身套铸。肩部有一筒状流。器表纹饰位于盖、颈及流上。盖及颈部饰条带状夔涡纹一周；流上饰以云雷纹衬底的焦叶状纹饰。器腹有铭"祖癸乙"等字。

卷体夔纹青铜簋

西周（公元前 1046—前 771 年）

高 14.6 厘米，口径 18.6 厘米，底径 14 厘米

传 1985 年灵台县新集乡万宝川农场出土，1988 年兰州市公安局追缴

兰州市博物馆藏

　　青铜簋为侈口，腹壁较直，下腹部微外鼓，圈足较高，且向外撇。兽首耳，耳下有珥。器表纹饰主要装饰在器腹及圈足。腹部为云雷纹衬底的卷体夔纹；圈足处为云雷纹衬底的对鸟纹。器型庄重，纹饰精美，是西周时期重要的礼器。

"豩伯"青铜簋

西周（公元前 1046—前 771 年）
口径 20 厘米，高 15.2 厘米，底径 16 厘米
1972 年灵台县白草坡 2 号墓出土
甘肃省博物馆藏

　　侈口翻唇，弧壁深腹，兽首双耳，高圈足。颈部以兽首为间隔，饰有角兽面纹；腹部素面无纹饰；耳身饰卷云纹，下有钩形小垂珥；圈足上以六道短扉棱间隔，饰兽面纹。腹内底阴凹六字铭文："豩白（伯）乍（作）宝尊彝。"

　　青铜簋是一种盛食器，用来盛放煮熟的黍、稷、稻、粱等饭食，相当于我们现在的碗。考古资料显示，簋出现于商代早期，至商中晚期数量逐渐增多，并日益成为重要的礼器。西周时期，青铜簋作为非常重要的礼器经常出现在重大祭祀和宴飨的场合，和列鼎一起配套使用，且形成簋为偶数、列鼎为奇数的组合模式，即人们常说的列鼎列簋制度。

"鼎举父己"青铜簋

西周（公元前1046—前771年）

高18.3厘米，口径18.2厘米，底径16.2厘米

1972年灵台县白草坡2号墓出土

甘肃省博物馆藏

簋束颈，口沿微侈，鼓腹，双兽首耳，下有小勾珥，圈足。带有弧面子口盖，盖顶有圆形握手。盖坡沿、束颈处和圈足上各饰有一周云雷纹。云雷纹间等距离饰有中心凹点的乳钉，似在表示兽目。盖内和腹内对铭：鼎举父己。

古文字学家认为，鼎是一种族徽文字，且是商周时期青铜器族徽中出现频率最高、分布地域最广的一种。这表明这一族徽背后曾有一支人数众多、分布广泛的显赫的殷商巨族。考古资料显示，刻有相同族徽的器物既有商代铸造的，又有西周时代铸造的。我们可以这样推测，此类商代器物很有可能是周人灭商后落入周人贵族手中保存下来的，抑或是周人灭商后残存的商遗民分散在各地，保持着贵族的身份，并在铸造器物上仍旧保留着商人先祖的遗风。

兽面纹青铜甗

西周（公元前 1046—前 771 年）

通高 38 厘米，口径 24 厘米

1972 年灵台县白草坡 2 号墓出土

甘肃省博物馆藏

　　甗为甑、鬲联铸。甑大口外侈，双直立耳微外撇，深直腹微下斜收，束腰，腹内底有可以活动的箅子；鬲分裆，三柱足，足端略粗。双耳饰绚纹（绞绳纹），颈部饰兽面纹三组。鬲裆外侧饰兽面纹，兽双目圆睁，巨口下吞柱足，角似水牛角。

　　此件兽面纹联休甗造型庄重，纹饰繁缛，形制及纹饰特征皆为西周早期风格。

对凤纹筒形青铜卣

西周（公元前 1046—前 771 年）
通高 32.4 厘米，宽 20.7 厘米
1972 年灵台县白草坡 2 号墓出土
甘肃省博物馆藏

　　器身呈长筒形，带盖，平底，盖顶有圈形捉手。扁条形提梁上饰凤纹，两端饰牛首。盖缘和器腹上下分饰三组凤纹，中部一组双凤间以变体兽面纹相隔，上下两组双凤间则以凸起的纵向犀棱相隔，每组凤纹上下均有弦纹数周。凤喙呈闭合的弯钩形，脑后有弯角，凤身作长条卷尾形。盖内及腹内壁对铭"隙伯作宝尊彝"。

　　筒形青铜卣为成组器物，多为一大一小。"泾伯"墓也

出土了一对筒形青铜卣，上饰有对夔龙纹。筒形青铜卣十分罕见，在商周中原青铜器中难觅踪迹，有学者认为其很可能是受北方游牧民族用桦树皮卷成的筒形器的影响。卣身的对凤纹是商周青铜器的典型纹饰，筒形、提梁上的牛首（"泾伯"墓出土的提梁上饰羊首）可能来自游牧文化。这些都足以证明此类筒形卣是农耕文化与游牧文化交融互鉴的直接产物。

"徙遽朕"青铜盉

西周（公元前 1046—前 771 年）
高 21.7 厘米，口径 12 厘米
1972 年灵台县白草坡 1 号墓出土
甘肃省博物馆藏

　　青铜盉四足硕腹，腹部一侧设斜管状流，另一侧有兽首鋬。盖饰饕餮纹四组，盖鼻钮用链与盉体相连。盖、腹部均饰有云雷纹，颈部、管状流、四足上则饰夔纹。盖内铸有两行六字铭文："徙遽朕作父己"。此铜盉器型浑厚庄重，纹饰繁缛富丽，是西周早期盛行的式样之一。

　　盖内铭文"徙遽朕作父己"。"遽"的本义是迅疾，"徙遽"意为快速传递信息，故而其成为古代驿传制度的基本术语，也被引申为"传车"。研究发现，早在商代时就已经建立了驿传系统，当时中央王朝在主要交通道路上都专设驿站类机构，专为宣达王命（"出入王之大命"）和传递军政信

息。"朕"，即"仆"，多指王公大臣们的御者。"徙遽"当是指专门执掌驿递事务的官员，负责的可能是"出入王之大命"等事务。此青铜盉系一名叫徙遽的人，为其名为"己"的父亲所作的祭器。有研究者指出，"徙遽朕"其实就是驻守在这里的泾伯，他可能曾经担任过这个职务。此青铜盉是最早记录古代驿传的器物，因此被视作中国古代驿传制度的最早见证物。

　　关于盉的功用，学术界长期以来存在较多的争议。大多数学者认为，盉是一种酒器，用来温酒或盛水以调和酒的器物。但考古资料显示，商周时期盉和盘经常组合使用。

"隰伯"青铜尊

西周（公元前 1046—前 771 年）

高 25.3 厘米，口径 19.3 厘米，底径 13.5 厘米

1972 年灵台县白草坡 2 号墓出土

甘肃省博物馆藏

　　铜尊形体似觚，较常见而整体稍粗，大敞口，筒状体，腹中下部略鼓，喇叭形高圈足，腹部上下饰长尾卷鸟纹带两组，双鸟间以凸起的纵向扉棱相隔，两组鸟纹上下及间隔共有弦纹八周。底内铭文六字"隰伯作宝尊彝"。

"子夋"青铜尊

西周（公元前 1046—前 771 年）
高 26.5 厘米，口径 20.5 厘米
1972 年灵台县白草坡 1 号墓出土
甘肃省博物馆藏

铜尊粗体，大喇叭口，平唇粗颈，腹部略鼓，高圈足外侈。腹部饰有四道扉棱，以扉棱为兽面纹鼻梁，兽面纹上下各饰有三道细凸弦纹，以细雷纹为地。腹内底刻有三行八字铭文："子夋乍（作）母辛尊彝𠦪举"。"𠦪"是族徽文字。

根据铭文可知，此青铜尊是"子夋"为纪念其母亲"辛"铸造的。"𠦪"是商代大族，在西周时亦保有较高的政治地位。此青铜尊出土于泾伯墓中，很可能是泾伯的战利品或是接受的赏赐品。

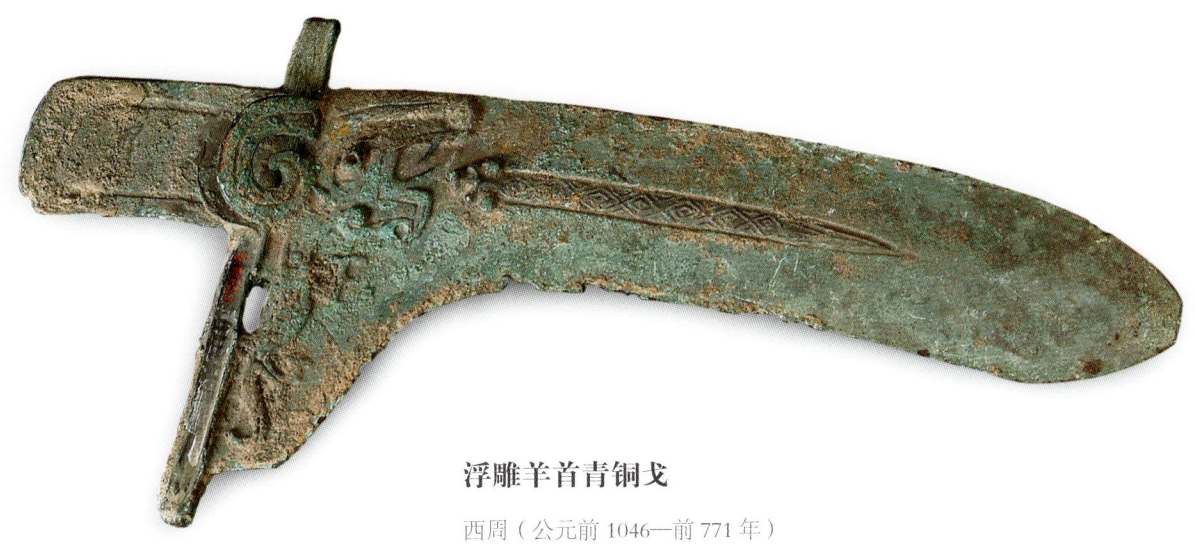

浮雕羊首青铜戈

西周（公元前 1046—前 771 年）
长 23 厘米，宽 10.6 厘米
1972 年灵台县白草坡 2 号墓出土
甘肃省博物馆藏

　　直援，援宽适中，锋部渐窄，呈圆角圭首形。
长胡，阑侧有三穿，胡部弧度较大，援身上仰。长
方形直内，内下端角有边齿，内上端低于援部而不
出齿。内的秘外部分两面饰有卷曲夔纹，援基铸有
一浮雕弯角羊首。

夔纹三穿青铜戈

西周（公元前 1046—前 771 年）
长 28.4 厘米，宽 13.9 厘米
1972 年灵台县白草坡 2 号墓出土
甘肃省博物馆藏

青铜啄锤

西周（公元前 1046—前 771 年）
长 21.2 厘米，宽 4.1 厘米
1972 年灵台县白草坡 1 号墓出土
甘肃省博物馆藏

　　援部呈直楔形，援端呈圆钝椎锋，微起脊棱，两侧饰以带状纹。椭圆形管状銎，接圆柱状短茎，连一球形锤。援、銎、锤整体铸成。可劈啄，亦可挥击，其杀伤力不在于利刃尖锋，纯粹以使用者的重力击点取胜。这是百草坡西周墓地出土的异形兵器之一，也是甘肃地区出土的唯一一件青铜啄锤。

　　锤古称"椎"，《说文解字》云："椎，所以击也。"

　　考古资料显示，此类兵器最早出现在近东的伊朗、阿富汗等地，经中国新疆东传至北方草原游牧地带并沿长城一线，商代晚期开始在西北地区流行开来。

　　关于此兵器的功能与名称学界意见不一。有研究者根据其援部"啄"的功能将其称为"啄锤"；有研究者认为"内"呈斧状，称其为斧式戈。

青铜削

西周（公元前 1046—前 771 年）

长 21.5 厘米，宽 2 厘米

1972 年灵台县白草坡 2 号墓出土

甘肃省博物馆藏

青铜削其实就是一种有刃有柄的小刀。考古资料显示，青铜削可能是游牧文明的产物。传至长城沿线及邻近地区后成为刀币，尤其是尖首刀币的母型。商周秦汉时期，它又成为刀笔吏的书刀工具，用来削除书写在木牍或竹简上的错字。

戴冠玉人

西周（公元前 1046—前 771 年）

高 7.9 厘米

1972 年灵台县白草坡 2 号墓出土

甘肃省博物馆藏

　　玉人为男性，呈站立状，头大身短，身躯圆长，头戴双歧高弁。玉人面部雕刻双目圆睁，元宝形阔鼻，嘴巴紧闭。颈下有穿孔，可用于悬挂。玉人未示手足，仅以几道斜线纹示其袍袖和纹饰。玉质为黄白玉，以阴线勾勒技法制成而成，线条流畅，技法纯熟。

　　玉人面貌似少数民族，似被绑缚或裹束，其很可能是被俘的少数民族首领。作为西周王室镇守西北边疆的官员，潶伯将此玉人置于自己的墓室，或具有彰显其军功的意义。

镂空蛇纹鞘青铜短剑

西周（公元前 1046—前 771 年）

通长 22.8 厘米；剑长 21.2 厘米，宽 3.4 厘米；

鞘长 18.7 厘米，宽 10.5 厘米

1972 年灵台县白草坡 2 号墓出土

甘肃省博物馆藏

剑身呈近似竹叶的长尖三角形，扁茎无格。剑脊略有隆起，有血槽，两面饰有斜角雷纹。剑鞘由镂空的蟠螭蛇纹组成，蟠蛇头呈三角形，双目炯炯有神，蛇身上有简单的阴刻浅槽，蛇身与藤状植物回环缠绕。剑鞘口饰有一对高出口沿的犀牛，二牛向背，拱卫着剑口。从系孔看，此剑应垂直悬

挂于腰部。

同型短剑在白草坡 1、2 号墓各出土两柄，其中两柄残碎断缺严重，两柄保存完整。除此柄外，另外一柄存中国国家博物馆。白草坡出土的这类短剑是西周早期短剑的代表作。

"吕姜"青铜簋

西周（公元前 1046—前 771 年）
高 18.2 厘米，口径 18.1 厘米，宽 24 厘米
1973 年灵台县独店乡吊街出土
甘肃省博物馆藏

　　青铜簋器身低矮呈扁鼓形，敛口斜肩，双兽耳衔环。鼓腹下收，三细柱状足，足跟处饰有兽面。腹部饰有五道横条瓦纹。内底铸有两行四字铭文："吕姜乍（作）簋。"
　　"吕姜"是这件青铜簋的拥有者，吕为氏名，姜为姓。研究显示，姜姓是起源于西北地区的部族，最初活动于关中平原西部，即今陕西宝鸡地区。姜姓部族与周边一些部族曾

长期联姻通婚，形成联盟关系。灵台县是古密须国所在地，吕姜或为吕国嫁到密须国的女子，墓内所出鼎、簋二器的风格、时代一致，当为一套礼器中残存的两件，此墓应是吕姜之墓。而此件青铜簋则成为商周时期甘肃东部存在一个名为吕国的物证。

五孔管銎青铜钺

西周（公元前 1046—前 771 年）
长 20 厘米，宽 9.5 厘米
1984 年崇信县于家湾西周墓出土
甘肃省文物考古研究所

梳背形弧形援，刃角两端向上勾卷，援基接近銎处均匀分布五个圆孔，孔周围突起为护沿。銎部中空，两侧对镂 5 长方形洞，用以固柲。銎背上设有两足钮，可能是用于系缨穗等装饰物。刃部弧线优美，穿孔方圆对应，富有观赏性。此类钺属于青铜钺中的异形，具有浓郁的地方文化色彩，应属于非实用性兵器。

考古资料显示，钺产生于新石器时代，多为石质或玉质，最初可能作为生产工具。在日常生活中，先民们又赋予玉钺神秘色彩，即具有可以向神灵祈福庇佑人类的功用。玉钺在史前良渚文化、大汶口文化中晚期、龙山文化、红山文化等遗址中均有发现。这些石钺、玉钺制作精良，但却没有使用的痕迹，很显然它们是被当作礼器和祭祀用品使用。"钺，王斧也。"青铜时代，除了作为兵器，钺与权力有了紧密的联系，至商周时期逐渐成为王权的象征物，出现在彰显王权、刑法及礼仪仪仗等方面。

北方青铜文化的融合

　　考古发现表明，中国北方青铜文化既受到了草原游牧文化的影响，又汲取了中原地区先进青铜文化的元素，是由分布在中原农业文明与北方草原游牧文化交界地带的当地居民创造的独特的地方青铜文化类型。

　　中国北方系青铜文化经历了商末周初、春秋中期到战国末期两次发展高峰期。甘肃地处农耕文化与游牧文化的中间地带，自东部庆阳、秦安、灵台至西部永昌、酒泉等地皆发现大量风格迥异，形制独特的北方系青铜器。其中既有浓郁的欧亚草原民族风格，又有借鉴融合了中原地区先进因素、文化特征的融合型青铜器。

嵌绿松石兽面纹青铜牌饰

齐家文化（公元前 2200—前 1600 年）
长 15 厘米，宽约 10 厘米
1985 年天水市采集，原市文化馆移交
天水市博物馆藏

　　铜牌饰整体呈瓦形，上下两端外凸呈弧形，两侧笔直，四角外凸有孔，可穿系绳索，凸面上大面积为兽面纹，上部为下垂朝上卷曲的眉，中下部有两个斜目，空白处纵向镶嵌绿松石块，大部分已脱落，器身有破洞，一孔残破。

　　嵌绿松石青铜牌饰在二里头遗址、偃师商城等遗址中均有出土。它还是二里头遗址的代表性器物之一。研究资料显示，国内外公私收藏的嵌绿松石青铜牌饰目前共计有近二十

件，形状均与二里头遗址出土的铜牌饰相似，区别仅在纹饰上。此件嵌绿松石青铜牌饰出土于甘肃东部的天水，应当是二里头文化西进的直接证据。

　　对于铜牌饰的功用，研究者早已有诸多探讨，大体有饰品说、马具说、权杖说、护身说、神像说、礼器说、巫具说等，即涉及用器、装饰、礼器、巫具四类。

嵌绿松石青铜扁壶

战国（公元前 475—前 221 年）
口径 7.8 厘米，高 29.4 厘米
征集
甘肃省博物馆藏

　　青铜扁壶短圆束颈，小口微侈。颈与肩的连接处处理成柔和的"C"形。器身（腹部）呈椭圆形扁体，中央微鼓。腹底接长方形圈足。肩部饰有对称的兽面衔环，兽的鼻子处铸成突耸的小环形，形成扁壶的双钮，可用以穿系绳索。通体镶嵌绿松石组成不规则图案。

　　此类青铜扁壶系采用块范法顺序分铸铸接而成，即先分铸壶体、壶口管、兽面衔环铺首、圈足，然后再铸接在一起。考古资料显示，此类青铜扁壶属于典型的"秦式"扁壶，多流行于战国早、中期，属于盛酒器。

虎噬羊纹青铜牌饰

战国（公元前 475—前 221 年）

长 11 厘米

征集

环县博物馆藏

铜牌饰无边框，上雕刻北方系青铜器常见的"虎噬羊"纹样。虎伫立状，圆眼，半圆环形耳，长尾上卷，张口露齿，下为一曲体小羊，虎爪前伸抓住小羊。这是一件典型的北方系青铜器。

浮雕五龙斗虎青铜牌饰

战国（公元前 475—前 221 年）

长 10.8 厘米，宽 63 厘米

1984 年庆阳地区西峰镇塌头村出土

庆阳市博物馆藏

铜牌形似方形，周沿向背微折，面凸起，雕有马首虎身兽咬蛇纹饰，兽左向，尾卷于背，兽爪锋锐，口叼蛟龙，数条蛟龙盘卷异兽身，右侧近沿处有一喙状凸钮，背凹，左有竖向桥钮。异兽刻画得生动逼真，盘曲的蛟龙具有动感，是难得的艺术品，具有很高的历史和艺术价值。

镂雕鹰首纹金饰片

春秋（公元前 475—前 221 年）
长 6 厘米，宽 5.5 厘米，厚 0.1 厘米
1993 年清水县白驼乡刘坪村出土
清水县博物馆藏

金饰片呈方形，系金箔片模压成形，面凸背凹。正面主纹镂两鹰首相对，成四方连续图案。鹰眼模压成圆形，喙部弯长，上饰有凹槽。颈部饰覆羽纹。四角有钉穿，可能为某物上的装饰品。清水县地处西戎故地，研究者认为此类金饰片应该是西戎贵族装饰棺椁的饰品。

此件金饰片构图巧妙，造型夸张生动。鹰首等动物纹饰是草原游牧族群和邻近地区文化中最常见的纹样，而四方连续对称构图和交叠披垂的羽饰装饰则是来自中原文化的样式。它是西戎人通过早期秦人和中原文化交流的见证。

铃首铜短剑

寺洼文化（公元前 2500—前 2300 年）
长 24 厘米，宽 2.5 厘米，茎长 8 厘米
1983 年水洛镇川口柳家遗址出土
庄浪县博物馆藏

剑身扁平，中脊突棱，剑柄呈折曲绞索状，中有隔挡，剑首镂空，内置铜丸。该剑形状别异，具有鲜明的北方青铜系铜器的特点。

该剑出土于青铜时代寺洼文化（约为商中期至春秋中晚期）遗址。研究者认为，寺洼文化是由西北的氐、羌先民所创造的，是典型的以畜牧业为主的文化，同时也受到中原文化因素的影响。

触角式青铜短剑

战国（公元前 475—前 221 年）

残长 21 厘米，茎长 7 厘米

秦安县王窑公社山出土

秦安县博物馆藏

　　剑首呈双鸟触角式、双鸟回首、鸟喙相对，剑茎呈长方形，构成鸟的颈项，剑格方平。剑柄和剑身系一次铸成，可直接握持，这是区别于中原地区青铜短剑铸造方式的显著特征之一。

　　研究者将剑首圆雕装饰有鹰首、马首、羊首、鹿首、鸟首等各类动物头部的短剑命名为"鄂尔多斯式青铜短剑"或"北方系青铜短剑"，主要分兽首短剑和"触角式"短剑，主要流行于北方草原游牧区和与农耕区交接的中间地带，具有浓郁的地域特征。

触角式青铜短剑

战国（公元前 475—前 221 年）

长 18.7 厘米

1983 年静宁县李店乡吴家洼出土

静宁县博物馆藏

　　剑身尖长，正中起脊，与柄接处有格凸起，柄中长条孔穿透，柄首略呈触角式。

环首式青铜剑

战国（公元前 475—前 221 年）

全长 16.6 厘米，柄长 7.5 厘米

秦安县郭嘉公社寺咀坪出土

秦安县博物馆藏

剑首呈环形，剑茎长方形，直刃，剑柄和剑身合铸。环首式青铜短剑出现于商周时期，盛行于战国时期。考古资料显示，在中国北方长城沿线的陕西、内蒙古、甘肃、山西、辽宁等地都广泛分布有青铜短剑，出土数量众多，形制多样，是北方青铜文化的代表性器物之一。

关于北方系青铜短剑的文化属性学术界还没形成一致的认识，大多数学者认为其不属于任何一种单一文化或族群。北方草原游牧及邻近地区的多族群文化互动，造就了北方系青铜短剑的多样性。

马手柄箭镞式青铜短剑

战国（公元前 475—前 221 年）
通长 12 厘米
张家川县大阳公社太原大队郭湾村出土
张家川县博物馆藏

　　剑首呈马首形，马首与剑茎连接处铸有一周高凸的格，其上一周高浮雕三个人面，具有鲜明的草原民族特征。剑身起三条脊，使得剑身呈三棱体。关于此青铜器的功能和命名还有不同意见，有研究者认为它不属于剑的范畴，可能是一种祭祀或进行巫术时使用的法器。

异形青铜剑

战国（公元前 475—前 221 年）

全长 52 厘米，首宽 22 厘米，刃部最宽处 5.3 厘米

陇南市武都区洛塘镇青崖沟出土

武都区博物馆藏

　　剑身呈柳叶形，腊中起高棱脊，茎扁窄，翼格弧形上弯。剑首形如等腰三角形的底部，与茎相接处为两个弧形凹窝，首端有槽，似曾有镶嵌物。格上腊脊线两侧饰有细密的平行斜纹，两翼及茎部饰有均匀的乳钉纹。

　　异形青铜器多非实用器物，主要用于某些政治场合或祭祀仪式，借以彰显统治阶层的威严和渲染肃穆的气氛。研究者指出，此柄异形铜剑与古蜀国的异形剑形制十分近似，这说明战国时期甘肃陇南地区与四川古蜀国之间有着较为密切的交往关系。

翼兽青铜提梁盉

春秋（公元前 770—前 476 年）
高 30.2 厘米
1962 年泾川县金明乡出土
甘肃省博物馆藏

青铜盉被整体设计成一只四足兽，兽首作流，兽尾宽扁，首尾之间设一龙柄提梁，龙首固定在兽首，龙足立于兽尾之上。鼓圆的腹身作为盉腹，盉腹上部两侧铸有对称的翼龙作为兽的双翼。盉盖上铸有一呈蹲坐状的凤鸟作为盖钮。兽首微昂，宽尾上扬，四条兽腿整体后挫，趾爪前突，让翼兽正呈现出一种欲一跃飞冲九霄云天的动势。但四条低矮粗壮、健硕有力的兽腿和硕大的鼓腹，又让提梁盉在动势中彰显出沉稳和庄重。

青铜盉以翼兽为器身，以龙柄为提梁，以凤为盖钮，将龙、凤、翼兽（飞虎）三种神兽巧妙地融为一体，故而又被命名为龙提梁飞虎凤钮青铜盉。青铜盉整体设计精巧别致，富有想象力，精美异常。

早期有翼兽多流行于中亚、西亚地区及亚欧草原。研究者认为，大约在战国时期中国就已出现了有翼兽。此件龙提梁飞虎凤钮青铜盉是中西青铜文化交流与融合的见证。

几何纹青铜鍑

战国（公元前 475—前 221 年）
高 29.2 厘米，底径 12.5 厘米，口径 19.1 厘米
庆阳市西峰区征集
庆阳市博物馆藏

　　青铜鍑直口，口沿上有两直耳，弧形腹向下逐渐内收，高圈足呈喇叭状，两耳外下侧有凸出的竖条纹和似水字纹，腹两侧有倒人字纹，圈足上有竖条纹三组，每组之间有一方形孔。此器物通体有烟迹，在当时为实用的炊器。

　　考古资料显示，青铜鍑是古代中国北方草原民族日常生活和祭祀时使用的一种容器，是草原文化的代表性器物。匈奴西迁，将匈奴式青铜鍑带到了欧洲。在向西传播过程中，与沿途各地文化相融合，从而形成了形制多样与纹饰丰富的青铜鍑种类。

透雕双马咬斗青铜牌饰

战国（公元前 475—前 221 年）

长 7 厘米，宽 3 厘米

定西葛家盆出土

甘肃省博物馆藏

青铜牌饰以意象化的不规则树枝为框栏，框内表现的是两匹马相互撕咬正酣的情景：右马咬住左马后脖颈，左马含住右马左前腿，具有明显的动势，布局合理，比例协调，简洁生动。据研究，这类青铜牌饰可能是草原游牧民族缝缀在马具上或衣物上的装饰件。

双马青铜牌饰

战国（公元前 475—前 221 年）

长 5.2 厘米

山丹县出土

张掖市博物馆藏

青铜饰件镂空，小马站立在大马背上，大马四腿交错向前行走。大马的头顶前部有花朵作饰，两马形态相同。有研究者认为，双马的空间关系并非人马驮小马，两匹马相向行走，由于相距较远，给人形成视觉上的错觉，制作者正是抓住这一自然中的视觉现象制作了此青铜牌饰。

考古资料显示，内蒙古乌兰察布东汉遗址上也曾出土了一件形制与此件完全相同的双马形金牌饰，山西曾出土了一件魏晋十六国时期与此相类的青铜牌饰，不同的是在大马的腹部上铸有马镫。这足以说明在草原地带及其邻近地区，双马类青铜或金质牌饰流传的广泛性和持久性。

花角青铜麋鹿（一对）

战国（公元前 475—前 221 年）

长 10.4 厘米，高 8.5 厘米

1985 年甘州区龙渠乡石崖洞穴内出土

张掖市博物馆藏

  花角麋鹿双目圆睁，两耳向后，呈站立、伸颈昂首作鸣叫状。鹿角呈四个相连的环形固定在背部，脖颈下饰鬃毛。鹿的四肢前蹬，身体整体呈后倾姿态，表现出用力嘶鸣的状态。花角麋鹿系合范铸成。

  立鹿分两类，一类身体粗壮，四蹄作三角环形；一类腰部微细，四蹄踩半圆形环，有人认为是雌雄之别。鹿是一种温顺善良、美丽文静的动物，古代西北游牧民族多以鹿为神兽。从最初作为食物存在的鹿，在经历了漫长的过程后逐渐成为一种象征符号。作为具有独特象征意义的符号，此花角青铜麋鹿可能是一种祭祀时使用的器物。

虎噬鹿纹铜牌饰

战国（公元前 475—前 221 年）

长 11 厘米，宽 7.4 厘米

征集

甘肃省博物馆藏

　　牌饰呈不规则形状，镂空铸造而成。牌面右侧为一体形高大的鹿向左低首站立，左下角为一体形较小的虎正在噬咬鹿的一条前腿。左上角为卷云纹，前端有一穿孔，当为穿系绑缚所用。

　　噬咬、相斗类纹饰题材主要出现在我国北方青铜时代的

铜饰牌上，常见题材有虎噬羊、虎噬鹿、虎噬牛、狼噬羊、狼噬鹿等等，意在表现游牧民族崇尚勇武文化特征。此类纹样来源于欧亚草原，传入中国北方地区后当地工匠进行了模仿、借鉴与改造。

鎏金卧牛青铜牌饰

战国（公元前 475—前 221 年）

长 5.9 厘米，宽 4.1 厘米

2001 年庄浪县赵墩乡石嘴村出土

庄浪县博物馆藏

　　青铜牌饰件鎏金，呈长方形，四周边框凸起，上饰一周斜线纹，长宽两组斜线方向一致。长方形框内雕刻一头怒目圆睁、俯首屈腿、正欲奋蹄起立奔跑的牛。牛的身躯矫健，犄角下两耳竖起，两前腿弯曲用力挖地，后腿蹬地有力，尾巴卷扬，表现出极富张力的紧张画面。用戳点和刻画线条表现牛的毛发。此鎏金卧牛青铜牌饰同时出土了两件，刻画图案两相对称，当为一对。

　　草原生活中常见的动物形象经常出现在北方系青铜器上，或写实，或变体。此铜牌饰属于北方草原民族写实型动物纹样，风格简单粗犷又不失神韵，极具实用和审美价值。

透雕鹿形铜牌饰

战国（公元前 475—前 221 年）

长 7 厘米

1978 年静宁县李店乡出土

静宁县博物馆藏

　　铜质，薄片状，大小相等，鹿为奔走状，大眼，
角呈波浪状，向后延伸与尾相连。

蜻蜓眼琉璃珠

战国（公元前 475—前 221 年）

珠径 1.2—2.4 厘米

1974 年平凉市庙庄出土

甘肃省博物馆藏

蜻蜓眼是指具有同心圆类特征纹饰的镶嵌琉璃珠，即在珠的球面镶嵌白色同心圆，圆内有蓝色圆球凸出，形似蜻蜓眼状，故名之。此三颗琉璃珠呈蓝色、半透明，扁圆形体，上下两端较平，中间为圆孔可以贯穿佩带。

考古发现表明，约公元前 1400 年，北非埃及人（另说为苏美尔人）发明了蜻蜓眼，并赋予其护符的功能。后从西亚、中亚、南亚经新疆、河西走廊传入中国内地。目前中国境内最早的蜻蜓眼琉璃珠多出土于新疆，年代为西周时期。春秋晚期，蜻蜓眼琉璃珠开始在中原地区流传开来。战国时期，蜻蜓眼琉璃珠在中原地区流行开来并达到顶峰。

蜻蜓眼琉璃珠传入中国后，中国工匠对其纹饰、造型和色彩搭配等进行了本土化改造，最大的特征是蜻蜓眼眼圈的层级也不断增多。伴随着本土化，蜻蜓眼最初的护符功能亦随之消失。

嬴秦摇篮

甘肃东部天水、平凉、庆阳及陇南地区是周人的发祥地，被称之为"周道始兴之地"。早期秦人和早期周人的发展轨迹极其相似：都是由他处西迁至陇右，壮大、崛起后东向中原，建立统一王朝。

　　夏商之际，东夷部族集团"微散"，其中的一支——嬴秦——远徙陇右西戎地，繁衍生息。在西汉水上游建立了一个以"西"邑为中心的嬴姓方国（约略在今天水、陇南等地），先后为商、周王朝"保西垂"。早期秦人利用已掌握的先进农耕、畜牧技术开发经营西垂，增强了经济与军事实力。同时他们向周王室学习行政与施政，吸收、利用和融合周边诸族群文化，形成以积极进取，勇于革新为核心的早期秦文化。以嬴秦族群为核心的秦人在漫长的发展过程中，与西戎有着漫长持久的互动。秦与戎之间密切交往，既和睦共处，又有碰撞竞争，加速了两大族群间的交流与融合。西戎文化为早期秦文化注入了活力，也加速了早期秦文化趋向稳定与成熟。

　　兼容并蓄不同文化，让早期秦文化有着极强的生命力。秦人不断壮大自己，威服百戎，锐意经营关中，虎视列国，逐鹿中原，最终实现了对华夏的首次统一，嬴秦也完成了从一个戍边方国到大一统国家的华丽转身。

赫赫秦风

　　西周后期，西戎叛乱时起，周王室危机重重，秦人则独处一隅稳定发展，国力渐趋充实。秦庄公、秦襄公时先后两次参与平西戎之乱，解除了西戎的威胁。周王室对秦封爵赐土，先是封秦庄公"西垂大夫"，后封秦襄公为诸侯，至此秦由畿外属邦升封为诸侯国，开始登上了历史舞台。东、西周交替，周王室被迫携众东迁后，向东发展、经营关中成为秦人的最大政治战略。

　　春秋前期，经过数十年的锐意经营，关陇地区已基本被纳入秦人的行政版图。接下来，秦人开始在更广阔的历史舞台上，纵横捭阖，驰骋中原。最终，僻居甘肃东部一隅、中原人眼中比之于"戎狄"的秦人，最终完成对中国的统一，并创建了中国历史上首个中央集权的大一统王朝。

垂鳞纹"秦公"青铜鼎

春秋（公元前 770—前 476 年）
高 41 厘米，口径 40 厘米
礼县大堡子山秦陵目字形大墓被盗出土
甘肃省博物馆藏

　　列鼎之一。宽体垂腹，圆角方立耳，平底微圈，三蹄足上部出山字形扉棱。沿下饰一周窃曲纹，腹部饰三排间错的垂式重鳞纹，颈腹间以两道凸弦纹相隔，耳部饰长短相间的唇形重环纹，足上部饰以扉棱为鼻脊的兽面纹，纹下凸束箍一道。腹内壁錾刻铭文两行六字："秦公作铸用鼎"，明确记载器主为秦公。但此"秦公"究系哪位还不明确。关于礼县大堡子山西垂陵区的墓主人，学界主要有秦庄公、襄公、文公诸说。

　　此件秦公鼎属春秋早期器，在形制与纹饰方面，较多地保留了西周后期因素，但又初步呈现秦鼎的某些特征，这正说明早期秦人在发展过程中对中原王朝文化的模仿、借鉴与吸收。

　　刻铭笔画匀细丁整，笔势流畅无滞，结构紧凑。学术界一直认为春秋早期青铜器铭文没有刻制作者名字的惯例，但"秦公"青铜鼎的出土否定了旧说。

垂鳞纹"秦公"青铜鼎 2

春秋（公元前 770—前 476 年）

通高 31 厘米，口径 31.5 厘米

礼县大堡子山秦陵目字形人墓被盗出土

甘肃省博物馆藏

列鼎之一。器体扁宽。口微敛，折沿平唇。宽厚方立耳略外倾，腹部中线以下鼓出，浅垂腹，平底。三兽蹄形足，粗大带扉棱。颈部饰含目窃曲纹，腹部饰三排垂覆式重鳞纹，耳外侧饰长短相间的重鳞纹，足上部为变体兽面纹。器腹内壁阴刻铭文两行六字："秦公作铸用鼎。"

窃曲垂鳞纹青铜鼎

春秋（公元前 770—前 476 年）

高 23.3 厘米，口径 24.6 厘米

礼县大堡子山秦陵目字形大墓被盗出土

礼县博物馆藏

　　铜鼎口微敛，方唇平折沿，沿上立厚方耳，斜腹，圜底，蹄形足，内侧近平。底有烟炱。腹部上饰一周窃曲纹、下饰一周垂鳞纹，足根部饰蟠虺纹，耳外侧饰回形纹。四件铜鼎一起出土，形制、纹饰相同，大小依次递减，当为一组列鼎。

　　在青铜礼器中，鼎是最重要的器种，被视为传国重器、国家和权力的象征。鼎还可以用以烹煮肉食和盛贮肉类，

在祭祀和宴飨的时候以奇数组合，与以偶数组合的列簋配合使用。据记载，天子用九鼎八簋，诸侯用七鼎六簋，卿大夫用五鼎四簋，士用三鼎二簋。此列鼎出土于秦国贵族墓室，亦说明早期秦人在发展过程中对商周中原王朝文化的认同与接受。

窃曲波带纹青铜鼎

春秋（公元前 770—前 476 年）

高 21.2 厘米，口径 23.6 厘米

礼县大堡子山秦陵目字形大墓被盗出土

礼县博物馆藏

　　鼎口微敞，方唇，窄平折沿，拱形耳，腹稍深微鼓，圈底近平，三蹄形足较粗矮。腹外壁上部与足上部饰窃曲纹，腹下部饰波带纹。

窃曲波带纹青铜鼎

春秋（公元前770—前476年）
高21.7厘米，口径23.4厘米
1998年礼县永兴镇赵坪村圆顶山秦贵族墓出土
礼县博物馆藏

　　铜鼎直口，方唇，平折沿，沿上对称饰拱形耳。微鼓腹，圜底近平，三蹄形足，蹄足内侧平。腹部上饰窃曲纹，下饰波状环带纹，二者以一周微凸弦纹间隔，足上部饰窃曲纹。

　　从这几件青铜鼎可以看出，秦人青铜器上的窃曲纹、波带纹等相对宽大，呈现出粗放粗率的风格。

回纹青铜鼎

春秋（公元前 770—前 476 年）
高 15 厘米，口径 15.5 厘米
礼县大堡子山秦公墓出土
甘肃省文物考古研究所藏

　　铜鼎直口微敛，方唇，平折沿，沿上对称饰拱形耳，双耳外撇。深腹圆鼓，阇底近平，三蹄形足。腹部一周饰有连续的回形纹，显得简洁质朴。

　　青铜鼎原为商周时期贵族社会使用的一种食器。"夏铸九鼎"揭开了中国青铜鼎铸造的序幕，至商代时，青铜鼎的铸造工艺渐趋成熟，装饰日臻完善，种类不断增加。西周时盛行"列鼎制度"，青铜鼎成为礼器之首。从此次展出的几件秦国青铜鼎可以看出，早期秦人铸造的青铜鼎普遍存在器壁较薄，纹饰粗糙，范线明显，比例不协调等设计和铸造上的问题。但换个角度思考，这正是秦人在成长壮大过程的艰难探索的直接反映。

四钮盖附耳鼎

春秋（公元前 770—前 476 年）
高 23.3 厘米，口径 18.5 厘米
1998 年礼县永兴镇赵坪村圆顶山秦贵族墓出土
礼县博物馆藏

　　带盖，盖上饰四钮，鼎上附耳，当为纳盖之用。研究者认为，带盖附耳鼎是一种时代较晚的鼎型，春秋中晚期才逐渐流行开来。此鼎与四件秦国青铜鼎一起出土，但此器型在秦国青铜器型中罕见，类似于楚式青铜器。研究者推测其可能来自楚国，是楚国某位公主或贵族女子远嫁秦国时带去的媵器。

蟠虺纹带盖青铜簋

春秋（公元前 770—前 476 年）
高 12 厘米，口径 26 厘米，底径 14.5 厘米，盖高 7 厘米
礼县大堡子山秦公墓出土
甘肃省文物考古研究所藏

　　圆握弧面盖，子口微侈，束颈，鼓腹，双兽首耳。圆握内、盖面、腹部皆饰细密的蟠虺纹，盖面蟠虺纹之间饰带状纹，将盖面区隔成三周蟠虺纹带，繁密中又有层次感。盖边缘近乎等距离设三个凸出的小挡板，可能是为防止移动过程中盖子移动或滑落，彰显设计者的巧思。

　　考古研究发现，在礼县大堡子山、圆顶山秦墓出土的器物中，垂鳞纹、重环纹、窃曲纹等纹样渐次居于次要地位，蟠虺纹已成为主导性纹样。

青铜舟

春秋（公元前 770—前 476 年）
口径 7.2—8.5 厘米，底径 5—7 厘米
礼县大堡子山秦公墓出土
甘肃省文物考古研究所藏

　　舟是一种青铜酒器，因其形似舟而得名，流行于春秋战国时期。此舟呈椭圆形，敛口，短口沿微侈，深腹，腹壁弧鼓，平底。腹部横侧饰有一对称的环形耳。此青铜舟小巧精致，说明早期秦人青铜制作工艺的精细化。

蟠虺纹青铜簋（3件）

春秋（公元前 770—前 476 年）
高 19.7 厘米，口径 15.5 厘米
高 19.8 厘米，口径 16.5 厘米
高 19.2 厘米，口径 19.2 厘米
1998 年礼县永兴镇赵坪村圆顶山贵族墓出土
礼县博物馆藏

列簋。青铜簋带圆握弧面盖，子口微内敛，鼓腹。两侧饰兽首双耳，兽首突目、高方角、卷鼻、长獠牙。圈足外侈，下有三兽行支足。圆握内、盖坡沿、上腹部及圈足皆饰有细密蟠虺纹，盖面及下部饰有瓦棱纹。

簋是盛放稷、稻、粱之类五谷饭食的器具，周代形成了一套严格的用簋制度，奇数的鼎和偶数的簋相配使用。不同等级的贵族使用的鼎、簋数不同，如天子用九鼎八簋，诸侯用七鼎六簋，卿大夫用五鼎四簋，士用三鼎二簋和一鼎一簋。

窃曲纹"秦公"青铜簋

春秋（公元前 770—前 476 年）
高 16.4 厘米，口径 18.7 厘米，腹径 24.5 厘米
2009 年范季融、胡盈莹捐赠
甘肃省博物馆藏

簋子母口微内敛，鼓腹。两兽首耳有珥，兽首突目，高方角，卷鼻，嘴两侧展出一对上弯如角的獠牙。上腹部饰一周窃曲纹，下腹部饰数道瓦棱纹，圈足外撇，下接三兽形足稍向内敛。

此件秦公簋的器型与纹饰与民国时期出土于礼县东部（一说天水）秦桓公时的秦公簋相类，唯兽耳的高方角和三兽足等要早于桓公簋的特征，是研究秦人早期历史的珍贵实物资料。

对凤纹青铜方壶

春秋（公元前 770—前 476 年）

高 49 厘米，通宽 44 厘米

1998 年礼县永兴镇赵坪村圆顶山出土

礼县博物馆藏

方壶出土时为一套两件，纹饰各异。盖顶有圈顶式捉手，周边对称附四个兽首形耳，兽方角，突目獠牙；颈部饰兽首长鼻套璧形环双耳，颈部前后及垂腹四面附六个方耳大角、突目獠牙的兽首。器身垂腹外鼓、高圈足。圈足四角有四只相向的卧虎将壶托起。盖顶、圈足及璧形环饰蟠虺纹，颈下部饰凸弦纹。盖面、颈部、腹部饰已趋向蟠虺化的对凤纹，凤体虽纠交缠绕如蟠虺，但环目凤首及其弯喙尚清晰可辨，冠羽上卷构成对称图案，整体造型十分精美，凸显了早期秦人高超的青铜制作技艺。

蟠虺纹青铜盉

春秋（公元前 770—前 476 年）
通高 32 厘米，宽 35 厘米
1998 年礼县永兴镇赵坪村圆顶山贵族墓出土
礼县博物馆藏

盉盖呈覆斗形，上有圈顶式捉手。身为扁体方口，底微圜。足为四个蹲坐屈肢、头顶方角圆目卧虎的小人。盖顶中部蹲踞有一大鸟，捉手四角附相向的四只小鸟，身上饰羽纹及窃曲纹，盖斜腹部附四只仰首虎。身前部有兽首形流，后为带扉棱兽首形鋬。器身肩部四角附四只上行虎，鋬上部为一蹲坐的公熊，熊前爪与器盖上回首虎的后爪构成了可开启盖的轴。

盖饰蟠虺纹，身饰蟠虺纹和波带纹。全器饰各类动物共计三十二只，有圆雕，有浮雕，有镂空，大小不一，形态各异，生动活泼，配置协调，再衬以繁密细致的蟠虺纹，充分展现了春秋时期青铜器华丽瑰异的纹饰风格。

蟠虺纹青铜盨

春秋（公元前 770—前 476 年）
口径长 25 厘米，口径宽 15 厘米，高 21.6 厘米
1998 年礼县永兴镇赵坪村圆顶山秦贵族墓出土
礼县博物馆藏

  覆盘式深盖，圆角长方形捉手，方唇，四角各饰一凤鸟，盖坡沿上部四圆角处及左右两侧各饰行虎一只，坡沿下部前后两大侧面，各饰行虎三只，虎首向下。身为圆角长方体，腹壁略外鼓，饰镂空蟠虺纹鸟形双耳，鸟冠上站立一只小鸟和三只相向而行的虎。圈足四角嵌四个相向而行背驮小鸟的虎作为支足。盖顶、圈足顶、口沿处饰蟠虺纹，中部饰瓦棱纹，底部饰菱形网格纹。

  盨为盛食器，造型端庄，纹饰华丽，特别是以凤鸟为主题纹饰镂空的双耳，显得更加雍容华贵，气态非凡。再加上满身装饰形态逼真，充满活力的鸟、虎等动物形象（全器附饰了四十六只动物），是此类青铜器中的代表性器物。实际使用时，盨盖取下来亦可作为盛食器。

阔流青铜匜

春秋（公元前 770—前 476 年）
高 15.8 厘米，口径 29.2 厘米
1998 年礼县永兴镇赵坪村圆顶山秦贵族墓出土
礼县博物馆藏

青铜匜呈瓢形，前有阔短流，深鼓腹，圜底。匜为古代贵族盥洗时倒水用的器具，与盘配合使用。此件匜浑厚硕大，流下有一环形钮，器后有一环形鋬，可以穿绳以便提携，与常见商周时期体小有鋬的匜不同，具有早期秦人自己的风格特征。

蟠虺纹附耳盘

春秋（公元前 770—前 476 年）
高 10.4 厘米，口径 30 厘米
1998 年礼县永兴镇赵坪村圆顶山秦贵族墓出土
礼县博物馆藏

青铜盘敞口，平折沿，浅腹，附耳稍外敞，腹部饰蟠虺纹一周。盘为古代贵族盥洗时接水用的器具，与匜配合使用。古代贵族在祭祖与宴飨时，有"沃盥"的礼节，"沃者，自上浇之；盥者，手受之而下流于盘"，即一侍者持匜浇水，另一侍者持盘在下接水，以保持人在洗手时所使用的是活水。

垂鳞纹青铜簋

春秋（公元前 770—前 476 年）

通高 22.1 厘米，口径 18.8 厘米，腹径 17.1 厘米

2009 年范季融、胡盈莹捐赠

甘肃省博物馆藏

　　敞口、宽斜沿、深腹，喇叭形高圈足，口沿饰索耳。外
腹范铸窃曲纹及垂鳞纹。圈足上有三圆洞，铸造较粗。

蟠虺纹青铜车型器

春秋（公元前 770—前 476 年）
通高 8.8 厘米，长 11.1 厘米，宽 7.5 厘米；
舆厢高 3 厘米；轮径 4 厘米
1998 年礼县永兴镇赵坪村圆顶山出土
礼县博物馆藏

车型器呈盒形长方体结构，由盒体和轮轴两部分组成，又名"四轮方车""四轮方盒"等。盖面由对开的两扇小盖组成，一侧盖上为一蹲坐的熊形钮，一侧盖上为一跪坐的人形钮。盖沿四角嵌有四只可以旋转的小鸟，四鸟向内，盖即锁住，四鸟向外，盖可开启。盒体侧面四角附四个仰天的上行虎，盒体下部附带轴的两对圆轮，每轮有八根辐条，并有

辖、軎，轮可行走。除底部外，盒体五面以繁缛的蟠虺纹为饰，整个器物构造十分精巧。

关于此车型器的用途，主流说法有三：一说为"车型盒"，是妇女放置首饰的首饰盒；一说为小型玩具；一说为挽车的微型器。

"秦子"青铜镈钟

春秋（公元前 770—前 476 年）
通高 66 厘米，鼓间距 31.3 厘米
2006 年大堡子山祭祀乐器坑出土
礼县博物馆藏

　　大堡子山祭祀乐器坑共出土了三枚青铜镈钟，八枚青铜甬钟、三件回头虎和两套石磬。此镈钟是大堡子山祭祀乐器坑所有出土物中最大的一件。镈体饰有四条透雕扁蟠龙纹扉棱，舞面与镈身均饰曲体龙纹；镈身上下一周各有一条祥带，上缀八棱等距的菱形枚，并间以变形三角蝉纹。钟钮为镂空龙纹桥型钮，与器身的两条犀棱相接。鼓部铸有二十八字铭文："秦子作宝穌钟，以其三镈，毕（jué）音鈌鈌雍雍，秦子畯命在位，眉寿万年（人）无疆"。大意为：秦子铸造了一套宝贵的穌钟（编钟）和三件镈（编镈），其音优美动听，秦子受命在位，长寿万年无疆。

"秦子"青铜甬钟

春秋（公元前 770—前 476 年）
通高 45 厘米，鼓间距 17 厘米
2006 年大堡子山祭祀乐器坑出土
礼县博物馆藏

　　甬钟出土共八件，形制相似，大小不一，每件均附有挂钩。舞部纹饰分为四个单元，皆饰阴线卷云纹。正鼓部阴刻左右对称的回首夔龙纹。

　　编钟是西周至战国时期祭祀、朝聘、宴享、歌伎的主要和声乐器，尤其适合于伴奏，富有中国古乐的独特风貌。大堡子山乐器祭祀坑出土的这套甬钟是目前发现时代最早、最完整的一套秦国乐器。其显示了大堡子山墓葬级别之高，亦让我们对秦国音乐艺术和青铜铸造技术有了全新的认识。

石磬

春秋（公元前 770—前 476 年）
上长边长 43 厘米，上短边长 22 厘米
下边长 53 厘米，孔径 2.4 厘米
大堡子山秦公墓出土
甘肃省文物考古研究所藏

　　大堡子山祭祀乐器坑共出土了两套完整的石编磬，这是两套编磬中的其中一件。石磬是一种打击乐器，"大小相次，编而悬之"，被称为编磬。成套编钟和编磬的出土，刷新了今人对早期秦人礼乐文化的认知，充分证明了中原礼乐文化对秦人的影响。

带耳青铜矛

春秋（公元前 770—前 476 年）
长 27.7 厘米，銷口径 3.2 厘米
征集
甘肃省博物馆藏

　　矛柄呈锥状，中空，銎体上铸有不可辨识的符号（类似于巴蜀符号），一侧饰有弥耳。此青铜矛铸造精良，保存完好。

　　矛是青铜时代的一种重要兵器，出现于商代早期，延续到汉代，是研究古代战争及作战方式的重要实物资料。此类单耳铜矛在国内出土较为少见，研究者推测其可能源于铜矛使用功能的转变，即此类铜矛不再具有实战性能，而是已经被用作礼器。单耳可能是为悬附璎珞等装饰性物品而设。

曲腰短柄青铜剑

春秋（公元前 770—前 476 年）
长 26 厘米，柄长 7.5 厘米，格宽 3.4 厘米
1998 年礼县永兴乡圆顶山秦贵族墓出土
礼县博物馆藏

剑锋尖略圆，斜从较宽，前锷收狭，中起脊，凹字形格，曲腰扁颈，剑首分铸，首孔为扁方形。格上饰有饕餮纹、颈上饰雷纹。早期秦人青铜剑出土数量较少，此青铜剑为我们了解早期秦人青铜武器的发展提供了重要资料。

青铜柄铁剑

春秋（公元前 770—前 476 年）
长 56 厘米
移交
甘肃省博物馆藏

青铜柄铁剑的剑柄、茎和格基本上与青铜剑无区别。考古研究显示，青铜柄铁剑是由青铜兵器向铁制兵器过渡时的一种现象，一直持续到汉代初期。

考古资料显示，铜柄铁剑在甘肃、宁夏、青海等地春秋战国时期北方系青铜文化中已发现数件，被认为是北方系青铜文化的一个重要特征。有研究者进一步推论，北方系青铜文化的冶铁技术要早于中原，且很可能是由西亚经丝绸之路传入的。

云纹圭形金饰片

春秋（公元前 770—前 476 年）
长 13.3 厘米，阔端宽 7.1 厘米
礼县大堡子山出土
甘肃省博物馆藏

　　片状，呈圭形。中部起纵向凸棱，将图案分为两个区域，内分别捶揲出对称的简洁云纹，上下各两组。金片的正面残存有大量的朱砂痕迹。考古资料显示，在一些随葬器物上涂抹朱砂是秦人墓葬中常见的现象，或具有祭祀的意义。

目云纹金饰片（2件）

春秋（公元前 770—前 476 年）

长 12 厘米，宽 12 厘米

传礼县秦公墓出土

甘肃省博物馆藏

　　金片近方形，对角两端圆弧，另两端延伸出小长方形，其上各有一钉孔。金片上捶揲对称的卷云纹两组。

卷云纹金饰片

春秋（公元前 770—前 476 年）

长 22 厘米，宽 17.5 厘米

礼县大堡子山出土

甘肃省博物馆藏

金饰片呈瓦棱形，表面捶揲出对称的两组卷纹。四周有七个钉孔。

口唇纹菱形金饰片（2 件）

春秋（公元前 770—前 476 年）
高 11.7 厘米，宽 7.4 厘米；重 24 克
礼县大堡子山出土
原藏法国国立吉美博物馆，2015 年返还中国
甘肃省博物馆藏

金片整体呈长方形鳞片状，片内两周口唇纹（一端不封闭），中间又饰两组重环式口唇纹，形似汉字"宫"。在金片的一角残存有朱砂痕迹。据推测，此类金饰片可能是用于装饰棺椁。

金片上的纹饰以捶揲技法制作而成，工艺娴熟，这说明春秋时期秦国的金属冶炼和加工技艺已达到了相当高的水平。

金饰片（2 件）

春秋（公元前 770—前 476 年）
高 39 厘米，宽 15 厘米；重 220 克
礼县大堡子山出土
原藏法国国立吉美博物馆，2015 年返还中国
甘肃省博物馆藏

　　金饰片削肩，整体近似矛形或盾形，中间起凸棱，两侧形成对称，肩部以上自上而下饰有两组对称的变形云纹，肩部以下饰有一组对称的大变形云纹。边缘有几个钉孔，用于钉系固定。器表下部有锈蚀和朱砂。

变体鸟纹盾形金饰片

春秋（公元前 770—前 476 年）
高 10 厘米，宽 9.5 厘米
礼县大堡子山出土
原藏法国国立吉美博物馆，2015 年返还中国
甘肃省博物馆藏

　　金饰片削肩，整体近似盾形，中间自上而下两组变体云纹。上部涂有朱砂，可能与秦人或西戎人的某种葬俗有关。此说如果成立，则可以认定此类金饰片很可能是秦人或西戎贵族棺椁上的装饰物。

　　金牌上的两组对称纹饰很可能是变体鸟纹。鸟的头部、圆眼、勾喙等清晰可见，身躯拉长，尾巴上翘。关于其功能与意义，值得进一步探讨。

兽面纹盾形金牌饰（2 件）

春秋（公元前 770—前 476 年）

高 18.1 厘米，宽 15 厘米

征集

甘肃省博物馆藏

金牌饰整体呈梯形，似盾牌。中间捶揲凸起一条宽棱，将金牌分为左右对称的两个区域。两边自上面下饰有三组对称的兽面纹。右下角涂有朱砂，此类金饰片很可能是秦人或西戎贵族棺椁上的装饰物。边缘上有数个钉孔，便于钉系固定。

兽面纹盾形金牌饰（2件）

春秋（公元前 770—前 476 年）

高 20.5 厘米，宽 19 厘米；重 106 克

征集

甘肃省博物馆藏

　　金牌饰削肩，整体呈梯形，近似盾牌。中间捶揲凸起一条宽棱，将金牌分为左右对称的两个区域。顶部以凸棱为鼻脊，两侧捶揲出大凸目，形成兽面纹。上部和中部分别饰两组对称的变体兽面纹和几何纹。边缘上对称有数组钉孔，便于钉系在装饰物上。此金牌饰构图复杂，造型夸张，制作精良，具有很高的艺术价值。

玉饰牌（2件）

春秋（公元前770—前476年）

长3.2厘米，宽2.2厘米

礼县大堡子山秦公墓出土

甘肃省文物考古研究所藏

玉牌饰

春秋（公元前770—前476年）

长5.9厘米，宽4厘米

礼县大堡子山秦公墓出土

甘肃省文物考古研究所藏

弦纹玉玦（2件）

春秋（公元前 770—前 476 年）
外径 2.4 厘米，内径 0.9 厘米，厚 0.3 厘米
礼县大堡子山秦公墓出土
甘肃省文物考古研究所藏

　　玦，即一侧带缺口或豁口的环形玉器，如唐段成式《西阳杂俎》中曰："玉玦，形如玉环，四分缺一。"考古资料显示，玉玦始见于新石器时代，当时的先民们已经掌握了成熟的制玉技术。研究者普遍认为，新石器时代的玉玦主要当作耳饰，"生前佩戴，死后殉葬"。商周时期玉玦的功能不断扩大化，成为具有神秘色彩的礼器，巫师佩戴以沟通天地神灵。春秋以降又成为人们之间交往的信物，即所谓"绝人以玦"，蕴含有诀别之意。

青铜诏版

秦始皇二十六年（公元前 221 年）
长 10.8 厘米，宽 6.8 厘米
1976 年甘肃镇原县农副公司征集
镇原县博物馆藏

　　铜诏版呈长方形，有四钉孔，现存下方两孔。其上阴刻秦篆五行共计四十字："廿六年，皇帝尽并兼天下诸侯，黔首大安，立号为皇帝，乃诏臣相状、绾，法度量则不壹歉（嫌）疑者，皆明壹之。"

　　秦王嬴政统一六国后，开始着手统一六国旧地旧有的文字、法律、货币及度量衡等问题。始皇二十六年，为统一全国度量衡，秦始皇诏令左右丞相隗状、王绾以秦度量衡为标准，制定统一度量衡的法令。统一度量衡，需要废除六国故地大量的度量衡器，新铸造度量衡显然无法满足需要，于是官府在检定的度量衡上镶嵌铜版诏书，以加速统一度量衡的进程。此铜诏版是秦始皇统一全国度量衡法令得以实施的直接证物。

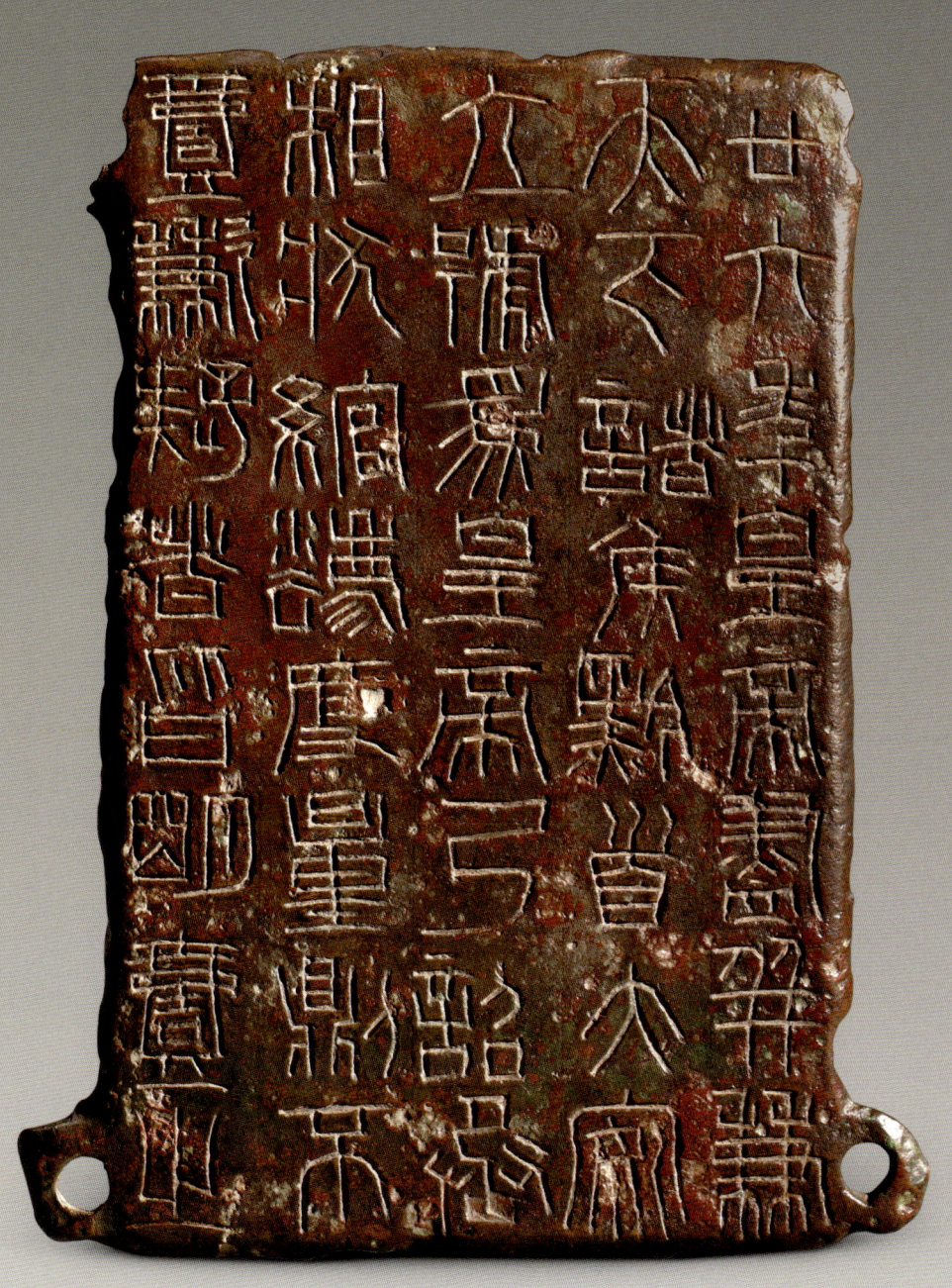

廿六年皇帝盡并兼天下諸侯黔首大安立號為皇帝乃詔丞相狀綰法度量則不壹歉疑者皆明壹之

西戎故土

　　商周时期，甘肃境内的西戎主要活跃于东部泾渭流域的西和、礼县、天水、甘谷一带。时戎邦林立，与周人、秦人比邻而居，双方因争夺优质的土地资源，时战时和。西周厉王之前，西戎与秦人之间多能和睦相处，并通过秦人尊周王朝为宗主国。

　　"周厉王无道，诸侯或叛之"，西戎亦随之叛离。秦人作为周王室"保西垂"的方国，在王室的支持下同西戎展开了漫长的军事斗争。秦襄公时，秦人相继征服"西戎八国"，取得了对西戎诸部的绝对控制。春秋战国时期，随着秦人的日益强盛，秦穆公时"开地千里，遂霸西戎"，西戎诸部被秦国征服。戎人除西迁者外，多归服秦国统治，又东入山西、中原等地，皆逐渐融入华夏民族之中。

　　西戎与周、秦之间的交往，实际上是游牧经济与农耕经济之间的激烈碰撞、交流及融会，加速了甘肃东部的社会化进程。秦与戎共同创造了甘肃东部泾渭流域绚烂、独特的区域文明。

人面形金饰

战国晚期（公元前 3 世纪初—前 221 年）
高约 1.6—1.8 厘米
2007—2008 年马家塬战国墓地出土
张家川回族自治县博物馆藏

　　人面形金饰系用金片捶揲而成。人面高眉骨、深圆眼、高鼻，以黑褐色绘饰人物眉毛和上翘的胡须，头戴尖顶帽。人面具有欧罗巴人种特征。考古资料显示，此墓当为战国晚期西戎首领的墓葬。金饰上的人面纹可能不是西戎人的形象，加上同墓出土的玻璃珠、蜻蜓眼等西方器物，考古学家推测这些金饰亦可能是西方输入的器物，充分体现了早期游牧人群在中西交流中的媒介作用。

线刻胡人射猎纹骨管

春秋（公元前 770—前 476 年）
直径 4.6 厘米，高 7.6 厘米
征集
甘肃省博物馆藏

　　骨管一端平齐，一端斜削，内空，只留薄而均整的表层骨质。筒面以细密的线条刻绘武士射猎图：一武士侧身挽弓，似在射一飞鸟；一武士挽弓射兽。两端装饰有连续对三角纹。

　　纵观骨管上的构图风格、线雕技法以及人物形象，都与当时中国迥然不同，这件器物当来自异域，或受异域文化的影响所制作。

青铜敦

战国晚期（公元前 3 世纪初—前 221 年）

通高 24.5 厘米，口径 7.5 厘米，腹径 18.1 厘米

2010—2011 年马家塬战国墓地出土

甘肃省文物考古研究所藏

　　青铜敦呈卵形，通体饰有瓦棱纹。顶部为一桥形钮、内穿一环。腹部饰有对称的兽首衔环铺首。足呈蹄形，中空，面上有圆形范孔，足用焊接的方式置于腹下。

　　此器型明显不属于中原青铜器，但其兽首衔环铺首和三蹄形足的作法则明显受到中原青铜器的影响，体现了西戎游牧文化与中原文化之间的交流与融合。

兽面纹银饰片（2 件）

战国（公元前 475—前 221 年）

边长 10.4—17 厘米

征集

甘肃省博物馆藏

　　饰片呈三角形，边框角端各有一个钉孔。三角形边框内中部饰两只兽，兽的头部分别与一只前爪相抵；兽的后肢朝上翻转。后肢翻转动物纹样是广泛流行于早期铁器时代欧亚草原上的特殊纹样，在哈萨克斯坦、俄罗斯南部、黑海北岸均发现饰有后肢翻转动物纹样的器物。

　　在中国西北地区出土的饰有后肢翻转动物纹的器物，当是欧亚草原后肢翻转动物纹样器物向中国北方传播的结果。从张家川县马家塬墓地考古出土的类似器物看，此类银饰片应为车轮上的装饰品。

三角鸟纹银饰片（3 件）

战国（公元前 475—前 221 年）

边长 7.3—9.5 厘米

征集

甘肃省博物馆藏

　　银片为三角形，边框内镂空相互勾连的几何形纹饰，组成抽象的变体对鸟纹。考古资料显示，此类三角形银片是相错装饰在车轮表面的装饰物。

高浮雕兽面纹金带扣

战国晚期（公元前 3 世纪初—前 221 年）
通长 20 厘米，宽 7.2—7.6 厘米
2013 年马家塬战国墓地出土
甘肃省文物考古研究所藏

带扣的钩首为长颈龙首状，钩身运用浮雕的手法雕出兽面和双龙缠绕状。兽面球形凸眼，大方耳，高凸鼻，额头正中浮雕一兽头，面朝上。鼻梁两侧为两条小龙、口部有两条小龙构成，饰联珠纹、卷云纹及羽状纹，眼部镶嵌蓝色玻璃珠。兽面两侧镂雕出龙兽相斗的图案，左右对称，兽身上缠绕一龙，龙头伸出兽头上方，龙身向下，龙爪紧抓兽身。龙身上饰卷云纹和联珠纹图案。

马家塬墓地出土了两件金带扣，这是其中比较精美的一件。马家塬西戎墓中出土文物交汇了中原与边陲两种风格的文化遗物，体现出华夏、戎狄文化相互交融的艺术风格。

錽金银铁车横饰

战国（公元前 475—前 221 年）

长 25.6 厘米，宽 3.5 厘米

马家塬战国墓地出土

甘肃省文物考古研究所藏

　　长条形，一端呈方形，一端呈圆弧形。最中间为一条长方形框，上饰金箔，并錾刻成卷云纹。框外一周饰金箔卷云纹，上下对称。边缘以银箔勾勒出长方形边框。背部上、中、下部各有两钉。

双鸟喙形车轮银饰片

战国（公元前 475—前 221 年）
宽 20.3 厘米，高 10.4 厘米
马家塬战国墓地 M16 出土
甘肃省文物考古研究所藏

  薄银箔片剪切镂刻而成，主体纹饰是两个相反方面的鸟喙，内镂刻出相互勾连的"S"形组成的忍冬图案。图案上錾刻有细线纹和圆点纹。边缘上钻有小孔，便于钉系。

兽纹金牌饰（2件）

战国（公元前 475—前 221 年）
长 9.8 厘米，宽 4.5 厘米
征集
甘肃省博物馆

　　牌饰为长方形，边缘高凸形成一周宽边，上錾刻有两周联珠纹。牌饰中间主体纹饰为猛兽咬噬食草动物纹，依稀可辨猛兽翻转向上的后踢和尾巴。牌饰四角均有圆形穿孔，便于穿系固定，据推测，此两件金牌饰当为腰带上的装饰物。

　　后肢翻转纹主要是指动物的后肢和前身的角度之间形成反转。考古资料显示，动物后肢翻转纹广泛分布于欧亚草原地区，是金属器物上常见的纹样。后经西伯利亚传至中国北方草原地区，当地的工匠对其进行了模仿与改制，常见的动物后肢翻转纹多装饰在带边框的长方形饰牌上，且大多集中出现在战国晚期前后。

千里走廊

黄河兰州段以西，在龙首山、合黎山、马鬃山和祁连山之间有一条绵延 1000 多千米，宽百千米至数百千米的天然狭长地带，是中原腹地通往西域、中亚的重要通道，世称"河西走廊"。在海上丝绸之路兴起之前，河西走廊一直是中原王朝对外交往的重要窗口，其战略地位深受历代中原王朝的重视。

　　张骞"凿空"西域，河西归汉后，汉武帝先后设四郡（张掖、酒泉、武威、敦煌）、筑长城、建城障、起列亭，对河西走廊进行有效的行政和军事管理，开启了对河西走廊的开发与经营。魏晋时期，中原大乱，独河西一隅社会安定，经济富庶，中原人士避居河西者"日月相继"，其中"外来避乱之儒英"被"礼而用之"，中原文化得以保存与发扬。河西文化"承前启后，精绝抚衰"，成为隋唐文化和制度的重要来源。

　　隋唐时期，国力日臻强盛，对河西走廊实行直接管辖和经营开发。河西走廊经历了第二次发展高潮，成为当时最为富庶繁盛之区，出现"闾阎相望，桑麻翳野"的盛景。丝路商贸畅通，"商旅往来，无有停绝"，甘肃也成为隋唐丝绸之路上的黄金路段。

开拓与经营

　　西汉初期，匈奴控制河西走廊和新疆大部分地区，长期驻牧在这里的月氏人被迫西迁。匈奴人占据河西走廊，实力迅速增强，开始不断骚扰甘肃东部地区，严重威胁到汉王朝的安全。

　　汉武帝即位之初，一改文帝、景帝时对匈奴的消极政策，开始谋求反击匈奴，维护王朝稳定。公元前 121 年春，汉军"出陇西"，接连在春、夏发动两次河西之战，重创匈奴右部，匈奴内部分化，或退守漠北，或向西转移，或归降汉廷。汉王朝在河西走廊陆续设官职守，将其纳入汉王朝的行政版图。

《仪礼》木简

西汉（公元前 202—公元 8 年）
长 35—56 厘米，宽 0.8—1 厘米
1959 年武威磨嘴子汉墓出土
甘肃省博物馆藏

　　《仪礼》简因出土于武威磨嘴子汉墓，故又称"武威《仪礼》简"。磨嘴子汉墓考古共出土了 469 枚简（其他日忌、杂占简计 11 枚），共计 27 298 字。除少数竹简，绝大部分是松木制成的木简，用汉隶书写而成，上有削改和阅读的记号。

　　《仪礼》简称《礼》，是春秋战国时期部分礼制的汇编，共十七篇，约书于西汉成帝（公元前 32—前 7 年）时期。此批《仪礼》简共计整理出完整的九篇文献，是目前所见儒家经典《仪礼》最早、最完整的写本，在《仪礼》版本校勘和研究上具有极高的价值，被誉为"天下第一简"。

　　《仪礼》简用汉隶书写而成，笔势流畅，工整秀丽，是汉代墨写隶书的上品。简上隶书结体扁平，字距宽阔，疏密相间，极富节奏韵律，呈现出一种空远的意境与和谐的韵律之美，对研究隶书风格的发展演变和章法布局具有十分重要的价值。

医方简（14 枚）

西汉（公元前 202—公元 8 年）

长 23—23.4 厘米，宽 0.5—1 厘米

1972 年武威旱滩坡东汉墓出土

甘肃省博物馆藏

　　考古资料显示，武威旱滩坡东汉墓共出土 92 枚木简，共有 30 多个医方。此医方简 14 枚，系用隶书书写，每行写 20—40 字不等，残缺不一。简文内容十分丰富，涉及临床医学、药物学、针灸学等，对西汉时期医治内科、外科、妇科、五官科的医方，以及针灸刺疗等治疗方法等进行了记录。医方简的出土，对我们了解汉代医学状况、医疗制度及河西走廊医疗状况有着重要的意义，同时也对古代医方文献的整理提供了有益的补充。此医方简与长沙马王堆汉墓出土的帛书医方、张家山汉简中的药方等一同成为研究中国古代临床医学

和中医学史的珍贵资料。

　　武威医方简出土于东汉墓室，但关于其具体成书的年代和作者迄今未有具体的结论，学术界认为可能成书于东汉早期。同墓还出土了一根鸠杖，据此判断墓主人当是一位年过七旬的老人，生前很可能是医生。

　　木简原用绳索连缀成册，绳索腐烂后散佚。每枚木简上均留有三道编绳的痕迹，可以想见其原来的形制。医方简主要用隶书写出，此外还夹杂隶行和隶草，这对于行草书的起源发展的探索具有重要的价值和意义。

彩绘木轺车

西汉（公元前 202—公元 8 年）
长 129 厘米，高 97 厘米
1972 年武威磨嘴子汉墓 M48 出土
甘肃省博物馆藏

　　木轺车主要由车舆、伞盖、御奴和辕马等部组成，木马体型健硕，抬头嘶鸣，与西汉雄风相合。车身几乎全涂为黑色，马身涂为红色，眼睛、鼻子等部位以白色绘之，人物以黑白涂绘。车、马、人物分别雕刻后再进行组合，各部分之间的比例基本协调，车身还饰有铜制当卢和轭首等辔饰。

　　轺车是汉代常见的一种乘用车，多用于官吏出行和王命宣达。史载："一马曰轺车，二马曰轺传。"常见的木轺车多为单马驾辕，系官吏乘用车驾。根据汉代车舆制度，伞盖的颜色是划分轺车（传）等级的依据之一。二百石以下的官员用白布盖，三百石以上的用黑布盖，千石以上的用黑缯盖，王侯级别用青盖，皇帝则用羽盖。根据汉代车舆制度，其乘用者（墓主人）当为六百石至千石的官吏。此木轺车是迄今为止全国发现的最大的一套。造型古拙浑厚，局部刻画精细，并施红、白、黑三色彩，具有极高的艺术水平。

彩绘木鸠杖

西汉（公元前 202—公元 8 年）
杖长 210 厘米，径 2.3 厘米；鸠长 20 厘米，高 10 厘米
1959 年武威磨嘴子汉墓出土
甘肃省博物馆藏

　　汉武帝"罢黜百家，独尊儒术"，将"以孝治天下"发挥到了极致，形成了重孝尊老的社会道德风尚。重孝尊老不仅是家庭道德要求，更是社会公德与法律要求。汉廷颁布了一系列赡养、扶助和尊重老人的尊老制度。"七十赐王杖"之制便是其中之一。

　　王杖，俗称鸠杖，因杖首安装有圆雕鸠鸟形象而得名。"鸠者不噎之鸟也"，装饰在王杖之上，意在"欲老人不噎"。此件木鸠杖的杖端以母卯镶一木鸠，口含食粒，鸠身以白粉作底，以黑、红二彩绘出羽毛。雕工简洁熟练，形象逼真生动。杖杆粗细均匀，光滑结实。其出土时平置在棺盖上，鸠鸟在棺首一侧。在河西走廊汉墓中出土了为数较多的木鸠杖，这根是最长、保存最完整的一件。值得注意的是，其中一根鸠杖上系有"王杖诏令"竹简十枚，其内容为王杖受授的律令、"殴击王杖主当弃市"的律令以及幼伯受王杖的记录。"王杖十简"也确证了汉代"七十赐王杖"之制在河西走廊地方社会的施行。

《侯粟君所责寇恩事》简（36枚）

东汉光武帝建武三年（公元 27 年）
长 22.5—22.8 厘米，宽 1.2 厘米
1974 年居延甲渠候官遗址出土
甘肃简牍博物馆藏

《候粟君所责寇恩事》简记载了建武三年发生在居延县的一宗债务诉讼案。被告是甲渠候粟君，原告是普通百姓寇恩。此案的基本情节是：建武二年十二月，客民寇恩受甲渠候的雇佣运鱼去觻得出售，议定付工钱一头牛和二十七石谷，鱼价须卖够四十万钱。但寇恩并未卖够此数，只好按约定赔

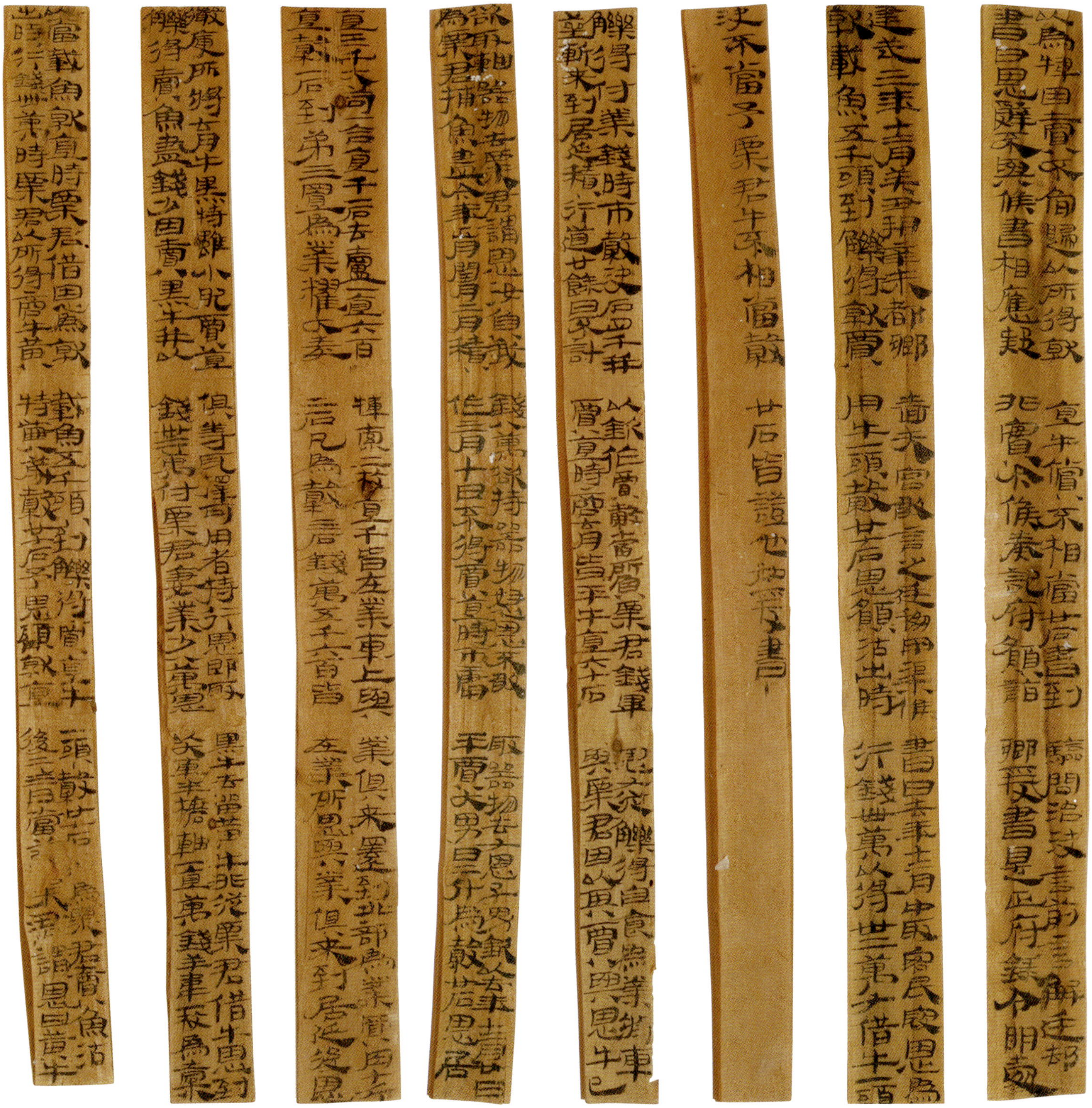

付。寇恩最终只赔付了三十二万，还欠八万。粟君通过各种办法从寇恩手中拿去十万四千六百钱。两相抵消，粟君理应退还给寇恩二万四千六百钱，但粟君却于次年向居延县提起诉讼。居延县官员们在处理这件民事纠纷时并没有偏袒粟君，而是对案件进行了较为公正的判罚，即寇恩无须再赔偿粟君。

此简是东汉初年的一份法律文书档案，完整地反映了民事纠纷从诉讼、审讯和结案的整个司法程序，被认为是东汉时期西北地区基层法律诉讼的活态样本，也反映了汉代国家法律在西北边塞的施行状况。

丸墨

西汉（公元前 202—公元 8 年）
高 4.5 厘米
1972 年武威磨嘴子 49 号墓出土
甘肃省博物馆藏

墨丸近似椭圆形，墨色乌黑透亮，是现存最早的块状合成墨，为汉墨中所罕见。底部有磨用过的痕迹。考古资料显示，合成墨出现于秦代晚期，至汉代时调制合成墨工艺已经相当成熟。汉墨多采用松烟或桐油烟调制而成，墨性浓黑光洁。

"白马作"毛笔

西汉（公元前 202—公元 8 年）
通长 21.9 厘米，杆径 0.6 厘米，笔头长 1.6 厘米
武威磨嘴子汉墓出土
甘肃省博物馆藏

笔杆为竹制，浅褐色，端直均匀，中空，用以放置笔头。包笔头处稍有收分，笔杆前端扎丝线髹漆。笔芯及锋呈黑紫色，外覆黄褐色狼毫。笔杆中下部阴刻隶书"白马作"三字，这是秦汉时期手工业"物勒工名"的传统，"白马"当为制作这支毛笔的工匠名。另外，此杆毛笔通长与汉制一尺的长度相差无几，这也与东汉王充《论衡》中所谓的"一尺之笔"相吻合。

有趣的是，此杆毛笔尾端被削尖，是为书写者停笔时便于插入发髻所专门设计。出土时在墓主人头部左侧，这也说明墓主人可能是一位从事文书工作的官员，也印证了汉代官员有"簪笔"的习俗。"白马作"毛笔是迄今所见汉代毛笔中保存最完整的一支，被认为是汉代毛笔的代表作。

木斗

东汉（公元 25—220 年）

通高 12.8 厘米；容积为 2564 毫升

1959 年武威磨嘴子汉墓出土

甘肃省博物馆藏

　　木斗四壁用公母卯套合，斗底钉合。经测算，其容积为 2564 毫升。西汉度量衡量值承秦制，而秦斗容量约合今 2000 毫升。此木斗容量与之不合。其原因可能是考虑到作为随葬的明器，在制作时并未对量值作严格要求。

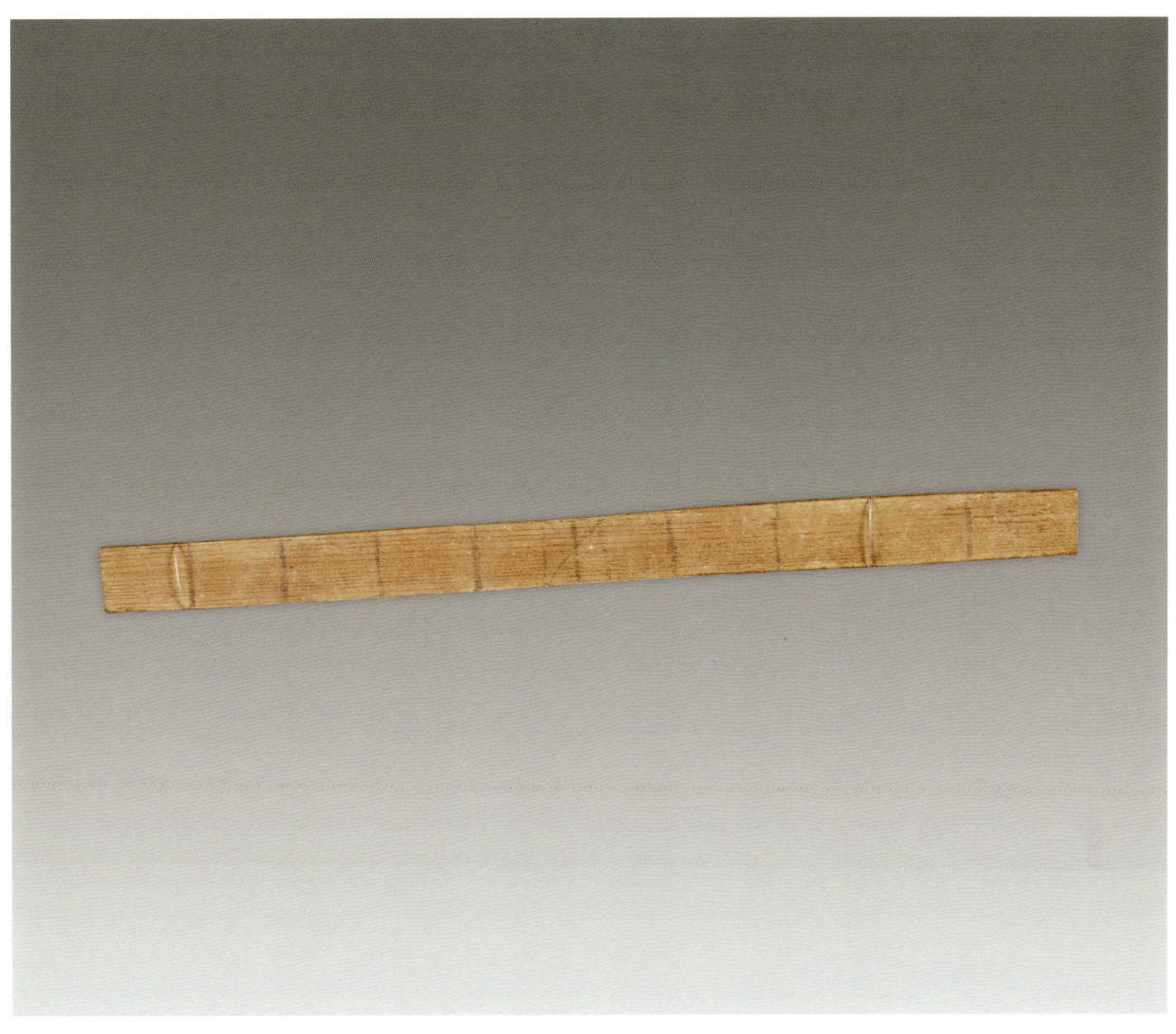

木尺

西汉（公元前 202—公元 8 年）
长 23 厘米，宽 1.2 厘米，厚 0.2 厘米
金塔县肩水金关出土
甘肃省博物馆藏

木尺子表面光洁，其上用墨线分为 10 等份刻度，为汉"十寸"，即一尺，每等份应是 1 寸，在 5 寸处刻十字交叉，刻槽内填红色。汉代的一尺约相当于现在的 23.1 厘米。木尺一端有小孔，可以穿绳系挂。

《相利善剑》简（6 枚）

西汉（公元前 202—公元 8 年）
长 22.8 厘米，宽 1.1 厘米
1974 年居延甲渠侯官遗址出土
甘肃省简牍博物馆藏

　　此简可看作是一部汉代末期鉴别刀剑优劣的宝典。简文中记述区分善剑、弊剑及花纹的标准共计十四条，涉及剑的形态、纹饰、成分、制作技术、剑法等。何谓"善剑"？简中有这样的判定标准："视欲知利善者，必视之身中有黑，两桁不绝者……此天下利善剑也。"

社会与生活

　　河西归汉，汉王朝在河西走廊徙民屯垦，发展经济，巩固边防。良好的农业环境，加上屯民和屯卒的艰辛劳作，屯垦很快取得了成效，呈现"河西殷富"的盛况。同时，畜牧业亦得到快速发展，出现"凉州之畜为天下饶"的繁盛景象。

　　魏晋至隋统一前，中原政权更替频繁、战乱不息，河西走廊则独保平安。为躲避战乱，中原世家大族、庶民、士卒、罪犯等纷纷自愿或被迫迁入河西走廊。避居河西的世家大族积极参与诸政权建设，传播儒家文化，使河西地区成为其时北方儒家文化的中心。大量中原庶民则带来了先进的生产工具和生产技术，促进了河西地区农业的发展，改变了以前农牧并序的生业局面。

　　大量中原移民的迁入，河西走廊逐渐形成汉民族与鲜卑、羌、氐、匈奴等少数民族错居杂处的局面。各民族在相互交往中相互影响，互融互鉴，进一步促进了民族融合。

农业与畜牧业

　　在移民屯垦实边的举措下，河西地区农业得到了较大发展，逐渐形成"农牧并序"的发展格局。西晋永嘉之乱后随着大量中原民众的迁入，他们带来"二牛抬杠"、大型铁犁铧等先进农耕技术与工具，促进了河西走廊农业的发展。敦煌、嘉峪关、酒泉和张掖高台等地魏晋墓出土的画像砖上描绘的牛耕图、播种图、扬场图等正是对河西走廊农业发展的真实写照。

彩绘耕地图画像砖

魏晋（公元 220—420 年）
长 43.5 厘米，宽 21 厘米，高 6 厘米
骆驼城苦水口魏晋壁画墓群 1 号墓出土
高台县博物馆藏

　　墓室画像砖。砖饰白底，图绘二牛驾直辕犁（俗称"二牛抬杠"），一男子右手扶犁，左手持鞭，驱赶二牛耕地。男子头戴冠，身着高领长服，身后绘一高树，上栖鸟，可能是受到犁地男子鞭子声的惊吓，两只飞鸟惊慌飞走，前后相随，留一只小鸟在树梢惊恐奔望。画作运笔简练流畅，表现了魏晋时期河西走廊民众农耕的情景，极富生活情趣。

　　"二牛抬杠"式的耦耕是两汉时期主要的农业耕作形式。迟至魏晋时期，随着大量中原人的迁入，带来先进的农耕技术，加速了河西走廊农业生产水平的提高。本图表现的便是"二牛抬杠"耕作形式。

彩绘播种图画像砖

魏晋（公元220—420年）
长39.4厘米，宽19.5厘米，高5.6厘米
1993年酒泉市果园乡高闸沟村魏晋墓出土
酒泉市肃州区博物馆藏

　　墓室画像砖，画面左绘一头戴冠的男子，左手拖着盛满器皿的种子，右手作播撒状，正在地里撒种；后面绘一黑牛耙地，耙上站着一着白色交领长衫的农夫，左手牵牛，右手持鞭，控制耕牛前进速度。农夫站在耙上使其增加重量，起到深耕的作用。画面生活气息浓厚，客观描摹了魏晋时期河西地区小家庭农耕播种的劳动场景，生动再现了其时河西走廊农业生产与发展的面貌。

彩绘扬场图画像砖

魏晋（公元 220—420 年）
长 34.8 厘米，宽 17 厘米，高 4.5 厘米
嘉峪关市新城魏晋壁画墓出土
甘肃省博物馆藏

墓室画像砖。以朱红色勾勒边框，画工以简洁刚劲的线条，信笔勾勒出一副农民秋收后打场、扬场的生活图景，直观地反映了魏晋时期河西走廊的农业、农事活动。绘图简练稚拙，但刻画人物、小鸡的形象十分生动。

陶仓楼

东汉（公元 25—220 年）
高 32 厘米，宽 18 厘米，厚 12.5 厘米
1981 年黑水国遗址出土
张掖市博物馆藏

　　仓体呈底大顶小的长方斗状，正面模制出两层楼阁。一层至二层有人字状斜坡楼梯，楼梯上有人扛粮端斗往上攀行，墙面模印有青龙、白虎、朱雀、玄武四灵神兽，一二层楼顶额枋处各有四朵三踩斗拱。此陶仓直观地反映了汉代河西农业的发展面貌。

家庭生活

汉晋时期的河西走廊，民族众多，居住形式多样化。汉代时实行移民屯垦政策，具有军事防御性质的坞壁（又称坞堡）逐渐出现在河西走廊并流行开来。魏晋时期，坞壁得到进一步的发展和普及。在一个个坞壁里，坞主负责管理和保护坞民安全，坞民从事农业生产、蓄养牲畜、蚕桑养殖等经济活动。少数民族则多保持穹顶毡帐等旧有的居住形式。

汉晋时期，生活在河西走廊的少数民族仍保有狩猎的生活习俗。中原世家大族迁入后，亦接受了少数民族狩猎的传统，将其作为一种休闲娱乐的方式。

陶楼院模型

东汉（公元 25—220 年）
高 17 厘米，宽 34 厘米
永昌县水源镇乱墩滩汉墓群采集
永昌县博物馆藏

陶楼院由院墙和塔楼组合而成，分两层。院墙顶部覆盖一周"人"字形挑檐，檐顶中有一条纵向脊棱和若干横向细棱，象征筒瓦；院墙一侧正中开门，门顶墙上设四面坡式挑檐，檐顶坐落有双层方形塔楼；二层楼体四面皆开方形小窗，四面坡式顶。院墙四角各坐落一角楼，门前两侧角楼为四面坡式方形顶；院后四角楼为庑殿顶，顶脊粗大，两端上翘，角檐顶面皆有数道细棱象征瓦垅。

彩绘坞堡射鸟图画像砖

魏晋（公元220—420年）
长42.5厘米，宽21厘米，高6.5厘米
骆驼城苦水口魏晋壁画墓群1号墓出土
高台县博物馆藏

　　墓室画像砖。以朱红色勾勒边框，画面左绘两层建筑的坞堡，正中有门，墙上设垛口。坞堡右绘一高耸的大树，树顶栖两鸟，树下一男子正引弓射鸟。画面表现了河西走廊坞堡生活的一个侧面。坞壁、高树土红，双鸟乌黑，对比强烈，鲜明生动。

木斗帐模型

东汉（公元 25—220 年）

长 46 厘米，宽 46 厘米，通高 39 厘米

1998 年高台县骆驼城南东干渠东汉墓出土

高台县博物馆藏

　　木斗帐上部呈覆斗形，下半部呈正方体形，全部采用榫卯相连。其上部覆斗形意在表现穹庐顶，并开有正方形天窗。据了解，木斗帐出土时上面有彩绘丝织物覆盖。

　　很显然，此件木斗帐是随葬品，系专门为墓主人制作的明器，但其形象地反映了汉代河西走廊居民的居住与生活方式。木斗帐其实接近于游牧民族的穹庐式毡帐，出现在汉民族墓室内，说明墓主人对这种居住形式的喜爱，亦展现了汉代河西走廊汉民族与少数民族之间的文化交融。

彩绘帐居图画像砖

魏晋（公元220—420年）
长42厘米，宽21厘米，高6.5厘米
骆驼城苦水口魏晋壁画墓群1号墓出土
高台县博物馆藏

　　墓室画像砖。图上用墨线勾勒出穹庐的结构，再用红彩涂饰，以示用布或丝织物做成的帐围。帐内绘一男子和一女仆，男子头戴巾帻、身着皂袍盘坐于榻上，正欲接过女仆手里盘中的食物。画面展现了一幅墓主人生前帐居的情景。

　　有趣的是，墓主人为汉人装束，却稳坐在少数民族的毡帐内用餐。通过此画像砖，我们对魏晋十六国时期河西地方社会各民族之间的融合程度可窥一斑。

"坞"字图画像砖

三国·魏甘露二年（公元 257 年）
长 34.5 厘米，宽 16.5 厘米，高 4.5 厘米
1972 年嘉峪关市新城 1 号墓出土
嘉峪关长城博物馆藏

　　墓室画像砖。以朱红色勾勒边框，画面中间朱色题记"坞"字。图中以写实方式描绘了坞堡里的生活场景。在坞堡门上架瞭望楼阁，门前一棵树下拴着两匹马、一棵树下栓一头牛；画面上部绘围栏，内有三只羊和两头牛。画工用简单的构图和简洁的笔触，生动再现了坞堡里日常生活的场景，富有生活情趣。

彩绘"卧具"图画像砖

魏晋（公元 220—420 年）

长 40 厘米，宽 19.5 厘米，高 5.5 厘米

许三湾五道梁魏晋壁画墓群出土

高台县博物馆藏

　　墓室画像砖。画面下部以墨线勾画出床的形状，床下以折线形表现床的四条腿；床的上面又以红彩直接涂绘出一长方形体，似在表现床垫、褥子等卧具。画面左上角墨书"卧具"二字，直接点明了所绘之物。图画稚拙简略，反映了其时人们家居生活之一角。

彩绘牵马猎犬图画像砖

魏晋（公元 220—420 年）

长 39 厘米，宽 19 厘米，高 5 厘米

高台县骆驼城南魏晋壁画墓群出土

高台县博物馆藏

　　墓室画像砖。以朱红色勾勒边框，图绘家丁备马出行的场景。图中一男子牵一匹体型巨大、健硕的马，后跟一条黑色细猎犬。马鞍、猎犬皆已备好，只待主人起身跨马，一同去打猎。

　　画者用富有弹性的圆弧线，寥寥数笔即勾勒出骏马高大健硕的形象，展现了笔墨线条的丰富表现力。整幅画作用笔酣畅淋漓，信手勾勒，一挥而就，显示出自由张扬、活泼生动的气韵。

黄羊夹子

西汉（公元前 202—公元 8 年）
直径 15 厘米
征集
甘肃省博物馆藏

　　黄羊夹子是一种人们用来狩猎黄羊的辅助工具，类似陷阱。黄羊是一种结群而居的食草动物，其奔跑速度极快。狩猎时，人们将黄羊驱赶奔跑，一旦黄羊脚踩上夹子就无法挣脱。这种黄羊夹子是汉代以来至明清时期河西走廊最常见的辅助性捕猎工具。捕杀黄羊等动物是贵族们调剂生活、狩猎逐乐的方式之一，对普通民众而言则是调剂日常餐桌味道的方式之一。

彩绘牧羊图画像砖

魏晋（公元 220—420 年）
长 39.1 厘米，宽 18.5 厘米
1993 年酒泉市果园乡高闸沟村魏晋墓出土
酒泉市肃州区博物馆藏

墓室画像砖。以朱红色勾勒边框，图绘羊群和牧羊人。左侧画面几乎全被羊群占据，右侧紧边处绘一牧羊人，其身披卷状雨披，足蹬长靴，手持羊鞭。汉代以来，畜牧业一直是河西走廊重要的经济方式之一。此牧羊图画像砖直接反映了魏晋时期河西走廊畜牧业面貌之一角。

彩绘车马出行图画像砖

魏晋（公元 220—420 年）

长 43 厘米，宽 21.8 厘米，高 6.5 厘米

骆驼城苦水口魏晋壁画墓群 1 号墓出土

高台县博物馆藏

　　墓室画像砖。砖饰白底，图绘一辆带篷马车正在奋蹄飞驰，车上端坐一人，驭者随于马之左侧，车后一侍从。马似乎受到了惊吓，作奋蹄奔驰状，主人微露惊恐状，驭者手挽缰绳，身躯后仰，欲使马停下来。

　　此图用笔泼辣，线条洗练，画面充满惊险，生动传神，极富张力，可称为画像砖的杰作。

彩绘木牛辎车

东汉（公元 25—220 年）

牛长 39 厘米，高 20 厘米；车通长 58.5 厘米，通高 35 厘米

1998 年高台县骆驼城南黑河总干渠工地出土

高台县博物馆藏

　　由辕车和辎车组成。以黑色线条勾勒出牛的眼、鼻、口，牛身上绘有成排的黑色短线，表示毛皮。辎车由两辕、车舆、帷盖、车轮组成。车舆长方形，四角有立竿，上以黑色绢帛为帷盖。车舆前后有车门，车门两爿，可开合。门上饰有土红色条纹，条纹中间饰黑点，车轴及车辋涂为黑色。此车制作精巧，虽为随葬明器，却与真车毫无二致，尤其车舆之门和车轮工艺高超，令人叹服。

彩绘人物车马木板画

西晋元康元年（公元 291 年）
通长 32 厘米，宽 23 厘米，厚 1.5 厘米
1998 年高台县骆驼城南西晋墓群出土
高台县博物馆藏

　　以白粉作底色，红土色起草稿。用墨笔在板面左上方绘一牛拉辎车，一人牵牛。画面右偏下绘一人牵马，马头上有鋬，马身上有鞍鞯，马用土红色彩绘。造型简单稚拙，以墨笔线条为主要表现形式，极富表现力。

木男子俑

西汉（公元前 202—公元 8 年）

高 32.9 厘米

武威磨嘴子汉墓出土

甘肃省博物馆藏

　　木俑头戴平顶黑帽，唇部蓄须，身着交领窄袖长袍，拱手而立，表情严肃。全身用白粉涂底，只用黑色勾勒人俑五官与衣物，黑白对比强烈，人俑神态更显生动。与此木俑一同出土的还有一件女子俑和儿童俑，可能表现的是三口之家。

木舞俑（一对）

西汉（公元前 202—公元 8 年）

高 14.5 厘米

武威磨嘴子汉墓出土

甘肃省博物馆藏

　　木俑均以白粉作底，墨绘五官和衣服轮廓，头部束发高髻，身着长袖袍服，一臂放于胸前，另一臂向上平伸，身体后倾，头侧向，两俑面对面侧立，似正在翩翩起舞。

　　工匠以简练的刀法，只雕刻出舞者大概的轮廓，却在人们眼前呈现出一幅形象生动的舞蹈场面。

彩绘木盒

东汉（公元 25—220 年）
通长 37.6 厘米
武威雷台汉墓出土
甘肃省博物馆藏

木盒盝顶，底板小于木盒盒体，恰好形成圈足。通体施白色，再用蓝、红、黑色绘饰云气纹。木盒制作精良，保存完整无缺。

彩绘凤鸟纹木几案

西汉（公元前 202—公元 8 年）
长 54 厘米，宽 39 厘米，高 25 厘米
武威磨嘴子汉墓出土
甘肃省博物馆藏

　　几案呈长方形，由两块木板拼成，几面涂黑彩，中心用
红彩圈出一长方形框，内以白彩作地，内边勾黑线，用墨线
绘一朱雀并填红彩。背面穿衬间用墨线勾绘出朱雀、乌鸦、
大雁及不具名小动物各一只，朱雀前还绘有云气纹。此件木
几案风格古拙、质朴，规格接近真实几案，或为墓主人生前
日常生活用具。

彩绘木鸡栖架

西汉（公元前 202—公元 8 年）

通高 15 厘米，底座长 20 厘米，宽 8 厘米

武威磨嘴子汉墓出土

甘肃省博物馆藏

　　三只木鸡栖息在木架之上。木鸡身躯、头部和尾巴由木板直接削刻而出，简练稚拙；再以墨线勾绘出鸡的喙部、眼睛和羽毛。经过彩绘线勾绘，呆板的"木鸡"顿然有了生机。

　　考古资料显示，中国是最早驯养家鸡的国家之一，可追溯到新石器时代中期。鸡的驯化和饲养，丰富了人类餐桌上的食物。鸡也被列为中国古代"六畜"之一。在河西走廊汉晋时期墓葬中出土了为数较多的木鸡俑、木鸡房等与家养鸡相关的资料，显示了汉武帝以降中原民众迁入河西走廊后的家庭生活景象。

木鸡舍

西汉（公元前 202—公元 8 年）
长 36 厘米，宽 33 厘米，高 13.5 厘米
武威磨嘴子汉墓 M49 出土
甘肃省博物馆藏

　　木鸡舍由木板搭建而成，两面坡顶，房基较高。各种家畜类动物俑在汉墓中大量出现，直接反映了中原地区汉民族迁徙到河西走廊后的家庭生活面貌。

彩绘木卧犬

西汉（公元前202—公元8年）
长18厘米
武威磨嘴子汉墓出土
甘肃省博物馆藏

木卧犬呈卧姿，两前腿俯地前伸，两后腿屈卧，大尾下垂至地。双耳直立，双目圆睁，全身涂白彩，以黑彩点睛，墨线勾画眼、耳、鼻、唇及身上鬃毛。

狗被视为人类最忠实的朋友，是人们看家护院、放牧、狩猎的好帮手。考古学材料证明，在所有家养牲畜中，狗是人类最早驯养的动物之一。此件木雕卧犬造型精巧，形神兼备，制作者以简练的刀法，将狗的警惕神态完美地表现了出来。

彩绘木卧犬

西汉（公元前 202—公元 8 年）

长 23.7 厘米

甘肃武威磨嘴子出土

甘肃省博物馆藏

　　木卧犬匍匐而卧，双腿前伸，头部压在前伸的腿上，双耳竖立。通体施白粉，并以墨线描绘耳、嘴、眼、前爪及背部、尾部的毛发。整体造型生动传神，线条流畅，巧拙相济。

六簙戏青铜俑

西汉（公元前 202—公元 8 年）
高 8.8—9.2 厘米
灵台县傅家沟出土
甘肃省博物馆藏

　　四俑出土时相向跪坐，中间放置长方形牙质棋子，表现的是一幅游戏六簙的场景。四俑皆身着宽袖袍衣，其中两人盘发束髻，两人包巾裹首。四俑身姿、神情各异，据分析，其中两人为棋手，两人为围观者。一棋手屈腿斜身，举手抓腮挠耳，不知如何落子，黯然愁伤；一棋手跽坐前倾，双手伏地，焦急等待着对手落子，以观后策。两名围观者或跽坐一旁，垂臂塌肩，凝神沉思；或袒胸露膊，抚膝跽坐，头部转向左侧的棋手，似正欲暗授机宜。

　　六簙是古代的一种智力博弈游戏，一般由两人或四人对弈。考古资料显示，迟至春秋时期六簙已经流行于世，至汉代最为盛行，唐宋以降逐渐衰微。六簙的游戏规则与方法已经失传。根据文献记载，我们或可对此游戏有大概之了解：六簙共有六个筹码（即簙，或称箸），对弈者共用；有六白、六黑共十二枚棋子，两人对弈时每人各执六枚。自 20 世纪70 年代以来，中国各地考古出土了大量有关六簙的棋具，如江陵纪城战国 1 号墓出土的黑漆六簙棋盘，曲阜鲁国故城出土的六簙象牙棋子、筷形金银箸等，马王堆汉墓出土的一套六簙棋具，广西西林县普驼粮站汉墓出土的六簙铜棋盘，汉阳陵出土的陶质六簙棋盘，武威磨嘴子汉墓出土的六簙木俑、木棋盘，张掖高台县魏晋墓出土的六簙画像砖等等。

彩绘六簙图画像砖

魏晋（公元 220—420 年）
长 42.5 厘米，宽 21 厘米，高 6 厘米
骆驼城苦水口魏晋壁画墓群 1 号墓出土
高台县博物馆藏

墓室画像砖。砖饰白底，图绘两个头戴冠，身着交领束腰长袍的男子对坐弈棋的情景。两人中间放一长方形棋盘，盘上摆有棋子和筹。左侧红服男子一手前伸，一手上举拿棋子，作下棋状，而右侧身着白服的男子则一手放于腰部，一手掌向外翻指向棋盘，似乎告诉对方尽可大方落子。经研究，两人对弈的是中国古代的一种博弈游戏——六簙。

考古资料显示，除此六簙图画像砖外，在武威磨嘴子汉墓还出土了一对正在对弈六簙的彩绘木俑。六簙实物和图像资料在汉晋时期河西走廊的出现，说明汉民族娱乐文化在当地的传播至深，亦传递出其时河西地区生活富足、文化发达的社会面貌。

盛宴长相欢

　　河西走廊魏晋墓出土的画像砖上描绘庖厨、炊事活动和宴饮、进食场面的题材众多。蒸笼、烧锅、铁釜、火盆等炊具，斛、镟、勺、漆碗等进食器具一应俱全。庖厨时，男子宰羊、锥牛、切肉……女子灶前烧火、案上揉面、釜中烹食、三股叉烤肉……分工明确，井然有序，为主人烹制一道道盛宴。

　　画像砖上还多有墓主人宴饮的情景：或是夫妻、亲友在家中对饮的小宴会，或是广庭高宇下宾朋云集的大型宴会，侍者环侍左右，忙忙碌碌。宴会上，既有一道道烹制美味的佳肴，又有歌伎乐工美妙的乐舞。一幅幅宴饮图，表现出墓主人生前"盛宴长相欢"的生动场面。

彩绘宰牛图画像砖

魏晋（公元 220—420 年）
长 42 厘米，宽 21 厘米，高 6 厘米
骆驼城苦水口魏晋壁画墓群 1 号墓出土
高台县博物馆藏

　　墓室画像砖。砖饰白底，图绘两人正在宰牛的场景。图中牛已经中刀倒地，仰身四蹄朝天。左边一男子蓄长八字胡，头戴高冠，身着白衣，系腰，双袖高挽，右手执刀，左手抓一牛前蹄，正在熟练地操作，当为屠夫。右边一男子身着红衣，亦双袖高挽，双手用力抓住牛腿以防挣脱，当为屠夫的徒弟，抑或是主人家的家丁。画面上方置一血盆，为盛牛血所用。

　　从姿态、神情可见，屠夫庖牛的动作娴熟，自信满满，当是一名职业屠夫。构图虚实结合，疏密有致，线条舒展自然，充满浓郁真实的生活气息。

彩绘宰羊图画像砖

魏晋（公元 220—420 年）

长 42 厘米，宽 21 厘米，高 6.5 厘米

骆驼城苦水口魏晋壁画墓群 1 号墓出土

高台县博物馆藏

　　墓室画像砖。砖饰白底，图绘一男子执刀宰羊的情景。羊被悬吊在两根木桩之间，屠夫双袖高挽，右手执刀欲刺向羊的前胸部，左手紧握羊后蹄。羊身下置血盆以接血。画面有着鲜明的生活气息，将宰羊的场面鲜活地呈现了出来。

　　图中为我们展示了较为少见的宰羊方式。先是竖立两根木桩，再将羊用绳索悬吊在其间。这样的宰羊方式至少有三种好处：悬空将便利于屠夫剥羊皮宰和卸肉羊；便利于盛接羊血，以免泼洒浪费；节省人力，一人即可完成剥皮、卸肉工作。

彩绘宰羊图画像砖

魏晋（公元 220—420 年）

长 35 厘米，宽 16.5 厘米，高 4.5 厘米

嘉峪关市新城魏晋壁画墓出土

嘉峪关长城博物馆藏

  墓室画像砖。砖呈长方形，以朱红色勾边框。砖饰白底，图绘一男子执刀宰羊的情景。男子头戴高冠，白衣系腰，双袖高挽，右手抓着羊尾巴，左手执刀欲刺向羊。羊趴在木斜架子上，架子下置一血盆，当为盛羊血所用。

彩绘挤奶图画像砖

魏晋（公元220—420年）
长 35 厘米，宽 16.5 厘米，高 5.7 厘米
1972 年嘉峪关市新城魏晋墓 4 号墓出土
嘉峪关长城博物馆藏

　　墓室画像砖。砖饰白底，图绘农户挤奶的场景。汉晋时期，河西走廊的畜牧业一直较为发达。牛、羊、马奶等是其时河西走廊民众重要的口粮之一。

彩绘饮羊图画像砖

魏晋（公元 220—420 年）
长 38.5 厘米，宽 18.8 厘米，高 5.2 厘米
1993 年酒泉市果园乡高闸沟村魏晋墓出土
酒泉市肃州区博物馆藏

　　墓室画像砖。砖饰白底，图绘一对夫妇正在牵羊饮水的生活场景。夫妻俩一同抬着鼓腹壶（疑为羊皮等类缝制而成），妻子一手还牵坠着一只羊。此图就像是摄影术一样捕捉了魏晋时期河西走廊农家日常生活的一个瞬间，精彩异常。

彩绘厨房人物图画像砖

魏晋（公元 220—420 年）
长 43 厘米，宽 21 厘米，高 6 厘米
骆驼城苦水口魏晋壁画墓群 1 号墓出土
高台县博物馆藏

　　墓室画像砖。砖饰白底，图绘一女子在厨房内忙碌的景象。画面左侧一女子侧立于门口，双手指向右侧的几案，似乎向对面的人介绍着几案上的物品。室内墙上吊挂炊具，地上放置三足圆案三张，四足方案三张，一张大几案上堆叠着六个炊具或器皿，右侧后墙上还吊挂着一把三股叉。

　　此画像砖上描绘的是墓主人家厨房一角，对了解当时丰富的餐饮炊事器具、饮食习惯有重要的价值。

彩绘切肉图画像砖

魏晋（公元 220—420 年）
长 42.5 厘米，宽 21.5 厘米，高 6 厘米
骆驼城苦水口魏晋壁画墓群 1 号墓出土
高台县博物馆藏

　　墓室画像砖。砖饰白底，图绘两个庖人端坐，在长几上一同执刀切肉的情景。长几下每位庖人前各放一盘，便于庖人将切碎的肉块拨入盘中。庖人 ·同望向右侧，但手中切肉的动作并未停下，红色肉块从几案上纷纷落入盘中，不经意间表现了庖人娴熟的刀工。

　　画面仅表现了日常生活中常见的切肉情形，简单但不单调，具有浓郁的生活气息。

彩绘执扇仕女图画像砖

魏晋（公元220—420年）
长43厘米，宽21厘米，高6.5厘米
骆驼城苦水口魏晋壁画墓群1号墓出土
高台县博物馆藏

　　墓室画像砖。砖饰白底，左部图绘两侍女面向一妇人前后站立，一着红衣，双手拢于胸前；一着皂衣，左手托盘，右手提灯。右部绘一持团扇的妇人，向左回首，似正向两侍女交代着什么，似为墓主人。三人脚下均有一物，似为坐垫。三侍女皆挽高髻，着交领、广袖及地长裙。该画描绘的是墓主人生前的生活场景。

彩绘对座品茗图画像砖

魏晋（公元220—420年）

长38.5厘米，宽19.4厘米，高5厘米

高台县骆驼城南魏晋壁画墓群出土

高台县博物馆藏

　　墓室画像砖。以朱红色勾勒边框，图绘两位仕女拱手端坐，中置茶炉、茶碗，品茗对饮。描绘了日常生活中闲暇时友人相约品茗的情景，透露出闲适、浓郁的生活气息。

彩绘宴乐图画像砖

魏晋（公元 220—420 年）
长 42 厘米，宽 20.5 厘米，高 6.5 厘米
骆驼城苦水口魏晋壁画墓群 1 号墓出土
高台县博物馆藏

　　墓室画像砖。砖饰白底，图绘九个头挽高髻、着交领长服的人物正在一同宴饮的场景。其中左侧两人当为墓主人夫妇，四人面向墓主人跪坐一圈，正中上方一男子正在弹奏阮，一男一女两名舞者应声翩翩起舞。右下角有侍者正在向一女子递送食物。在画面中间放一三足案，案上放一釜形食器。

　　汉晋时期，河西走廊形成多民族杂居的局面。受少数民族能歌善舞特性的影响，舞蹈、音乐也成为迁居于此的中原人宴会上不可缺少的内容。此砖描绘的是墓主人生前与友人们歌舞宴乐的情景。

彩绘宴乐图画像砖

三国·魏甘露二年（公元 257 年）

长 34.5 厘米，宽 16.5 厘米，高 4.5 厘米

1972 年嘉峪关市新城 1 号墓出土

嘉峪关长城博物馆藏

墓室画像砖。砖呈长方形，以朱红色勾边框，图绘帷帐内达官贵人宴乐的场景。左侧绘四名头戴高冠、身着宽袍的男子，两两先后并排跽坐；右侧绘两名男子跽坐正在演奏竖笛和阮。中间绘三足铜鍑，内正在蒸煮着食物，旁边还有漆耳杯和碗等器物。

彩绘烹肉图画像砖

魏晋（公元 220—420 年）
长 35 厘米，宽 17 厘米，高 5 厘米
嘉峪关市新城魏晋壁画墓出土
甘肃省博物馆藏

　　墓室画像砖。砖呈长方形，以朱红色勾边框，内右侧绘一几案，一男子正坐于案后操刀切肉，案前置一盆用以盛肉。中间后墙壁上用铁钩悬挂着四条肉，下置有一盆以接从肉中滴下来的血水。左侧一男子正在釜边操作，似乎正在翻看釜内正在翻滚的肉，热气袅袅，釜下火烧得正旺。整个画面表现的是一幅秩序井然的庖厨景象。

　　绘画用笔简练、稚拙，似信笔涂来，但又不失精细。图中厨师煮肉用釜，而不用灶，间接反映了魏晋时期河西地区汉民族与少数民族之间的文化融合。

彩绘贵妇宴享图画像砖

魏晋（公元 220—420 年）

长 35 厘米，宽 17 厘米，高 5 厘米

嘉峪关市新城魏晋壁画墓出土

甘肃省博物馆藏

　　墓室画像砖。砖呈长方形，以朱红色勾边框，内绘一幅宴饮的场景。图中女主人跽坐在左上方，其前方置漆盘、樽、勺等饮食器具。四个容貌娇美、穿着华丽的侍女围坐于周围，互相谈论着什么。其中三个侍女手中各持一柄团扇，摇曳生姿；另一侍女手持一物。

事死如生

随着大量中原世家大族和百姓迁入河西走廊，他们带来了中原丧葬文化习俗。河西走廊魏晋墓中砖砌的楼阁、斗拱、双阙、雷公、力士等；出土的铭旌、招魂幡、冥间过所、镇墓文与买地券、衣物疏、连枝灯等；墓室画像砖上描绘的伏羲女娲、青龙白虎、东王公西王母等形象，都说明了汉晋时期河西走廊丧葬礼仪与中原丧葬观念、礼仪上直接的联系。

同时，中原丧葬习俗还通过河西走廊向西继续传播，影响到新疆东部的丧葬习俗。

彩绘木俑（3 件）

东汉（公元 25—220 年）

高 21—22 厘米

1998 年高台县骆驼城南西干渠汉晋墓群出土

高台县博物馆藏

　　木俑当为明器。彩绘女俑（右）：头上结山字形发髻，长方脸，口唇和两颊涂红，面含微笑；彩绘男俑（中）：身体匀称，浓眉大眼，阔口直鼻，头上结圆形发髻，嘴唇和面颊上涂红，微微含笑，拱手而立。彩绘女俑（左）：大头短颈胖体，整体显得粗壮敦实有力，表现了一个富态的中年妇女形象。

　　三个人俑均拱手而立，身着窄袖交领、木本色间黑红两色条状纹的长衣。其表现的应是墓主人和他的两位妻子的形象。彩绘木俑风格拙朴、写实、色彩艳丽，充满了浓郁的生活气息。

双鸟圆币形金箔片

北朝（公元 386—581 年）
通高 2 厘米，通宽 1.6 厘米
骆驼城苦水口魏晋壁画墓群 1 号墓出土
高台县博物馆藏

　　金冥币。系金质压印剪凿制成，似钱币。圆形片状，边缘錾饰联珠纹一周，并有四个钉孔，中央开方形穿孔，在孔对应的四角压制四条棱，将圆片分为四个等分扇面形区域。在扇面形区域内各压制一个篆书汉字，连读为"□王五十"。边缘上方饰有两只相向飞翔的小鸟，寄托了期盼死者羽化再生的愿望，说明了中原丧葬文化对河西走廊居民生死观念的影响。

冥衣

魏晋（公元 220—420 年）
纵长 4.5 厘米，横长 8.9 厘米
敦煌市马圈湾遗址出土
甘肃省博物馆藏

　　冥衣为交领式，无下摆。研究者根据汉晋时期河西走廊出土的服饰形式判断此类衣物腰部以下加缝有一段下摆，是为短袖襦。同时出土了三件，由尺寸可知此物不可能是实用衣物，有研究者认为其可能为汉晋时期小女孩的玩偶服；有人认为是冥衣，是专为死者陪葬所做的冥服，是对实物的模仿。根据考古资料，冥衣一般置于死者胸前或手中，以寓意死者在往生世界四季衣物充足。

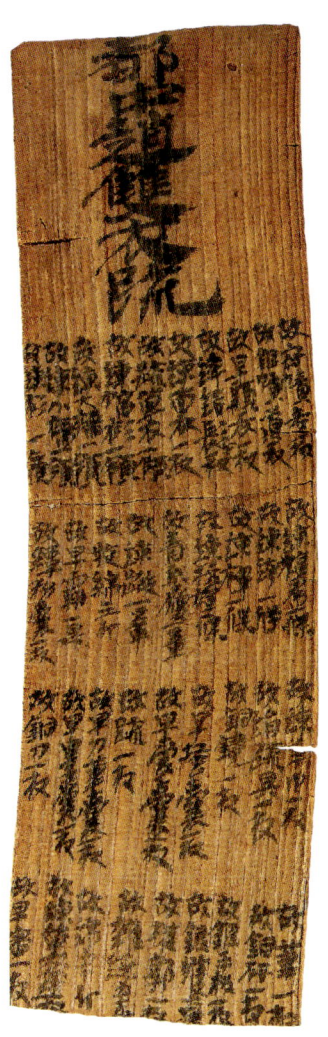

都中赵双衣物疏

十六国时期·前凉（公元 318 — 376 年）

长 26 厘米，宽 7.5 厘米

高台县骆驼城南魏晋壁画墓群出土

高台县博物馆藏

　　木质简牍，出土于前凉某夫妇合葬墓，内容为衣物疏。根据简文可知男墓主人名赵双，生前官职为"都中"。牍文墨书，隶楷体，正、背皆有文字，正面分四栏，第一栏正中竖书"都中赵双衣疏"，第二至四栏自右至左每栏九行，背面自右至左竖书六行，记录随葬衣物共计四十二种。

　　衣物疏是指书写在木牍或纸张上用来记录随葬物品的清单。人死后，家人多将逝者生前所穿用过的衣物等随葬，以让其死后继续享用。有研究者指出，两晋十六国时期的衣物疏并非完全是记录随葬品的清单，可能具有能让逝者上天入地的过所的功能，与汉代墓葬中的"买地券"相类，是一种为逝者祈冥福的墓葬文书。

彩绘伏羲图画像砖

魏晋（公元 220—420 年）
长 39 厘米，宽 19 厘米，高 4.7 厘米
高台县骆驼城南魏晋壁画墓群出土
高台县博物馆藏

　　墓室画像砖。砖饰白底，以朱红色勾勒边框，砖绘传说中的伏羲形象，伏羲人首龙身，一手持矩（木工曲尺），一手持攀日轮，日轮内画有一金乌。伏羲周围云气飘逸环生，以示其遨游于浩渺苍穹之间。

　　伏羲和女娲是中国上古神话传说中开天辟地、孕育人类的始祖。两汉时期他们的形象经常出现在中原的墓葬画像砖上，多置于墓室穹顶，以示墓主人追随伏羲女娲升天的愿望。汉晋时期，随着中原人的迁入，这种丧葬文化也被带到了河西走廊一带，成为当地常见的丧葬习俗。

彩绘女娲图画像砖

魏晋（公元 220—420 年）
长 40 厘米，宽 19.3 厘米，高 5 厘米
高台县骆驼城南魏晋壁画墓群出土
高台县博物馆藏

墓室画像砖。砖饰白底，以朱红色勾勒边框，砖绘传说中的女娲形象，女娲人首蛇躯，一手持规（丈量器具），一手持月，月内画有一蟾蜍。与伏羲像一样，女娲周围云气飘逸环生，以示其遨游于浩渺苍穹之间。

考古发掘图像资料显示，伏羲、女娲是汉画像石上常见的形象，在这些图像中伏羲一般手持日轮和规，女娲一般手持月亮和矩。高台出土的这两块画像砖上伏羲和女娲手中所持的器物刚好相反。

彩绘西王母图画像砖

魏晋（公元 220—420 年）
长 39 厘米，宽 19.2 厘米，高 5 厘米
高台县骆驼城南魏晋壁画墓群出土
高台县博物馆藏

　　墓室画像砖。砖饰白底，以朱红色勾勒边框，内绘西王母形象，其身着朱色宽袖长袍，拱手端坐，云髻高绾，面前立一棵扶桑神树，身后瑞云升腾。

　　两汉时期，西王母被视为西仙之首，掌管着人间与冥界的长生不老，其形象广泛存在于中原墓葬画像砖（石）、摇钱树座、帛画等上，其与东王公、羽人等共同构成了人们理想中的"天庭"。汉末以降，此类墓室图像逐渐衰微。西王母、东王公、羽人等形象出现在魏晋河西走廊墓室中，说明中原丧葬观念、礼仪深刻影响了当地丧葬习俗，并一直西传至新疆地区。

铜獬豸

魏晋（公元 220—420 年）
长 43 厘米，高 50 厘米
1975 年出土于嘉峪关新城乡
嘉峪关长城博物馆藏

　　獬豸，又名镇墓兽、公平兽。狮首豹尾，尾巴高高竖起，角平直作抵触状。汉晋时期，獬豸为法律诉讼时公正执法的标志。独角兽在古代被看作一种凶猛的动物，但它有明辨是非善恶的能力，不受旁人干扰。因此独角兽常常出现在执法公堂或执法者的衣帽上，象征法律诉讼的公正。

　　此铜獬豸由四种动物构成：狮子的头，马的身体，豹的尾巴以及形似于鹿角的角。

炭精猪

魏晋（公元 220—420 年）
长 7 厘米，高 3 厘米
嘉峪关新城乡魏晋墓出土
嘉峪关长城博物馆藏

　　猪形，用珍贵稀有的炭精石制成，被发现时位于墓主人的骨股两侧，即人平躺时放手的位置，因此应是握于墓主左右手两手各一只，象征手握财富和手握权力。表面平整光滑，推测为主人生前时常把玩的心爱之物。

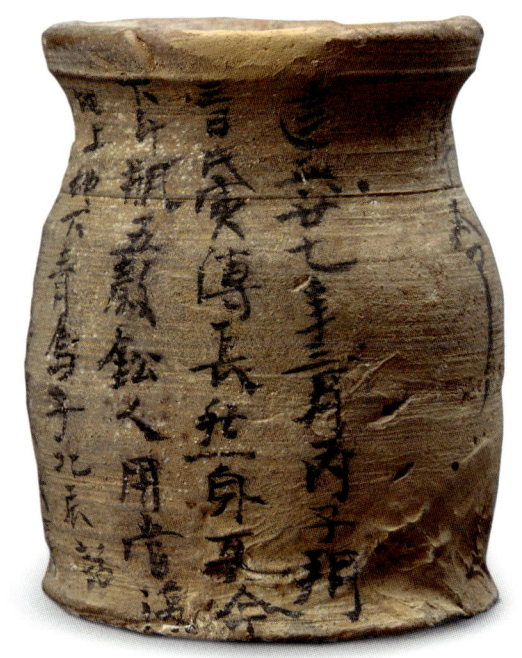

傅长然镇墓瓶

前凉建兴二十七年（公元 249 年）
口径 4.8 厘米，高 6.6 厘米，底径 4.9 厘米，
1982 年敦煌祁家湾西晋十六国墓出土
敦煌市博物馆藏

　　陶瓶腹部墨书镇墓文："建兴廿七年三月丙子朔三日戊寅，傅长然身死。今下斗瓶、五谷、铅人，用当复地上、地下……千秋万岁，不相注忤。各口［如］律令。"
　　镇墓文又称"解注文""劾鬼文""解谪文"等，与买地券、衣物疏同为重要的丧葬习俗。镇墓文意在祈求生者家宅安宁，死者解谪祛过，免除受罚之苦，亦可隔绝死者与其在世亲人的关系。研究资料显示，在陶瓶等器物上用墨笔或朱砂书写镇墓文在东汉末至魏晋时期是中原丧葬文化中常见的现象。随着中原人迁入河西走廊，他们也将这种丧葬习俗带了过来。

木连枝灯

魏晋（公元 220—420 年）
高 125 厘米，腹围 75 厘米
1985 年武威凉州区旱坡滩墓群出土
甘肃省文物考古研究所藏

　　木连枝灯为三层四方位连枝灯，底座呈覆
斗形，中间主干为八棱形，嵌插十二枝杆，上
均镂空雕饰凤鸟。枝干顶端各有一灯碗。连枝
灯白粉敷底，其上用红色、灰色和墨色彩绘。
此连枝灯器型保存完整，绘饰精美独特，十分
罕见。木连枝灯为墓室随葬品，意为让逝者在
冥界使用。

丝
路
交
响

张骞"凿空"西域，开创了连通东方与西方、农耕与游牧等不同文明的丝绸之路。这是一条以古都长安为起点，沿甘肃走廊，经葱岭以西的中亚、西亚、南亚等地，最终抵达北非和欧洲的古代陆路商业通道。随着丝绸之路的畅通与繁盛，创造了"使者相望于道，商旅不绝于途"传奇景象。

　　丝绸之路由东向西横贯甘肃全境三千余里。在漫长的汉唐甘肃丝绸之路上，相望于道的使者西去东来时的模糊背影，不绝于途的商旅往来时留下的重重车辙，奇异多彩的东西方珍宝在这里交流互通，农耕与游牧文明从碰撞到交流互鉴，以及不同文化背景的族群从陌生到熟悉，再到友好交往，融合共生……不断地演绎着一曲曲波澜壮阔、引人入胜的华彩乐章。

　　三千里丝绸之路，让甘肃走廊成为东西文明的汇流之区和枢纽之地。在漫长的世代里，东西方物质文化在这条狭长的走廊里西传东渐，相互激荡，交融汇聚，共融共生，形成了超越性的多元文明，这些文明成果又传至中原大地，汇入中华文明的海洋。

交通与邮传

　　甘肃丝绸之路主要分两条，即由长安出发取向西北，经甘肃庆阳、平凉，宁夏固原，甘肃景泰等地直达武威的北道；由长安向西穿陇山，经天水、兰州直抵武威的南道。两道再经武威，穿越河西走廊直抵敦煌及其以西的广大地方。

　　甘肃丝绸之路的"通"与"绝"，直接影响到中原王朝对西域的统治，故历代王朝都很重视对甘肃"丝路孔道"的维护。汉唐时期，为保证丝绸之路的畅通，制定了形式多样的邮传制度。在甘肃河西走廊考古发现的大量汉简，对我们重新认知汉唐时期丝绸之路邮传制度提供了典型样本。丝绸之路畅通，驿使"骏马奔驰，不绝于时月""一驿过一驿"，像流星一般奔驰于丝绸之路上，传递文书，沟通信息。

甲渠候官检

西汉（公元前 202—公元 8 年）
长 15.4 厘米，宽 2.6 厘米，厚 0.3 厘米
1974 年内蒙古额济纳破城子出土
甘肃省文物考古研究所藏

在检上端居中位置墨书"甲渠官"三字，字形较大。甲渠官的全称为"甲渠候官"或"甲渠障候官"。候官是汉代边塞的一级屯戍组织，相当于汉代地方县级建制。

甲渠官封检出土于甲渠候官的驻地破城子，表明是发往甲渠候官的邮件。检是古代文书包装的标识，与常见的信封功能相近，这枚木检的发现有助于我们了解汉代公文和邮传制度。

出入关刺

西汉（公元前 202—公元 8 年）
长 9.2 厘米，宽 3.4 厘米
1998 年敦煌小方盘城出土
敦煌市博物馆藏

木质，上端为圆形，圆头部分有网格纹，中间有一孔，两面汉隶书写。按照简牍学释文的格式应为：阳朔四年吏妻出入关刺。本简属于简牍形制的楬，即物品标签。

"刺"，或作"剌"，在汉代有"名刺"与"事刺"之别。名刺简言之就是类似现在的名片，事刺是在交接过程中形成的一种特殊文书。本简就是属于后者事刺文书的标签楬。"吏妻出入关刺"就是某吏的妻子出入玉门关的实时记录文书。

"居延都尉府"封检

西汉（公元前 202—公元 8 年）
长 18.5 厘米，宽 5 厘米，厚 2.6 厘米
1974 年内蒙古额济纳破城子出土
甘肃省文物考古研究所藏

居延都尉封检，检上墨书"居延都尉府"五字，表明是发往居延都尉府的邮件。

居延都尉府是西汉时期在居延地区设置的最高军事指挥机构，隶属于张掖郡太守管辖，下设军事建制主要有三大候官，即北部殄北候官、西部甲渠候官和南部卅井候官。

邮传"过书刺"刻齿

西汉（公元前 202—公元 8 年）
长 23.3 厘米，宽 1.2 厘米，厚 0.3 厘米
1990 年敦煌悬泉置遗址出土
甘肃省简牍博物馆藏

"过书刺"又名"邮书刺"，是汉代邮传文书的传递记录。其上所记时间"夜半时"，表明文书传递到驿站的时间。

简牍正、背面皆有文字。有些侧面刻齿内也有文字，但刻齿内的字多残留一半。研究者认为，这是出于防止文书传递过程中篡改传递时间的一种措施。文书传递到驿站双方完成交接手续，须将文书交接事项写在正背面和侧面刻齿内，中剖简牍，各持其一，以备验课检查。

张掖都尉棨信

西汉（公元前 202—公元 8 年）
高 21.5 厘米，宽 16 厘米
金塔县汉代肩水金关遗址出土
甘肃省博物馆藏

棨信即信幡或旌幡，悬挂于棨戟上，既作为通行关禁时传令启门的证件，又是官方赐予高级官吏出行时的一种身份标识。此棨信用红色长方形绢制成，周缘卷边，上级系圈，竖排墨写篆书"张掖都尉棨信"六字。

河西归汉后，汉廷通过设官职守，加强对河西走廊的管辖。"张掖都尉棨信"对了解汉代关塞管理制度，以及汉廷对河西走廊实行有效行政管辖等均具有重要的意义。

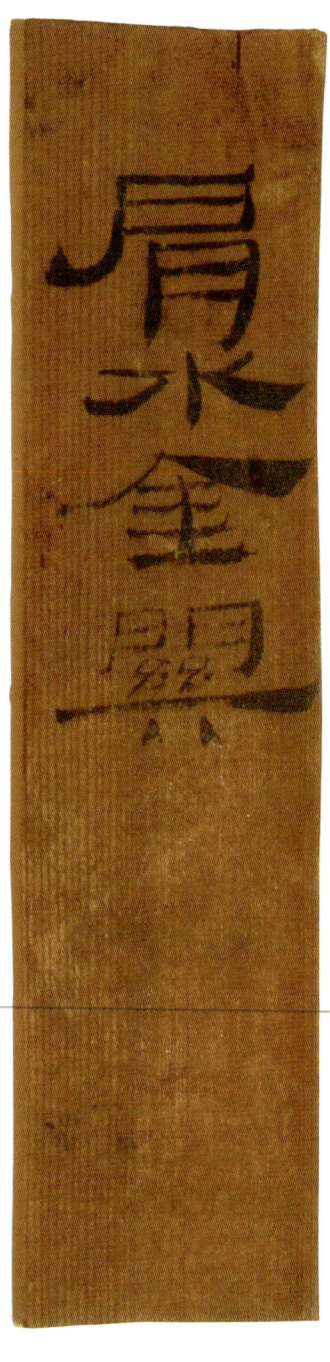

肩水金关签牌

东汉（公元 25—220 年）
长 21.4 厘米，宽 0.7 厘米
金塔县汉代肩水金关遗址出土
甘肃简牍博物馆藏

　　签牌，即地方政府向前往其他郡县乡里的人发放的通行证。肩水金关为汉代烽塞关城，是汉代张掖郡肩水都尉所辖的一处出入关卡，是河西走廊进入居延地区的必经之地。

肩水金关通关符

东汉（公元 25—220 年）
长 15.9 厘米，宽 3.5 厘米
金塔县汉代肩水金关遗址出土
甘肃简牍博物馆藏

　　通关符是一种辅助通关的文书，内容多是对通关者姓名、爵里、年岁、状貌、乘坐车辆及携带物件等信息的描述，由传发机构提前传送至关口，以供关吏核查持传符者是否为本人。
　　此简上释文为："河南郡雒阳宜茂里王富，乘骓牡马一匹，轺车一两，弩一，大丸一，矢五十枚，刀剑各一"。

彩绘驿使图画像砖

魏晋（公元 220—420 年）
长 35 厘米，宽 17 厘米
嘉峪关市魏晋 5 号墓出土
甘肃省博物馆藏

　　墓室画像砖。砖画上用简洁的线条描画了邮差手持文书、骑在一匹红棕色马背上疾驰的形象。砖画采用中心构图法，将人与马置于画面中间，突出主题。它生动地再现了魏晋时期驿使穿越在河西走廊上骑马驰送文书的真实场景。

砖画上的驿使被视为中国最早的古代邮差形象。《驿使图》曾在 1982 年被定为中国邮政的标志，同年为纪念中华全国集邮联合会第一次代表大会的召开，邮电部还发行《驿使图》纪念邮票一枚。

使者与商旅

汉唐时期，随着丝绸之路的畅通，中原与西域、中亚、南亚沿线各国政治、经济交往日益密切。丝绸之路上使者（贡使）、胡商贩客来来往往，络绎不绝，出现"使者相望于道，商旅不绝于途"的盛况。

中亚粟特人是活跃于丝绸之路上最著名的商人。他们往来于丝绸之路上从事丝绸、毛织物、黄金、麝香、胡椒、亚麻等商品贸易。除正常贸易外，汉唐时期胡商贩客还出现"贡使化"现象，他们经常扮演或冒充"贡使"的角色，贡献马、驼、羊、狮子等形形色色的"珍宝"，以获取中原王朝的"财帛赏赐"。

悬泉置遗址

位于河西走廊西端的敦煌悬泉置，是汉晋时期的国家基层邮传驿站，在丝绸之路上发挥过重要作用。悬泉置遗址出土的35000多枚简牍文书，保存了该驿站从西汉昭帝（公元前87—前74年在位）时使用到魏晋时期废止、唐代重建启用到宋代荒废期间的行政记录。根据悬泉汉简记载，往来于丝绸之路上的使者有中原王朝派往西域、中亚的使者，也有来自中亚、西亚的使者，主要是来自西域乌孙、楼兰（鄯善）、疏勒、龟兹、车师、于阗、莎车等国，中亚大宛、康居等国和西亚及南亚的大月氏（匈奴占领河西走廊时被迫西迁，后臣服大夏。今土库曼斯坦南部以及阿富汗一带）、乌弋山离（伊朗高原）和罽宾（今印度西北及克什米尔一带）等国。

悬泉置检（2 件）

西汉（公元前 202—公元 8 年）

长 13.5 厘米，宽 2.1 厘米，厚 1.2 厘米

长 9.7 厘米，宽 2.3 厘米，厚 0.5 厘米

敦煌市悬泉置遗址出土

甘肃省考古研究所藏

　　两枚木简上分别墨书"悬泉置""悬泉置以亭行"，悬泉置遗址即因这两枚汉简而得名。

　　悬泉置的全称为"敦煌郡效谷悬泉置"，是效谷县下辖的一处邮驿机构，在悬泉汉简中常称作"县置"。"置"为汉廷在县级行政机构所设的基层综合性邮驿机构。悬泉置出土的大量汉简文书中所记录的纷繁复杂的内容即可说明这一点。

传车亶舆簿

汉武帝阳朔二年（公元前 23 年）

尺寸不一

1990 年敦煌悬泉置遗址出土

甘肃省简牍博物馆藏

　　此册传车亶舆簿是西汉成帝阳朔二年时悬泉置传车耗损情况的记载簿。接待往来的官吏、使者是悬泉置的重要工作内容，传车是必不可少的基础设备，定期检查损耗情况，以确保驿站的正常运转。

　　简文中谈到了驿站传车的折损情况："其六十五两（辆），折伤卅二，两完"。"折伤"率相当大。面对此情况，简文中还提出专门设立冶铁工作坊以便于修缮官传用车的建议。

马匹传食诏书简

西汉（公元前 202—公元 8 年）

长 23.5 厘米，宽 1.5 厘米，厚 0.4 厘米

1990 年敦煌市悬泉置遗址出土

甘肃省简牍博物馆藏

简文为："制曰：下大司徒、大司空，臣谨案《令》曰，未央厩、骑马、大厩马日食粟斗一升，叔菽一升。"此为皇帝下达增加各类马匹每日所食饲料的诏书。此诏书传递至悬泉置，表明了悬泉置在国家邮传系统中的重要性，也说明其时信息传递的通畅和有效。

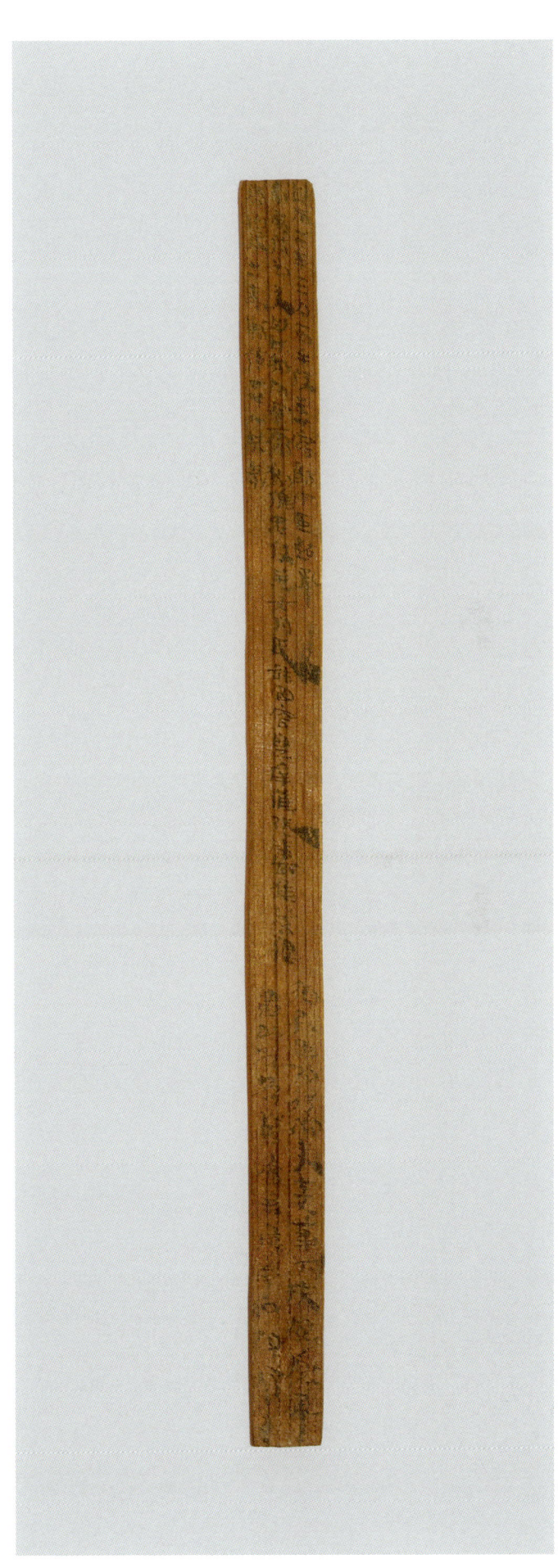

大月氏使者传食简

西汉（公元前 202—公元 8 年）
长 23.5 厘米，宽 1.5 厘米，厚 0.2 厘米
1990 年敦煌悬泉置遗址出土
甘肃省简牍博物馆藏

　　大量汉简资料显示，接待往来的西域使者是悬泉置
日常工作任务之一，驿站还要为使者们提供所需的饮食、
马匹和车辆。简文："出粟一斗八升、六石八斗四升、
五石九斗四升，以食守属周生广送自来大月氏使者，积
六食食三升。"从驿站拨给的食用粟数量来分析，此次
接待的大月氏使者的人数可能较多，抑或是使者可能要
在悬泉置停留相当一段时间。

大月氏使者等传车简

西汉（公元前 202—公元 8 年）
长 23.7 厘米，宽 0.9 厘米，厚 0.2 厘米
1990 年敦煌悬泉置遗址出土
甘肃省简牍博物馆藏

　　此简记载的是御史大夫府为送大月氏等"诸国客"给悬泉置开具的一封传信。信中要求沿途驿站，如悬泉置等要为"大月氏诸国客"的使者提供接待食宿和车辆。在传车方面，为大月氏等"诸国客"提供与斥候张寿等一样的二马驾轺车，以示尊荣。

乌孙使者传食与传马简

西汉成帝元延四年（公元前 9 年）
长 23.3 厘米，宽 0.9 厘米，厚 0.3 厘米
1990 年敦煌悬泉置遗址出土
甘肃省简牍博物馆藏

　　此简记载了西汉晚期汉成帝元延四年，悬泉置接待乌孙使者时所支出粮食和马匹的情况："出粟十八石，骑马六十八匹。"依此拨给的食用粟和马匹数量来推测，此次乌孙使者团十分庞大。

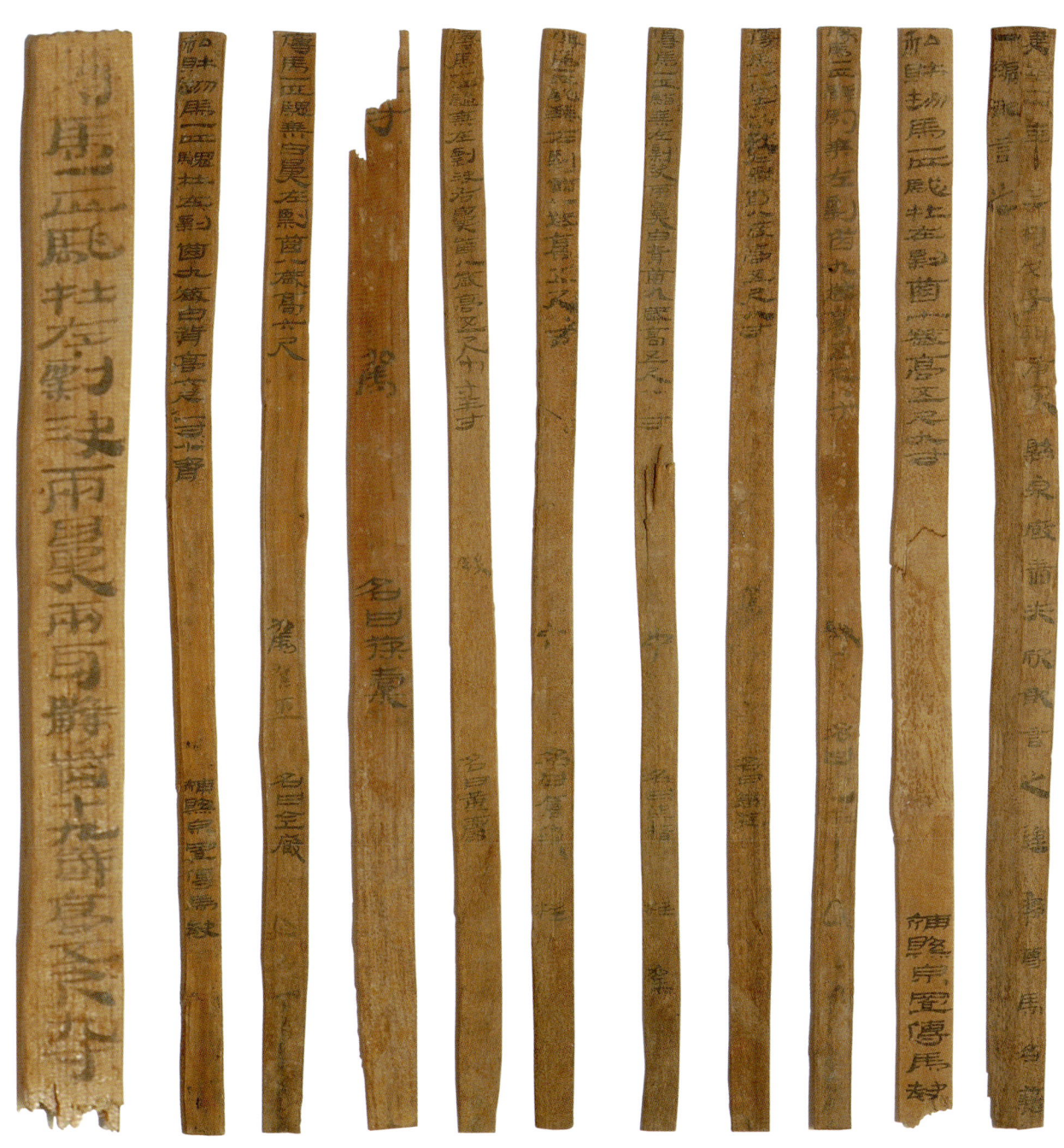

《传驿马名籍》简

西汉建始二年（公元前 31 年）
尺寸不一
1990 年敦煌悬泉置遗址出土
甘肃省简牍博物馆藏

　　《传驿马名籍》是悬泉置内部负责饲养和管理马匹的官员记录的驿马信息账册。简中详细记载了悬泉置驿马的颜色、特征、编号、年龄、身高、用途、专用名等信息。如其中一简文记载了一匹名叫铁柱的马的基本信息："传马一匹，赤骝，牡，左剽，齿九岁，高五尺八寸，驾，名曰铁柱。"《传驿马名籍》原册有散佚，现仅存有十匹马的名籍信息。此简对我们了解悬泉置内部马匹饲养与管理制度有十分重要的价值。

折垣国贡狮简

西汉（公元前 202—公元 8 年）
长 7.5 厘米，宽 1.8 厘米，厚 0.2 厘米
1990 年敦煌悬泉置遗址出土
甘肃省简牍博物馆藏

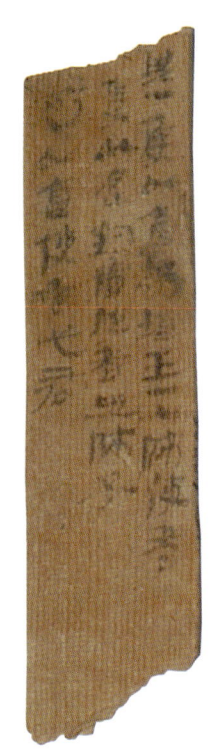

　　简文为："□其一只以食折垣王一人师（狮）使者，□只以食钩盾使者迎狮子，□□以食使者弋君。"记载的是"折垣国"国王派使者向汉朝贡献狮子，汉廷派遣少府属吏钩盾（专门掌管皇家禁苑的官吏）前往悬泉置迎接的事。据推测，此简的年代当在初元至永始之间（公元前 48—前 13 年），约为元、成两帝时期。

　　"折垣"贡狮事在《汉书》中并未记载。《汉书》记载西域国家中只有乌弋山离出产狮子。有研究者指出"折垣国"很可能就是乌弋山离国。悬泉置汉简中也曾提到"乌弋山离"。"折垣"与"乌弋山离"应是当时对一个国家的两种译称。

接待西域七国使者简

西汉（公元前 202—公元 8 年）
长 23.3 厘米，宽 0.8 厘米，厚 0.1 厘米
1990 年敦煌悬泉置遗址出土
甘肃省简牍博物馆藏

　　此简为悬泉置接待西域大月氏、大宛、疏勒、于阗、莎车、渠勒、精绝、扜弥等七国使者的记录。

《康居王使者册》简

汉元帝永光五年（公元前 39 年）
长 23.5 厘米，宽 1—1.7 厘米，厚 0.3 厘米
1990 年敦煌悬泉置遗址出土
甘肃省简牍博物馆藏

　　此册简共计七枚，前四简记载的内容为康居国使者杨伯刀等前来贡献骆驼，在酒泉遭遇太守及属下对估价不公而申诉到朝廷的事。第五简两行书写，为尚书所属的主客谏大夫在永光五年六月初一日下发给敦煌太守的公文，责令负有"辑宁殊方"之责的敦煌太守按照有关律令详细查核此事；第六简为七月十八日敦煌太守下发给效谷县的公文；第七简是效谷县于七月二十日下发给悬泉置的公文，要求在三日内将康居国使者过悬泉置时的情况逐级上报。从此简可以看出，汉代时就已经形成较为完整的涉外管理制度。

大宛使者献驼简

西汉（公元前 202—公元 8 年）
长 20.3 厘米，宽 0.9 厘米，厚 0.3 厘米
1990 年敦煌悬泉置遗址出土
甘肃省简牍博物馆藏

　　丝绸之路开辟，大量来自西域的"贡使"出现在甘肃丝绸之路上。他们带着各种"珍宝"如"橐驼"前往长安，进献给汉朝皇帝。此简记载了大宛国贵人乌莫塞想要进献给汉朝皇帝一匹橐驼，但不幸的是，这匹橐驼死在了悬泉置。

于阗王使者简

西汉（公元前 202—公元 8 年）
长 23.6 厘米，宽 0.75 厘米，厚 0.2 厘米
1990 年敦煌悬泉置遗址出土
甘肃省简牍博物馆藏

　　汉宣帝神爵三年（公元前 59 年）西域都护府建立后，天山南北诸国纷纷派使者至中原活动。在赏赐贸易的巨大利益的驱使之下，一批批庞大的贡使团出现在河西走廊，出现"使者相望于道"的盛况。此简记载的是于阗王派出的使团经过悬泉置时，悬泉置给上级机构汇报的公文，其中提到于阗使团人数达到"（一）千（零）七十四人"。

乌孙贵人传舍简

西汉（公元前 202—公元 8 年）
长 15 厘米，宽 12 厘米
1990 年敦煌悬泉置遗址出土
甘肃省简牍博物馆藏

　　汉宣帝甘露二年（公元前 52 年），在乌孙生活了半个世纪之久的解忧公主上书汉宣帝，表示"年老土思，愿得归骸骨，葬汉地"。汉宣帝同意了解忧公主的请求。次年，年近七旬的解忧公主踏上了回长安的归途。汉廷下诏要求沿途各地驿站一路上提供食宿与车辆。

悬泉置漆筷、竹筷

西汉（公元前202—公元8年）
长21.5厘米，宽0.5厘米，高0.5厘米
1990年敦煌悬泉置遗址出土
甘肃省简牍博物馆藏

　　筷子呈圆柱体，通体髹漆，上下两端施红色，中间以黑色为主。这类髹漆的筷子等级较高，当系驿站接待官员、使者的餐具。竹筷则为一般人员餐饮时所用。

悬泉置木匕

西汉（公元前202—公元8年）
长20厘米，宽4.2厘米
1990年敦煌悬泉置遗址出土
甘肃省简牍博物馆藏

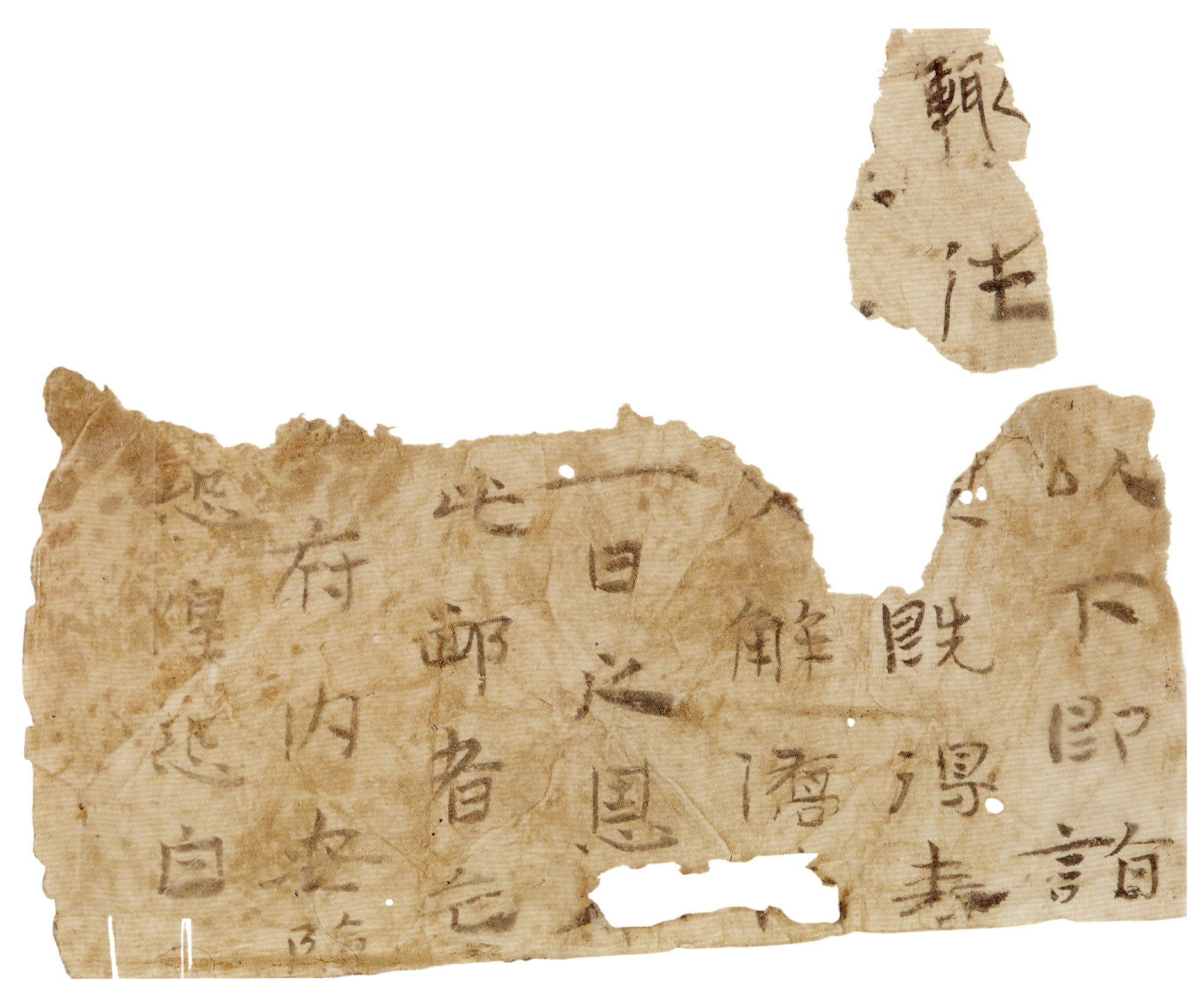

悬泉墨书纸

西汉（公元前 202—公元 8 年）

纵 15 厘米，横 7.7 厘米

敦煌悬泉置遗址出土

甘肃省文物考古研究所藏

　　书信残片。纸张为白色，质地较厚，表面光滑，有较强的韧性。证明书写有七行三十一个汉字，字体在楷隶之间，内容残缺严重，无法连贯读释。关于此墨书纸的年代，学界有持不同意见者，根据书法风格与纸张特征判断，其非西汉时期纸张，很可能属于东汉至魏晋时期。

悬泉麻纸

西汉（公元前 202—公元 8 年）

纵 22.5 厘米，横 27 厘米，厚 0.1 厘米

敦煌悬泉置遗址出土

甘肃省简牍博物馆藏

　　据统计，悬泉置遗址出土纸张四百余件，包括纸文书和麻纸两类，其中纸文书 10 件、麻纸 460 多件。经对麻纸取样科学检测后得知，麻纸的主要原料是苎麻和大麻，故而纸张显得比较粗糙。

悬泉麻纸 2

西汉（公元前 202—公元 8 年）

纵 12 厘米，横 19 厘米，厚 0.1 厘米

敦煌悬泉置遗址出土

甘肃省简牍博物馆藏

纸张由麻料、线头等制成。质地紧密，有韧性，表面粗糙，同时残存纸张制造时未完全打碎的麻织物碎块和线头。悬泉麻纸是中国现存早期纸张的标本，对研究中国造纸的起源和造纸术的发展有着十分重要的价值：悬泉麻纸属于古纸的范畴，其出现早于蔡伦发明纸的时间（汉和帝元兴元年，公元 105 年）；证明西汉时人们已经掌握了造纸技术。

商品与货币

　　丝绸是汉唐时期丝绸之路中西贸易中最名贵、最重要的物品。产自中国的织锦、绫罗、绢纱等通过一批批的商旅、贡使被转销至中亚、西亚以及更遥远的欧洲，成为当地王公贵族享用的奢侈品，极大地影响和改变着他们的生活方式与审美观念。

　　丝绸之路畅通，"职贡不绝，商旅相继"。来自中亚的粟特人以及波斯、大食和安息商人在将中国丝绸源源不断转销至西方的同时，也带来了各国的珍贵物品，如金银器、玻璃制品等。这些带有浓郁异国风情的奢侈品成为汉唐时期统治阶层眼中的奇珍异宝，并开始了对它们的模仿、改造和创新。

　　散落在甘肃大地上的贵霜、波斯、罗马、安息等国的金银币、铅饼等多种国际货币，也证明了甘肃丝绸之路上中西方贸易的繁盛。

甘肃境内出土了为数不少的汉唐时期的丝绸制品。这些来自中原地区的丝织品既带有中国风格，又具有一些明显的西方风格，反映了异域文化对中原丝绸制品的影响。与此同时，河西走廊出土的魏晋墓室画像砖上采桑、丝束等图像，证明当地居民也已经掌握了纺织技术。产自甘肃的丝织品亦通过被称为"沙漠之舟"的驼队转销西方。

蚕纹双联陶罐

齐家文化（公元前 2200—前 1600 年）
口径 12.5 厘米
临洮县冯家坪齐家文化遗址出土
甘肃省博物馆藏

双联罐由两个大小、造型相同的陶罐组成。每一陶罐的腹部都用细阴刻线勾画出三条蚕纹，其中两条平行斜刻，一条纵向竖刻，每一条蚕的躯体上刻有数条平行线纹和折线纹，以表示蚕体的节肢。

考古资料显示，早在七八千年的仰韶文化、红山文化、河姆渡文化等遗址中就已经发现了"陶蚕形饰"，玉石上、黑陶器上刻画的蚕形象，与中国蚕业的起源有着重要的关联。齐家文化蚕纹陶罐的发现，说明早在四千年前，齐家文化先民们就已经对蚕有了基本的认识。

针黹盒

西汉（公元前202—公元8年）

长33厘米，宽20厘米，高17.5厘米

武威磨嘴子汉墓出土

甘肃省博物馆藏

　　针黹盒为古代妇女存放针线用具的容器。篋胎以苇条编织，由盖、底两部分组成。盒面四周用赫、白两色平纹织锦缝成宽边云气纹，中心缀饰一幅绢地刺绣卷草纹。刺绣系用细线锁绣而成。盒身四周及盖五面，用棕色锦裱糊，沿、棱处以棕色织锦缝成宽边，在云纹中点缀小吉祥图案；宽边之间又用红色畦纹绢地刺绣补心，套绣白、绿、蓝三色草叶纹

及流云纹图案。出土时盒内装有木锭、针筒、缠线板、纺线锭和一条长长的刺绣花边。

　　针黹盒织锦细密，花纹秀美，刺绣精细，图案流畅，将织锦和刺绣两种工艺有机结合，体现了汉代甘肃地区织造工艺的高超水平。

团窠动物纹刺绣剑臂

汉晋（公元前 220—公元 420 年）

长 65 厘米，宽 20 厘米

2011 年征集

甘肃省博物馆藏

"福受右"铭蓝地黄绿云气纹织锦残片

汉晋（公元前 220—公元 420 年）

长 41 厘米，宽 17.5 厘米

2011 年征集

甘肃省博物馆藏

"大汉乐"铭黄地蓝绿云纹织锦残片

汉晋（公元前 220—公元 420 年）
长 40.5 厘米，宽 27.5 厘米
2011 年征集
甘肃省博物馆藏

绢质红地凤鸟纹刺绣

汉晋（公元前 220—公元 420 年）

长 65.5 厘米，宽 41.5 厘米

2011 年征集

甘肃省博物馆藏

红地中窠小花对鸟纹锦

唐代（公元 618—907 年）

长 37 厘米，宽 70 厘米

征集

甘肃省博物馆藏

　　浅棕色。深浅绿色及白色织出以小花组成图案团窠环，环外四角饰宾花，环内为对鸟，站立在棕榈座之上。鸟身饰方格纹，鸟尾上翘。此鸟不带联珠装饰，而且鸟头长有双角，与同时期常见的立鸟纹不同。

丝绸舞马覆面

唐代（公元 618—907 年）
长 78 厘米，宽 75 厘米
征集
甘肃省博物馆藏

　　舞马是盛行于唐代的一种特殊娱乐表演，深受当时宫廷和上层社会的青睐。唐代舞马活动的最早记载见于唐中宗景龙三年（公元 709 年），玄宗时期最为鼎盛，安史乱后迅速衰落，晚唐时舞马活动渐次销声匿迹。

　　唐代的舞马活动多为集体性表演。为营造一种盛大的场面和华美的视觉效果，参与表演的人多身着华丽的服饰，舞马多装配华丽的马鞍、覆面等佩饰，极尽奢华。这件华丽的丝绸覆面应该是舞马参加表演时所佩戴的覆面。

采桑图画像砖

魏晋（公元220—420年）
长42.5厘米，宽21厘米，厚6.5厘米
骆驼城苦水口魏晋壁画墓群1号墓出土
高台县博物馆藏

　　墓室画像砖。砖面以白色饰底，以红黑彩绘画，画面中间有一高大的桑树，枝叶繁茂。在桑树的左右各绘一名女子，她们一手提篮子，一手正在高举采桑叶。

　　在河西走廊魏晋壁画墓中出土的绘有采桑图的画像砖为数不多，但综合考古、文献资料来看，魏晋时期河西走廊的种桑养蚕和制丝业已经有一定的规模。

彩绘双驼图画像砖

魏晋（公元 220—420 年）

长 35 厘米，宽 16.5 厘米，高 4.5 厘米

嘉峪关市新城魏晋壁画墓出土

甘肃省博物馆藏

　　墓室画像砖。砖呈长方形，以朱红色勾边框，中间有一大一小两头骆驼。左侧绘有一棵桑树，桑叶茂密，大骆驼正昂首悠闲地吃着桑叶，表现了魏晋时期河西走廊闲适生活的一角。

"采帛" "木几" 画像砖

魏晋（公元220—420年）
长39厘米，宽19.5厘米，厚5厘米
1999年高台县许三湾古城遗址西南墓葬出土
高台县博物馆藏

墓室画像砖。图中彩绘一张红色四足几案，几案上方以墨线勾画出八个圆圈状图案，其中四个涂绘成红色，两个涂绘成黑色。画面左下方墨书两行题款"采帛""木几"，意为木几上放着的是彩色束帛。此图意在表示墓主人生前富足的生活，也直观反映了当地丝织业的基本面貌。

彩绘"会缋"画像砖

魏晋（公元 220—420 年）

长 39 厘米，宽 19.5 厘米，厚 5 厘米

1999 年高台县许三湾古城遗址西南墓葬出土

高台县博物馆藏

　　墓室画像砖。砖饰白底，砖上以朱红色勾勒一箱子（此箱形制与"侍女开箱图画像砖"上的箱子相类）。在箱体侧面满是用墨笔勾描大小相近的圈，似卷状物，层层依次堆叠。右侧用红彩写竖行"合缋"两字。

　　《说文解字》中将"缋"释为："织余也。"意即织品、布帛的头与尾。从整齐的码放形状来看，画像砖上表示的应该是整整一大箱子的布帛或缎匹，意在显示墓主人生前富足的生活，亦传递出河西走廊地区布帛等织造业的发展水平。

彩绘仕女开箱图画像砖

魏晋（公元 220—420 年）

通长 42 厘米，通宽 21 厘米，厚 6.5 厘米

骆驼城苦水口魏晋壁画墓群 1 号墓出土

高台县博物馆藏

　　墓室画像砖。砖饰白底，砖上绘为一侍女从箱中拿取衣物的情景。侍女束高髻，面颊饰红，一手揭开箱盖，一手探入巨大的木箱中拿取衣物，颇具生活气息。

　　从侧面看去，箱子里的衣物红彩与绿彩相间，与侍女身上穿着的衣物相似，并都呈现出质地轻飘柔软的特征，可以推测，箱子里可能装满用丝织物制成的精美衣物。此图与"会缋"图画像砖相类，都意在表现墓主人生前富足的生活，也传递出河西走廊地区布帛等织造业的水平。

彩绘丝束图画像砖

魏晋（公元 220—420 年）
长 43 厘米，宽 20.5 厘米，厚 6.5 厘米
2001 年高台县许三湾古城遗址西南墓葬出土
高台县博物馆藏

　　墓室画像砖。图上绘制了四串丝束，丝束呈"∞"形，
两端有绳结，与中原地区常见的生丝存放方式一致。
　　丝绸是人们最为珍贵的财富，拥有丝绸的多寡，便是拥

有财富的多寡。四串丝束充满整幅画面，意在展现墓主人生
前的富足，抑或表示墓主人生前从事种桑养蚕和制丝。

贵霜金币

贵霜王国（公元 1 世纪上半叶—3 世纪中叶）
直径 1.9 厘米；重 7 克
征集
甘肃省博物馆藏

　　金质圆形，正面为君主像，其身着长衣，作侧面站立状；另一面为一女神像，女神左手执一物坐于榻上，长裙曳地，可能是贵霜金币上常见的丰饶女神（即提喀女神）。

　　贵霜王国是由中国古代民族月氏西迁中亚后建立的政权。月氏人"本行国也，随畜移徙"。公元前 2 世纪，月氏为乌孙击败后被迫西迁阿姆河以北地区（大夏境内）生活。随后，月氏人越过阿姆河征服了大夏统治的中心区，并于公

元 1 世纪上半叶建立了统一的国家。随着王国的兴盛和受罗马金币的影响，贵霜王朝开始铸造金币，正面为君主头像，背面为多元化的宗教神像，涉及希腊、波斯、印度教和佛教等众多神像。

　　贵霜王国地处丝绸之路要冲，散落在丝绸之路上的贵霜金银币，是其一直同古代中国保持着密切联系的明证。

波斯银币（10 枚）

萨珊王朝（公元 224—652 年）
直径 3.1 厘米；重 3 克
征集
甘肃省博物馆藏

　　银币呈圆形，正面为萨珊国王侧面肖像。国王头戴王冠，冠顶有火焰状饰物，国王周围有星、月和铭文等图案。整体图案外是一周圆圈，圈外左、右、下方是三个新月抱星图案。背面有细小联珠组成的圆圈，圈内正中有一个三层拜火教祭坛，表现出熊熊燃烧的火焰。祭坛两侧分立两个祭司，祭司两侧有铭文。

　　萨珊王朝即中国史籍中的"波斯"，今伊朗。在萨珊王朝建立之初，中国大地正值东汉末、三国时期，其与中国交往甚少。北魏统一中国北方地区后，萨珊王朝与中国的交往逐渐增多，大量的使团、商旅往来于丝绸之路上，或例行朝贡，或发展贸易，逐渐控制了东方贸易。同时，活跃于丝绸之路上的粟特人，更加深了萨珊王朝与中国的贸易关系。近些年来，在河南洛阳、陕西西安、青海西宁、甘肃敦煌、宁夏固原、新疆吐鲁番等地相继出土了一千余枚萨珊王朝银币（学界称之为"白银之路"），即是萨珊王朝与中国之间贸易兴盛的明证。

波斯陴鲁斯王银币（6 枚）

约公元 5—6 世纪
直径 2.5—2.9 厘米；重 3.5—4.1 克
1970 年张掖大佛寺金塔殿出土
张掖市博物馆藏

圆形银质，正面为陴鲁斯王头像，面部向右，颈戴项圈，身着甲衣，头饰王冠，王冠顶部为新月环抱的火焰纹圆球，左右两侧各有星月纹饰，王像右侧面部，有婆罗文铭文，意为"主上陴鲁斯"，周围饰一圈联珠纹组成轮廓。背面中间为祆教圣火祭坛，祭坛左右各有星月纹饰，侍立祭司二人，周围亦饰联珠纹。

希腊文铅饼（6 枚）

约公元 1 世纪

直径 5.5 厘米

灵台县康家沟窖藏出土

灵台县博物馆藏

　　铅质，铸压成型。铅饼正面浮雕兽纹，兽身卷曲成涡形。背面内凹，边缘处铸有希腊文字母拼写的铭文一周，并戳有两个印记。同时出土 274 枚，上覆盖汉代半筒瓦。

　　关于这批铅饼的来源、铭文、名称、用途及制造地，学术界还没有形成统一的认识。目前主要有三种观点：一是这批铅饼由贵霜人带来；二是其系仿制汉武帝的"白金三品"；三是由希腊化时期的大夏人所铸造。

希腊文铅饼

约公元 1 世纪
直径 5.5 厘米
西和县出土
西和县博物馆藏

菱格重圈纹料珠

西汉（公元前 202—公元 8 年）
直径 2—2.3 厘米，高 2.1—2.4 厘米
1986 年静宁县李店镇王沟村出土
静宁县博物馆藏

仿玻璃陶珠

西汉（公元前 202—公元 8 年）
直径 3.5—4.1 厘米
1986 年静宁县李店镇王沟村出土
静宁县博物馆藏

金步摇

西汉（公元前 202—公元 8 年）
通高约 8 厘米，直径 6.4 厘米
1984 年武威凉州区韩佐乡红花村出土
甘肃省文物考古研究所藏

　　金质捶揲、焊接、镶嵌而成。步摇整体造型近似树，树干粗壮，其上饰有四条长条叶子。中心伸出弯曲的八枝细茎，上饰四朵小花，三朵花苞，直茎一端立一小鸟，喙部衔环，环下缀一圆形饰片。花心原嵌有宝石，已佚。造型朴美，制作精细。

　　步摇是中国古代女性的一种重要首饰，多用金玉等材料制成，呈树枝形，其上多缀有花鸟禽兽等装饰物，佩戴者行走时，其上所饰物则随步履而摇曳不止，因而得名"步摇"。早在战国时期，步摇就已经成为女性们的首饰。此件步摇与中原常见的有所不同，相对质朴纯美一些。

联珠纹扁壶

隋代（公元 581—618 年）

高 21 厘米，宽 18.6 厘米，厚 9.5 厘米

征集

甘肃省博物馆藏

　　扁壶腹部主体饰莲花，边缘用联珠纹分界。陶质扁壶始建于北周和北齐。隋唐时期较多。用棕榈叶花和连珠纹做装饰图案，常出现在波斯地毯和一些古典的铸造物、浮雕、壁画和花瓶上。公元 5 世纪左右时由中亚、西亚传入中国，并发生了变体，即把棕榈叶花改作莲花，表明了中西文化在交流中的融合。

嵌宝石金戒指

唐代（公元 618—907 年）
径 1.5 厘米，高 0.6 厘米；重 20.55 克
1973 年榆中县城关镇朱家湾村唐高昌国交河郡夫人慕容仪墓出土
榆中县博物馆藏

　　戒指形状为圈形，戒面较圆，上嵌红宝石一颗、紫宝石两颗，质地纯正，晶莹透亮，造型和工艺明显带有阿拉伯文化特色，说明当时唐王朝的强盛、开放和丝绸之路贸易的繁荣。戒面上有四个小凹坑，是原镶嵌的宝石脱落所致。

鎏金银骑射狩猎纹铜叶饰（2 件）

唐代（公元 618—907 年）
高 7.6 厘米；重 45 克
移交
甘肃省博物馆藏

　　叶片呈树叶形，通体鎏金。叶柄为一小圆环，铜叶边缘用葡萄叶组成边框，中间饰两组狩猎纹图案：一人骑马张弓射雁，下方一鹿受惊吓慌忙驰奔逃窜；一人骑马持矛，用力刺向一腾跃而起的猛狮。整个图案用浮雕的形式铸刻，造型生动，动感强。

　　因受胡人狩猎文化的影响，狩猎亦成为唐代王公贵族们竞相追逐的活动之一。纵观铜牌饰上的纹饰图案，明显受到西亚风格的影响。铜牌饰顶端有圆环，系穿系佩戴所用，此或为马鞍饰上的饰件。

镶绿松石金壶

唐—吐蕃（公元 618—842 年）

高 17.5 厘米，口径 6.5 厘米，底径 6.5 厘米；重 709 克

1979 年肃南县西水乡大长岭出土

肃南民族博物馆藏

　　金壶系捶揲制成。鼓腹长颈，侈口，沿部微卷，假高圈足，平底。半球形壶盖，中间焊接一联珠座束腰莲花纹捉钮。钮上镶一颗圆形绿松石，惜已佚失。盖与壶沿之间用活页形卯相连。壶的肩部有凸弦纹一周；腹部卯接有一环形把，把上加菱花形指垫，其中心镶嵌有一圆形绿松石。

　　考古资料显示，此壶与俄罗斯叶尼塞河上游、中国内蒙古敖汉旗李家营子出土的两件金壶（配件）工艺十分相似，具有明显的粟特金银器风格特征。

花鸟纹鎏金铜梳

唐代（公元 618—907 年）
纵长 10.7 厘米，横长 12.8 厘米
征集
甘肃省博物馆藏

  铜梳为一薄片，一头半圆，模压鱼子地花鸟纹，另一头
方齐，剪成细条状，正面有鎏金的痕迹。铜梳上的模压纹饰
制作技艺可能受到西方模压技术的影响。

海马瑞兽葡萄纹铜镜

唐代（公元 618—907 年）

直径 29 厘米，厚 2 厘米

1986 年秦安县五营乡陈峡村征集

秦安县博物馆藏

　　海马瑞兽葡萄纹铜镜，为唐朝时期流行的主要镜类之一。镜面氧化物已退净，光亮如新，镜背周边及中部各有凸棱一周，钮为一伏卧怪兽，自钮至边缘花纹分为三组，近钮处一周为海兽葡萄纹，其中六只海兽环绕镜钮；第二周为葡萄纹间鸟虫等；最边缘为宝相花一周。兽之奔跃，禽之飞舞，栩如生，可谓唐代铜镜中的珍品，也是唐代铜镜中的新类型。

　　瑞兽纹、葡萄纹早在汉代已经出现，但将二者组合使用在铜镜上却为唐代首创，多流行于唐高宗时期，以武则天时期最为盛行。研究者认为，海兽原型可能是来自异域的狮子。

胡人与胡风

　　伴随着丝绸之路的开通，"外国人"（胡人）陆续来华。汉魏时期，他们已经在中国北方定居。隋唐时期，国力日臻强盛，声名远播海外，丝绸之路上"胡商贩客，日款于塞下"，贸易空前繁盛。加上隋唐王朝开放的外交政策，大量的"外国人"纷纷慕名而来，一时间"长安胡化极盛一时"。

　　胡人大量来华，在中国或从事政治、商贸、宗教活动，或做苦役、侍从、艺人谋生。20世纪中期以来，在丝绸之路沿线考古出土了大量的胡人俑、骆驼俑以及壁画，生动再现了隋唐时期胡人在华的生活情景。

　　胡人大量涌入，乐居中国，同时也带来不同的文化习俗，"胡风"也逐渐影响和改变着唐人的思想与生活。胡服、胡器、胡乐、胡食、胡妆、胡舞等形成的"胡风"成为其时中国社会的时尚，受到上至王室贵族，下至平民百姓的追逐和喜爱。

甘肃地区出土了大量深目高鼻、留有络腮胡子的胡人俑，胡人牵马、牵骆驼俑等，如秦安县叶家堡唐墓出土的三彩胡人骑马俑；庆城县唐游击将军穆泰墓出土的文吏俑、胡人牵鸵俑、滑稽艺人俑；天水市石马坪唐墓出土的胡人伎乐俑；瓜州县锁阳城唐墓出土的胡人头俑，都直观地展现了甘肃地区隋唐时代胡人的生活面貌。

胡人牵马俑

前秦建元十四年（公元 378 年）

俑高 28 厘米；马通长 38 厘米，肩宽 6 厘米

2001 年高台县许三湾墓群出土

高台县博物馆藏

木马及俑削雕而成，墨色绘画。木马伫立，昂首作嘶鸣状，身躯健硕，腰部雕饰鞍具，用墨色描绘；驭俑为胡人，立于马前作拱手状，头戴黑色小圆帽，五官墨色描绘，浓眉大眼。双足前后站立于木板上，作牵马状，形象生动逼真。

根据出土棺板上的题记，木马及驭俑的制作年代为前秦建元十四年。

三彩胡人牵驼俑

唐代（公元 618—907 年）

俑高 72.7 厘米

驼高 95.5 厘米，长 65 厘米

1965 年秦安县叶家堡唐墓出土

甘肃省博物馆藏

胡人俑身施褐色釉，头戴幞头，浓眉大眼，蓄八字胡，头向右斜视，右手握于胸前，左手握于腰间，呈牵驼状。俑身穿翻领窄袖右衽翻领大衣，内着红色紧身衫，足穿长筒靴，站立于踏板上。胡人身着胡装，却头戴唐式幞头，反映了唐

代胡汉之间文化交融之一斑。

骆驼通体饰褐色釉，昂首向上作嘶鸣状，张口露齿，双峰高耸，四腿健壮有力，直立于长方形踏板上。胡人牵驼俑，形象写实，生动地表现了丝绸之路上胡商的形象。

三彩胡人骑马俑

唐代（公元 618—907 年）
俑高 38 厘米
1965 年秦安县叶家堡唐墓出土
甘肃省博物馆藏

　　骑马俑整体为白色胎，施黄、白、绿、褐等色釉，胎质与烧制工艺均佳。胡人头戴软幞头，深目高鼻，髭须浓重，头转向右侧，身穿翻领胡服，双臂弯曲，双手呈勒缰绳状，双目凝视远方，神态威武。右肩上残存一陶片，据推测制造之初胡人肩部很可能驾有鹰隼等助猎类动物。

　　马的体态雄健，昂首，双耳直立，双目前视，四腿挺拔有力，立于长方形踏板之上。造型设计和艺术手法，都具有明显的盛唐风格。

三彩胡人女俑

唐代（公元 618—907 年）

俑高 73 厘米

1965 年秦安县叶家堡唐墓出土

甘肃省博物馆藏

　　胡人女俑施黄绿色釉，头梳双髻垂于两侧，身穿翻领窄袖大衣，内着红色衣衫，腰间系腰带，下穿紧身裤，双足蹬靴。身体微向左侧倾斜直立，右臂高扬握空拳，右臂屈于腰间作牵驼或牵马状。

三彩镇墓兽

唐代（公元 618—907 年）

高 132 厘米，纵 41.5 厘米

1965 年秦安县叶家堡唐墓出土

甘肃省博物馆藏

陶镇墓兽，施赭、黄、绿色釉。人面兽身（狮身），头生角，耳竖立，头、背竖起火焰形戟，双目圆鼓，昂首挺胸，前肢直撑，后肢屈蹲，背部拱起。踞坐于不规则的椭圆形台座上。兽首面目狰狞，凶猛异常，有很强的威慑力。镇墓兽一般置于墓门口，起镇墓辟邪，以佑护死者亡魂安宁的作用。

唐墓中出土了大量此类奇绝诡异的镇墓兽（狮形、带翼），很可能受到了西方造型元素的影响。

彩绘牵驼俑

唐开元十八年（公元730年）
俑高53厘米，驼高77厘米
2001年庆城县城关镇唐游击将军穆泰墓出土
庆城县博物馆藏

　　人俑高鼻凸颧，紧抿嘴巴，络腮胡。头戴虚尖高帽，身着浅色团领紧袖开襟长袍，前摆挽系在腰间，下身着紧身花皮裤，双腿叉立，足蹬黑靴。右臂向右侧高举，双手握虚拳，作牵拉缰绳状，神情紧张而又专注。

　　骆驼伫立扬颈嘶鸣状，四蹄立于长方形底板上。骆驼被誉为"沙漠之舟"，善于负重长途跋涉，是古代通行于丝绸之路上戈壁沙漠间的重要交通工具。

彩绘胡人俑

唐开元十八年（公元 730 年）

俑高 52 厘米

2001 年庆城县城关镇唐游击将军穆泰墓出土

庆城县博物馆藏

人俑高鼻深目、凸颧，口微张露齿，细长络腮胡须，双手握拳于右胸前，似牵马或驼状。头戴黑色幞头，身着赭石色翻领窄袖缺胯长袍，翻领和两襟上用红、黑、绿色绘出团花图案，长袍内为绿色里衬，腰间束带，左侧腰下缀有鞶囊，足蹬尖头黑靴。

彩绘胡人滑稽俑

唐开元十八年（公元730年）

俑高 54 厘米

2001 年庆城县城关镇唐游击将军穆泰墓出土

庆城县博物馆藏

人俑面阔脸圆，大耳高鼻，左眼圆睁、右眼紧闭，咧嘴微笑，齿白唇红。头戴黑色高帽，帽顶至前沿上卷处饰有一白色窄带纹，上勾绘黑红双色曲线纹。身着橘黄色团领窄袖开襟长袍，前胸交口处从领口至下摆有一宽带朱红色和白色勾绘的团花纹饰，长袍上刻画痕表示衣纹，腰间束黑带，左侧腰下缀有鞶囊，足蹬高翘头黑靴。身体微微向右转，右手弯曲抬起，似在牵拉缰绳，作滑稽表演状。

彩绘黑人舞俑

唐开元十八年（公元 730 年）

俑高 50 厘米

2001 年庆城县城关镇唐游击将军穆泰墓出土

庆城县博物馆藏

舞俑皮肤黝黑，长发披至颈部，发梢上卷，上扎橘色头带，高眉深目，圆眼尖鼻，颧骨隆起，两腮干瘪，下唇凸起，双耳垂肩，上着圆领窄袖衣，腰系黑带，臀部缀圆形小包，前裙交扎于腰带，后裙下垂至膝窝，两臂屈肘高举，头略偏右，目视右掌，穿紧身豹皮裤，透露出时尚之气息，足蹬黑色皮靴，呈丁字步站立，似正在舞蹈或进行某种滑稽表演。

彩绘袒胸胡人俑

唐开元十八年（公元 730 年）

俑高 50 厘米

2001 年庆城县城关镇唐游击将军穆泰墓出土

庆城县博物馆藏

胡人双目圆睁，宽鼻翼，深鼻孔，片状络腮胡，头发稀疏，额头高凸，浓眉紧蹙，双臂屈置于臀部。身着浅赭石色团领窄袖开襟长袍，腰间束有软带，系结于腹下。袒露整个胸腹部，腹部高隆异常。下着窄裤，足蹬黑色长筒翘头靴，身体稍微左倾，头歪向左侧，双腿微开立于长方形底板上。

此类俑造型、表情夸张异常，当属于滑稽俑。有研究者认为，滑稽俑正在表演"手彩类"魔术，抑或正在训斥对方。穆泰墓出土四件滑稽、丑角、戏弄俑，是唐代"百戏"场景的再现。

彩绘牵马俑

唐开元十八年（公元 730 年）

俑高 72.7 厘米

2001 年庆城县城关镇唐游击将军穆泰墓出土

庆城县博物馆藏

　　人俑深目高鼻，齿白唇红，头戴黑色蟆头，身着黄色团领、右衽窄袖长袍，领、衣襟上饰有橘色团花宽边。腰间束有黑色皮带，其上饰有黑色鞶囊，囊置于右侧腰下，足蹬黑色长靴。左臂贴身呈握拳状，右臂前伸作牵马状。

　　马俑立姿，嘴微张，作嘶鸣状，双耳竖立，脖颈、四肢粗壮有力，胸肌异常宽阔厚实。马匹高大健硕，器宇轩昂，具有天马的特征。

彩绘杂戏俑

唐开元十八年（公元730年）

俑高48厘米

2001年庆城县城关镇唐游击将军穆泰墓出土

庆城县博物馆藏

人俑头戴黑色幞头，面部涂白，额纹深陷，口唇紧抿，嘴角下垂。身穿浅黄色团领宽袖长袍，腰间束带，后裙翻卷，足蹬黑色皮靴，立于长方形底座上。俑头扭向右前方，双肩高耸、脖颈前伸，双手拢于左腹前。右腿微微弯曲，左跨上抬，身姿呈"S"形，极富动感，生动地刻画出正在表演的滑稽形象。

彩绘杂戏女性俑

唐开元十八年（公元 730 年）
高 38.5 厘米
2001 年庆城县城关镇唐游击将军穆泰墓出土
庆城县博物馆藏

　　女俑发型拢于两侧形成垂髻，头部向左偏斜。身着灰白色团领长袍，面部表情奇特：拧眉瞪目，眉梢上翘，嘴唇紧抿，嘴角下弯，似有愤怒感。左臂屈于胸前，右臂微微弯曲垂贴身旁。人俑神态生动，或为正在表演中的滑稽俑。

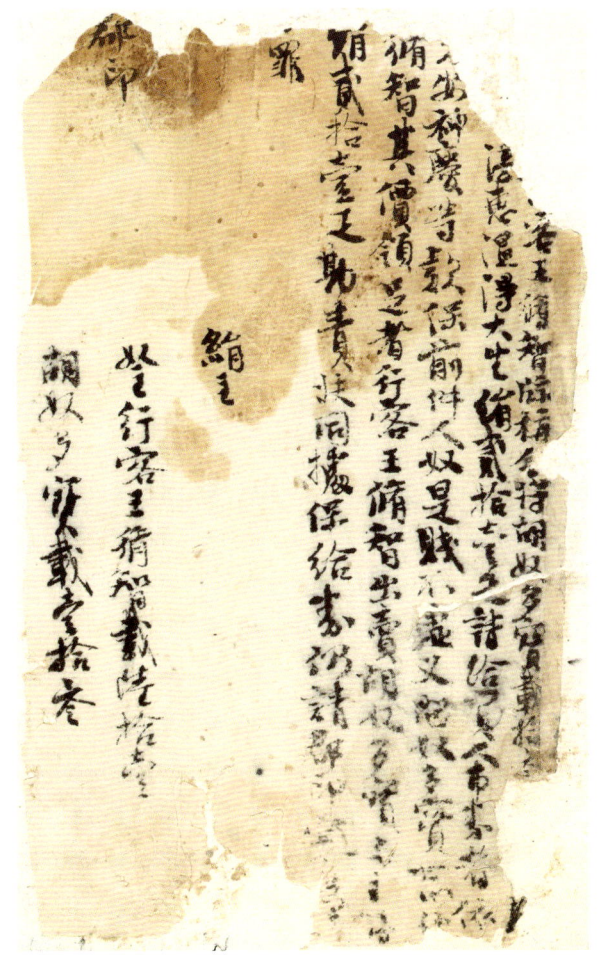

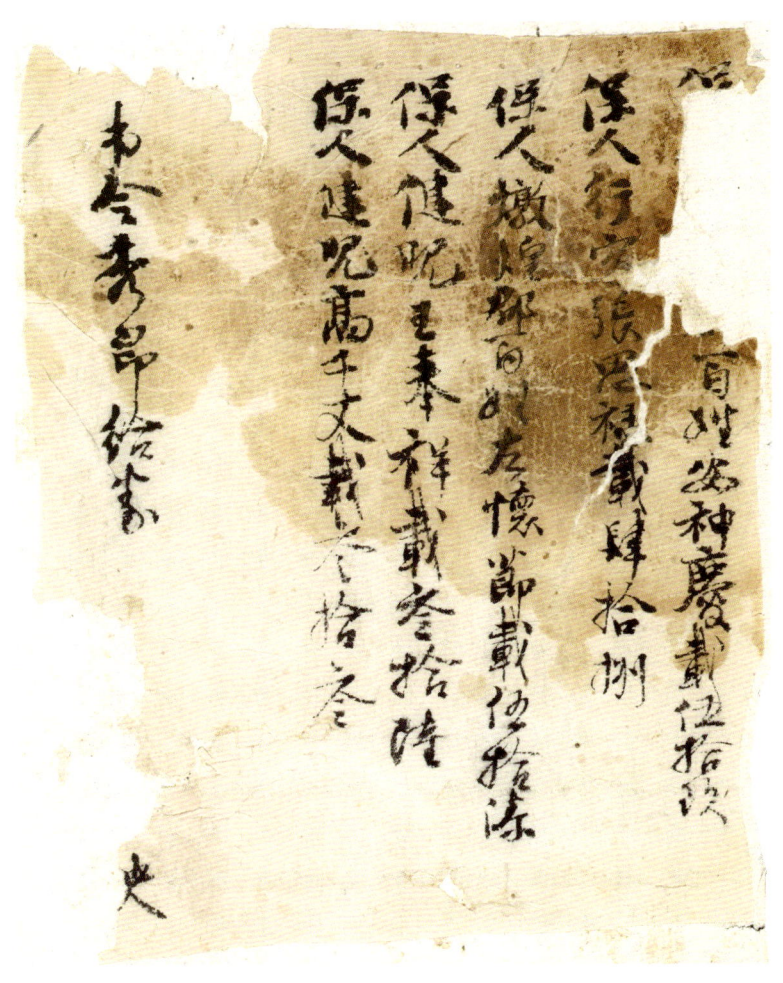

唐天宝某年王修智卖胡奴契

唐玄宗天宝时期（公元 744—758 年）

高 23.5 厘米，宽 13.5 厘米

发现于敦煌藏经洞

敦煌研究院藏

　　胡人来华，除经商贸易外，还经常通过做苦役、侍从和从事滑稽表演等谋生。此为唐天宝年间旅居在敦煌的王修智卖胡奴时所订立的契约。唐律规定"凡买卖奴坤牛马，用本司本部公验以立券"，即由当地市司为买卖双方订立券契。

胡人牵驼画像砖

唐代（公元 618—907 年）
长 34.5 厘米，宽 34 厘米
张掖市甘州区新乐小区唐墓出土
张掖市博物馆藏

胡人头戴尖顶毡帽，帽顶后倾，深目高鼻，身着窄袖短衫胡服，一手揽缰牵驼，一手持棒扛肩，腿穿紧身裤，足蹬软靴，大步前行。骆驼驮物，张嘴嘶鸣，胡人牵驼迎风行进，生动地表现了辛劳奔波在丝绸之路上的胡人形象。

模印胡人牵驼画像砖

唐代（公元 618—907 年）
长 36 厘米，宽 23.5 里，高 5 厘米
1995 年敦煌佛爷庙湾墓群出土
敦煌市博物馆藏

　　砖上图案模制凸起成浅浮雕状。胡人头戴尖顶高帽，高鼻，尖下颏，身穿"V"型领及膝长袍，左手牵缰，右手执鞭下垂。骆驼张口作嘶鸣状，驮架上搭"十"字形捆扎的椭圆形驼囊，上立一小鸟。驼囊圆鼓，其内可能装载着丝绸或来自西方的珍宝。

　　唐胡人牵驼砖是丝绸之路上商旅活动的真实记录，是敦煌在丝绸之路中西交通中的地位和作用的直接证据。

模印胡人牵驼画像砖

唐代（公元 618—907 年）
长 32.5 厘米，宽 21.5 厘米，高 5.5 厘米
2000 年山丹唐代武骑尉韩胤胄墓出土
山丹县博物馆藏

　　砖面呈长方形，模印彩绘胡人，深目高鼻，头戴白色尖顶毡帽，身穿绿色或红色窄袖紧身胡服，腰系黑带，挂黑色烟荷包，足蹬长筒黑靴，脚尖上翘，一手揽缰牵驼，一手持骨朵扛肩，大步前进，身后骆驼张嘴嘶鸣。展现的是唐代西域商人奔波在丝绸之路上的景象。

　　骆驼上驮的货物袋子呈圆形，里面可能装载着丝绸等珍贵商品。

红陶胡人俑

唐代（公元 618—907 年）

高 53.5 厘米

2009 年灵台县梁原乡付家沟出土

灵台县博物馆藏

　　俑红陶质，头戴幞头，浓眉大眼，鹰钩高鼻，
阔口，八字髭上翘，下颚浓密络腮短须，粗短脖颈；
上穿右衽翻领长衣，内着衹衣，腰中系带，前摆挽
系于腹前，足蹬尖头长靴，站于椭圆形托板之上。
胡人俑头右转，微后仰，目视右上方，右臂上抬弯曲，
手作握物状；左臂弯曲，左手亦作握物状。从姿态
上观察，此俑似为牵驼俑。

红陶胡人俑

唐代（公元 618—907 年）
高 40 厘米
2009 年梁原乡付家沟出土
灵台县博物馆藏

　　俑红陶质，满头短卷发，浓眉大眼，鹰钩鼻，粗短脖颈；上穿右衽翻领长衣，内着衳衣，腰中系带，前摆挽系于腹前，足蹬尖头长靴，站于椭圆形托板之上。胡人俑头右转，微后仰，目视右上方；右臂上抬弯曲，手作握物状；左臂弯曲，亦作握物状。从姿态上观察，此俑似为牵夫俑。

三彩胡俑首

唐代（公元 618—907 年）
高 15 厘米，宽 7 厘米
1995 年锁阳城墓群 M2 清理出土
瓜州博物馆藏

　　泥胎彩绘，胡人头戴软蹼头，瘦长白脸，黑发，黑眼，八字黑须，红唇。俑身已佚。

印度人俑

唐代（公元 618—907 年）
高 29.5 厘米
山丹县征集
甘肃省博物馆藏

　　早在北魏（公元 386—534 年）时，印度（文献中的"天竺"）就已经通过陆上丝绸之路，经新疆、甘肃地区前往中原地区。其中印度僧侣的大量到来，深刻影响着北魏佛教石窟艺术，如犍陀罗造像、飞天造像艺术等。汉唐时期，中国与印度的交往日趋增多，印度商贾、僧侣等通过海陆两道往来于中印之间。唐太宗时，使臣王玄策曾三次奉命出使印度。频繁的交往，促进了中印之间的文化交流，胡椒、白豆蔻、密草等植物香料，甘蔗榨糖法等技术传入中国，天文历法、医药、音乐等都对唐代中国文化产生了重要影响。

　　此件陶俑直鼻深目，身着长袍，束腰带，足蹬长靴，双手握于左胸前，似在行唐代叉手礼，具有明显的印度人特征。跨过历史长河，如今他再次出现在甘肃丝绸之路上，俨然已成为那些被历史淹没了的来华印度人的代表。

彩绘吹排箫伎乐俑

唐代（公元618—907年）
高32厘米
1982年天水市秦州区石马坪出土
天水市博物馆藏

俑呈跪姿，双手握排箫，举于嘴边，作吹奏状。身着红色圆领窄袖袍，左衽，腰束绲带。彩绘剥落严重，依稀可见领圈、袖口、门襟镶白边。双髻凸起，外戴平顶交角头巾。

排箫是一种竹制管乐器，编排竹管为之，是中国最早出现的编管乐器。但唐代之前，文献中的"箫"均指排箫。《说文解字》云："箫，参差管乐，象凤之翼。"至隋唐时，单管竖吹的箫日渐盛行，编管的箫才有了"排箫"之名。《隋书·音乐志》载，排箫是"龟兹乐""西凉乐"中必备的乐器之一。据统计，自北魏始至元代，莫高窟壁画中绘制的排箫多达300余件。

彩绘吹横笛伎乐俑

唐代（公元 618—907 年）

高 32 厘米

1982 年天水市秦州区石马坪出土

天水市博物馆藏

　　俑呈跪姿，高鼻凸颧，双手横握嘴前，作吹笛状，面露微笑。惜横笛佚失不存。从残存的彩绘可以看出，俑身着红色圆领窄袖袍，左衽，腰束绿带。领圈、袖口、门襟镶白边，上臂亦有一圈白色彩绘。头裹平顶交角头巾，其中二角系前额，二角系脑后。

　　据《隋书·音乐志》载，横笛是"龟兹乐""西凉乐"中必备的乐器之一。

彩绘弹琵琶伎乐俑

唐代（公元 618—907 年）

高 32 厘米

1982 年天水市秦州区石马坪出土

天水市博物馆藏

　　俑呈跪姿，怀中横抱琵琶，右手持拨子弹奏，左手按相位。俑通体彩绘剥落严重，身着圆领窄袖袍，腰束绦带，头裹平顶交角头巾。

　　从制式判断，俑怀抱的是曲颈琵琶。据研究，曲颈琵琶南北朝时期由波斯传入中国新疆于阗一带，经过改造和创新，隋唐时期成为盛极一时的乐器。

彩绘吹贝蠡伎乐俑

唐代（公元 618—907 年）

高 32 厘米

1982 年天水市秦州区石马坪粟特墓出土

天水市博物馆藏

　　俑呈跪姿，双手握贝蠡，作吹奏状。身着红色圆领窄袖袍，左衽，腰束绛带。领圈、袖口、门襟镶白边。双鬓凸起，外戴交角头巾。

　　据《隋书·音乐志》载，贝蠡也是"龟兹乐""西凉乐"中必备的乐器之一。

彩绘吹笙伎乐俑

唐代（公元 618—907 年）
高 32 厘米
1982 年天水市秦州区石马坪出土
天水市博物馆藏

　　俑呈跪姿，双手执笙，作吹奏状。身着圆领窄袖袍，左
衽，腰束绰带，头上未戴巾帽。彩绘剥落较严重。
　　笙是一种吹奏乐器，是中国古老的簧管乐器，传说是由
女娲所创制。笙是春秋战国时期最主要的乐器之一。先秦典
籍中经常提到笙，如《诗经·小雅·鹿鸣》："我有嘉宾，
鼓瑟吹笙。吹笙鼓簧，承筐是将。"

张骞两次"凿空"西域，带来了西部地区盛产良马的信息。张骞第二次出使西域，返回时乌孙派使者带来良马数十匹进献汉武帝，汉武帝命名为"天马"。同时，张骞也给汉武帝带来了西域大宛国（今乌兹别克斯坦费尔干纳盆地）盛产良马的信息。大宛"多善马，马汗血，其先天马子"，如此神话般的信息，让汉武帝对大宛马产生神往。汉武帝太初元年（公元前104年），汉武帝两次出兵大宛国，以彻底击垮匈奴与大宛之间的结盟，消除匈奴在西域的影响。汉军破大宛贰师城，得大宛善马数十匹，中马以下雌雄马三千余匹进献汉武帝。看见传说中的"天马"后，汉武帝遂改称乌孙马为"西极马"，命大宛马为"天马"。

《天马图》壁画

魏晋时期（公元220—420年） 酒泉丁家闸5号墓前室北壁
图中绘一匹红鬃赤尾，腾空飞跃在翔云中的神马，其造型与神态，均与著名的铜奔马有着惊人的相似。

伎乐俑 1982 年出土于甘肃天水秦州区石马坪粟特墓，共出土五件，均为男子形象，头戴平顶交角头巾，二角系前额，二角系脑后，身着圆领紧袖左衽长袍，腰束绊带，跽坐于方台上。手持乐器各不相同，分别为横笛、贝蠡、排箫、笙、琵琶。五俑深目浓眉，高鼻鼓腮，似为胡人，正在尽情演奏。

天马西来

　　汉通西域，汉王朝从西域等地获得了更多的良马、善马。"天子好宛马，使者相望于道"。来自大宛国进献天马的庞大贡使团（"大者数百，少者百余人"）源源不断地将"天马"运至甘肃和中原地区。悬泉置遗址出土的汉简中，就有汉昭帝时派使者至敦煌迎接大宛"天马"的记录。"天子好宛马"，并非仅为满足个人喜好，而是意在寻求良马以改良中原马匹，提高战斗力。

　　如今，在河西走廊出土的汉晋隋唐时期的铜质、木质马匹，都具有头小颈长，胸部宽厚有力，四肢修长的外部特征，其中出土于武威雷台东汉墓的铜奔马（又名"马踏飞燕"）更是被普遍认为是"天马"的代表，声名远播海内外。

迎天马简

汉昭帝元平元年（公元前 74 年）
长 23 厘米，宽 1.3 厘米，厚 0.3 厘米
敦煌悬泉置遗址出土
甘肃省简牍博物馆藏

　　此简为汉昭帝元平元年派使者到敦煌迎大宛
"天马"的记录。简文为："元平元年十一月己酉，
□司诏使户籍民迎天马敦煌郡，为驾一乘传，载御
一人。御史大夫广明下右扶风，以次为驾，当舍传舍，
如律令。"该简中的"天马"，即指"大宛汗血马"。

彩绘木马

西汉（公元前 202—公元 8 年）

高 88 厘米，长 85 厘米，宽 19.5 厘米

武威磨嘴子汉墓出土

甘肃省博物馆藏

　　河西归汉，汉中央王朝获得乌孙"西极马"、大宛"天马"等良马、善马，并在"水草宜于畜牧"的凉州设置牧师苑，以改良马匹，为汉廷培育军用马匹，一时间出现"凉州之畜为天下饶"的盛况。

　　木马体型高大，雄健有力，作张嘴嘶鸣状，尾后举下弯。通体黑彩，以红、白彩绘马鞍。这件木马就是按照良马、善马的形象雕刻而成的，形神兼备，栩栩如生，具有雄浑质朴的艺术风格。

墨绘木马

西汉（公元前 202—公元 8 年）

高 60 厘米，长 59 厘米，宽 13 厘米

武威磨嘴子汉墓出土

甘肃省博物馆藏

　　木马系分别雕刻后黏合而成。立姿，头微向右侧倾斜，斜视前方，正在作嘶鸣状。马背上雕刻鞍饰，用白色涂抹，并墨绘点状纹和卷云纹，逸笔草草。马首及五官刻画细致，躯干与四肢削刻简练，线条粗放，但恰恰表现出马匹的雄健气质。

铜车马出行仪仗俑（12 套）

东汉（公元 25—220 年）

持戟武士俑通高 52.5 厘米

持矛武士俑通高 52.5 厘米

斧车通高 58 厘米，长 38 厘米，宽 45 厘米

主骑高 40 厘米，长 38 厘米，宽 45 厘米

从骑高 39 厘米，长 37 厘米，宽 45 厘米

轺车高 44 厘米，长 52 厘米，宽 39.5 厘米

辇车高 40.5 厘米，长 73.5 厘米，宽 29 厘米

1969 年武威雷台汉墓出土

甘肃省博物馆藏

　　铜车马出行仪仗阵列，出土共计 99 件，由 38 匹铜马、1 匹铜奔马、1 头铜牛、14 辆通车（分别为 1 辆斧车、4 辆轺车、3 辆辇车、2 辆小车、3 辆大车、1 辆牛车）、17 位手持矛戟的武士俑和 28 个奴婢俑组成。

　　轺车和斧车是仪仗队列的前导车，是仪仗队中最重要的部分。轺车由车、马、伞、御奴组成。斧车由车、马、斧、御奴组成，车上立斧以示其权威。辇车系出行时官员家眷乘坐之车，由车、马、驾车奴组成。牛车系出行时随从官员乘坐之车，由牛、车、御奴组成。这是迄今考古发现数量最多、阵容与气势最壮观的东汉车马仪仗铜俑。铜车马铸造精湛，体现了汉代铜雕艺术的杰出成就。

　　根据所出铜马、铜俑胸前所刻铭文"守张掖长张君""冀张君小车马御奴一人""守左骑千人张掖长张君小车马御奴一人"等可知，雷台汉墓主人为一张姓将军，曾任张掖长，后又兼武威郡左骑千人官等。看着这组铜车马出行仪仗队，可以想见墓主人身前出行时气势宏伟的壮观场面，彰显了汉廷在河西走廊地区的统治力，保障了丝绸之路的畅通。

青铜马

东汉（公元 25—220 年）

高 39 厘米，长 28 厘米，宽 10 厘米

1999 年金昌市金川区双湾镇赵家沟墓群出土

金昌市博物馆藏

　　马昂首挺立，竖耳鼓目，头部瘦长，张嘴龇牙，作嘶鸣状。马形体矫健俊美，四肢挺拔有力，臀部饱满圆润，整体造型准确，比例匀称，沉稳大气，英气勃发，含蓄待动，大有奔腾万里之势。张骞通西域，"天马西来"，改良了河西地区的马匹，此件青铜马表现的当是其时人们理想中的天马形象。

彩绘翼马图画像砖

四晋（公元 266—316 年）
长 33 厘米，宽 16 厘米
2001 年敦煌佛爷庙湾魏晋墓群出土
敦煌市博物馆藏

　　砖面浮雕刻出红色边框，边框内浮雕图案。凹进部分墨色饰底，翼马图为白色底，后以黄色彩绘，墨线勾勒。颈鬃向上耸立，身绘圆斑，前肩双翼向上挺出，胸前有凸起云状物，疾奔前行。

彩绘翼马图画像砖

西晋（公元 266—316 年）

长 33 厘米，宽 16 厘米

2000 年敦煌佛爷庙湾魏晋墓群出土

敦煌市博物馆藏

　　墓室画像砖。砖面上白色涂底，勾勒红色边框，彩绘一匹奔驰的天马形象。天马马颈鬃披垂，身有圆斑，前肩、后胯处均生翼，其前肩双翼向上挺出，四蹄疾奔，迅疾无比。

模印骑马图墓砖（2 件）

唐代（公元 618—907 年）
长 34.5 厘米，宽 34 厘米
张掖市甘州区新乐小区唐墓出土
张掖市博物馆藏

　　墓室砖上模印五个人正在骑马行进的情景。队伍基本按照二一二的队列自左向右款款行进，五人各骑一匹高头大马。他们头戴幞头，身穿圆领窄袖袍衫，神态均显闲逸。

　　此墓砖上模印图加上另外两块墓砖上的模印牵马图，其图式与流传在世的唐代张萱作《虢国夫人游春图》极为相似，表现的也是图中人骑马悠游的场景。有人将图中人识别为武士，持不同意见者认为其可能是着男装的女性。唐代女子着男装是从宫廷到民间都十分流行的时尚，这在考古发掘出的唐代人俑、壁画中得到普遍证明。

模印牵马图墓砖（2 件）

唐代（公元 618—907 年）
长 34.5 厘米，宽 34 厘米
张掖市甘州区新乐小区唐墓出土
张掖市博物馆藏

　　墓室砖上模印一侍从正侧身牵一匹高头大马的图景。马匹鞍鞯佩带齐全，体态健硕矫健，马脖子曲拱，头向下内曲，左前腿高抬并向内侧弯曲作刨挖状，左后腿亦轻抬向前。侍从在前方侧身牵扯缰绳。

共同家园

河陇大地是古代众多民族迁徙流动与交往的重要舞台。从汉以前的塞种、月氏、乌孙、诸羌戎等，到汉武帝之后的羌、氐、吐谷浑、突厥、吐蕃、回纥（鹘），宋元时期的党项、蒙古等民族，他们都曾在这里迁徙、扎根、生息繁衍，在甘肃民族融合史上留下浓墨重彩的一笔。各民族先后在这里逐鹿、竞争与对抗，又相互交流依存，融合与发展。河陇大地成为各民族共同生存的家园。

　　西戎、北狄诸族先后与周人、秦人一起创造了独具特色的周文化和秦文化，丰富和充实了华夏文明。羌人、大月氏、匈奴、吐蕃和党项人等都曾居住在这块土地上，中原文化与西域文化、游牧文化与农耕文化在这里充分融合交汇，形成了厚重多元、异彩纷呈的甘肃古代历史文化。散落在河陇大地上的古代物质遗存，向我们讲述着各民族在河陇大地上从逐鹿竞争到融合共生的如烟往事。

　　今天的河陇大地依旧是多民族聚居的格局，历史告诉我们，只有各民族的和睦相处与融合，才会有社会的发展与进步，才能建设好甘肃各族人民共同的家园。

氐、羌与匈奴

　　秦汉时期，氐人在农耕文明的影响下逐步成为以农业为主，氐羌杂居的地方则兼营畜牧业的民族，婚嫁等风俗渐与汉民族同。隋唐以降，氐族逐渐融入汉、藏民族之中。秦汉时期，羌人已逐渐西迁至今青海河湟、甘肃洮岷流域（汉文献中称为"西羌"）。东汉以降，甘肃的羌人分布在武威、兰州、陇西、天水、武都等地，与汉民族杂居。至唐中叶甘肃羌人已逐渐融入汉民族之中。自汉武帝置武都郡始到魏晋时期，氐、羌族首领多归附中原王朝并受拜封。

　　匈奴是古代中国北方民族。商周时期主要活动于河套以北的阴山南北。汉武帝时河西归汉，内附匈奴以属国名义居于汉王朝西北边塞。后南匈奴再次南迁至陕西、甘肃等地，逐渐融合于汉或其他民族之中。在河西走廊，匈奴还与散居的月氏、羌人等融合形成"卢水胡"等杂胡部落。

错金银兽纹铜车饰

战国（公元前475—前221年）
通长6厘米，通宽4.5厘米
合水县老城镇东关出土
陇东古石刻艺术博物馆藏

镶琉璃透雕凤鸟纹鎏金青铜饰

战国（公元前475—前221年）
长52.2厘米
2004年朱店镇吴家沟遗址出土
庄浪县博物馆藏

　　器物整体呈长方体，通体鎏金，上端弧形，两侧曲边呈阶梯式，角微弧似鸟首。中部镂空呈相对凤鸟纹，两侧向中镂空呈两组卷唇龙纹和凤纹，龙凤作盘曲回旋状。边沿半环排列六组镶半球形琉璃彩珠。该铜饰工艺精湛，纹饰华丽，是研究战国时期青铜铸造工艺和鎏金技术不可多得的珍贵实物资料。据推测，其可能是墓主人棺椁上的装饰物。

人驼纹鎏金青铜牌饰

战国（公元前 475—前 221 年）

长 8.5 厘米，宽 5 厘米，厚 0.2 厘米

1988 年良邑乡良邑村出土

庄浪县博物馆藏

青铜牌鎏金，呈长方形，骆驼为跪卧状，神态安详，一人趴在两个驼峰之间，只露出头与手部，似乎正在酣睡。牌饰部分透雕，线条刻画生动流畅，真实反映出北方游牧文化的生活场景。青铜牌前后两部分颜色不一致，当系埋藏环境不同所致。

镂雕虎噬牛铜带钩

西汉（公元前202—公元8年）
长18.2厘米，宽4.3厘米
1991年华池县公安局移交
华池县博物馆藏

  带钩整体呈长方形，细长形柄，鸭喙形弯钩，带面镂雕虎牛相斗图案。左侧一猛虎正在噬咬牛的脖颈上部，一爪向前抓住牛角，牛的一角则插入老虎的肩胛，四蹄奋力直蹬，尾巴上翘。带钩背部有一钮钉。图案上的动物形象逼真，构图生动，充满紧张与刺激，极富张力。

  汉代时，随着少数民族的内迁，他们与汉民族一起杂居在陇东的庆阳、平凉一带，以畜牧为生。大量出土于这里的带有动物相斗纹样的器物足以说明这一点。

"新有善铜"四神规矩铜镜

西汉（前202—公元8年）
直径 21.2 厘米，厚 0.6 厘米
镇原县平泉镇八山村洪沟队征集
庆阳市博物馆藏

半圆形穿孔镜钮，四叶纹钮座。方框内有十二枚小乳钉及十二地支铭"子、丑、寅、卯、辰、巳、午、未、申、酉、戌、亥"。方框外再饰八枚较大乳钉。规矩纹将镜背分为四方八区，内饰各种飞禽走兽，其中有青龙、白虎、朱雀、玄武等。

外区铭文共四十九字："新有善铜出丹阳，调澜治镜大毋伤，左龙右虎掌四彭，朱鸟玄武顺阴阳，子孙备具居中央，长保二亲如候王，千秋万岁乐未央。"近边缘一周短线纹，一周锯齿纹，一周云纹。此镜品相颇佳，具有很高的艺术价值。

"尚方"铭四神博局铜镜

新莽（公元 9—23 年）

直径 18 厘米

1980 年永宁乡苏家河湾村出土

庄浪县博物馆

　　铜镜图案繁缛，构图精细，镜内框排列交错等分十二乳钉纹，铸以篆书"子丑寅卯辰巳午未申酉戌亥"十二地支铭文。铜镜的内区分为四方八等分，上有青龙、白虎、朱雀、玄武等神兽瑞鸟各居其间。在双线环带内铸有"尚方作竟（镜）真大好，上有仙人知不老，渴饮玉泉饥食枣，浮游天下遨四海，寿如金石之国保，大富昌亨牛羊兮"四十二字铭文。

　　考古资料显示，汉代时铜镜式样十分丰富，制作技艺精湛，是继春秋战国之后中国古代铜镜发展的又一高峰。汉廷曾设立专门的机构和官职来管理铜镜制作，据《前汉书》载：

"少府之下有尚方令一人，御用及官制铜镜均由尚方制作。"博局纹镜又称规矩纹镜，是西汉时期兴起的新镜种，盛行于西汉晚期、新莽和东汉中期。其中，博局纹（规矩纹）镜是最精美、流行时间最长的一种铜镜，其主要特征是在装饰花纹中间，有规则地分布着"T""L""V"等符号，类似规和矩，故得名"规矩镜"。四神博局（规矩）镜主纹饰以四神为主，间饰有动物、禽鸟及羽人，还有乳钉纹、汉字铭文等。研究者认为，四神博局纹铜镜当是受到仙道长生不老思想的影响，人们常常将其置于家中，用以镇宅辟邪。

新莽铜诏版

新莽（公元9—23年）

长 27.5 厘米，宽 25.3 厘米，厚 0.7 厘米

1982 年合水县出土

庆城县博物馆藏

　　王莽改制，颁诏统一度量衡。此铜版上铸有"同律度量衡"八十一字诏书："黄帝初祖，德帀于虞。虞帝始祖，德帀于新。岁在大梁，龙集戊辰。戊辰直定，天命有民。据土德，受正号即真。改正建丑，长寿隆崇。同律度量衡，稽当前人。龙在己巳。岁次实沈，初班天下，万国永遵。子子孙孙，享传亿年。"

　　铜诏版内容与传世新莽嘉量铭及文献记载"新莽嘉量"和"新莽铜量"一致，可知其用途与嘉量铭同，原先可能嵌于一木质量器上，以示该器是经鉴定的标准量器。

"一刀平五千"错金刀币

新莽（公元 9—23 年）
长 7 厘米，宽 1 厘米，厚 0.2 厘米
1993 年榆中县城关镇上蒲家村出土
榆中县博物馆藏

铜质范铸，形似现代钥匙，分上下两部分，上部是方孔圆钱，下部为刀形。环部上下篆文"一刀"两字是黄金镶嵌的，刀身"平五千"三字以悬针篆书写，"一刀"二字在圆钱上阴文错金，"平五千"三字在刀身上阳文模铸，钱文俊美，铸造精良。一刀平五千以黄金错镂其文，所以又称"金错刀"。

此钱币为王莽币制改革的产物，一刀平五千相当于五千枚五铢。王莽币制改革是一种通过金融手段敛取财富的手段。改革脱离历史和货币价值规律，致使货币制度混乱，最终以失败告终。

"大泉五十"砖钱范

新莽（公元9—23年）
长 21 厘米，宽 12.5 厘米，厚 6.5 厘米
1980 年榆中县连搭镇寇家沟村出土
榆中县博物馆收藏

　　"大泉五十"砖钱范为长方形，竖排两行阴刻"大泉
五十"圆钱，每行五枚钱。

"大泉五十"青铜钱范

新莽（公元 9—23 年）
长 22 厘米，宽 11 厘米，厚 1 厘米
1980 年榆中县连搭镇寇家沟村出土
榆中县博物馆收藏

　　铜质"大泉五十"钱范呈"空首布"形。范体上部有一浇铸口，范面中部有一浇铸槽，槽两侧各有五个支槽，每一支槽上有一枚钱，钱为圆形方孔，钱文阴刻悬针篆书"大泉五十"四字。钱范下端中部有一三角形豁口。砖钱范和铜质

钱范为一套模具。
　　改革币制是"王莽改制"重要内容之一。废除五铢钱，推行新币制，"大泉五十"应运而生。新朝仅存续十五年，"大泉五十"便显得较为罕见，其钱范亦显得十分珍贵。

"月氏"铭货泉铜母范

新莽（公元 9—23 年）

周长 24.5 厘米，高 0.64 厘米，厚 0.64 厘米

1982 年平凉市崇信县黄寨乡何湾村出土

崇信县博物馆藏

　　"月氏"铭货泉铜母范，范平面略呈方形，周有边框。范面中间有一凸起圆形平顶，底部呈"X"字形状钮，将范面分为两部分，共列钱四枚，左为钱背，右为钱面，钱面阳文篆书"货泉"二字。范面右侧左边上下各有三角形凹槽，左侧右边上下各有三角形乳突与之相对应。铜范背面铸有铭文"月氏"二字，是新莽时期铸钱用的母范。

　　汉武帝时河西归汉，部分月氏人内迁至宁夏及甘肃东北部一带，与汉民族错综杂居。"月氏"铭货泉铜母范的发现，表明新莽时期月氏人在这里曾铸造过钱币，拥有较大的自治权。

"永元五年"铜弩机

东汉永元五年（公元 93 年）
郭长 12 厘米，宽 3.5 厘米
"望山"长 7.5 厘米
"悬刀"长 8 厘米
1983 年环县征集
环县博物馆藏

　　弩机部件齐全，有郭、望山、悬刀。郭一侧有阴刻隶书铭文三十四字："永元五年，考工所造，六石机，郭工锼伯作造，工苏太仆护工掾崤，令恭丞霸掾闰史成主。"另一侧有四字"乙五十四"。铭文大意为弩机的强度、制造弩机的

有关负责人、制作人的姓名及此弩机的编号等，是由当时政府官办营造机构制作。这件弩机铜质上乘，制作精良，是汉代兵器中的精品。

《归义羌人名籍》册

西汉（公元前 202—公元 8 年）
通长 23 厘米
1990 年敦煌悬泉置遗址出土
甘肃省简牍博物馆藏

　　此为汉朝地方政府对所管辖羌人名籍的登记册。河西走廊的羌人在归附汉朝后，获得"归义"的身份，接受所在郡县或属国的直接行政管理。

　　《归义羌人名籍》登记格式为先标明"归义"以表明身份，再说明部族。册中共出现九个人名，分别为奴葛、芒东、潘胸、狼颠、东怜、唐尧、蹑当、封芒等；分属于有至渠归种、至甬种、垒卜此种、聊良种、聊藏耶此种、聊卑为此种等羌种。

骑吏与羌族少女图画像砖

魏晋（公元 220—420 年）
长 34.5 厘米，宽 16.7 厘米，厚 5 厘米
1993 年酒泉市果园乡西沟村 7 号墓出土
酒泉市肃州区博物馆藏

　　墓室画像砖。砖饰白底，图绘一小吏骑马前行，后跟随一名女子，从"辫发"与"披发"的发式来判断，当为羌人。

　　河西归汉后，一些少数民族内附，接受中央王朝的统治，在甘肃大地上形成多民族聚居的格局，一直持续至魏晋时期。

《塞上烽火品约》册

西汉（公元前 202—公元 8 年）
长 38.5 厘米，宽 1.5 厘米
1974 年居延破城子甲渠候官遗址出土
甘肃省简牍博物馆藏

汉代塞上亭燧的主要职责为"谨候望、通烽火、备盗贼"。《塞上烽火品约》册出土共计 17 枚，是建武初期甲渠、殄北和三十井塞示警联防条约的实施细则。它详细规定了在匈奴人入侵的时间、地点、人数、气象、协同战斗等各种不同情况下，应发出的不同信号，如"举一烽，燔一积薪"或"举二烽，燔一积薪"等。

根据"塞上烽火品约"内容，敌情等级与烽火信号大体分为"五品"：虏十人以下在塞外者为第一品；虏十人以上在塞外，或一人以上五百人以下入塞者为第二品；虏一千人以上入塞，或五百人以上一千人以下攻亭障者为第三品；虏一千人以上攻亭障者为第四品；虏守（围攻）亭障者为第五品。此为研究汉代边塞烽火制度施行过程的珍贵资料。

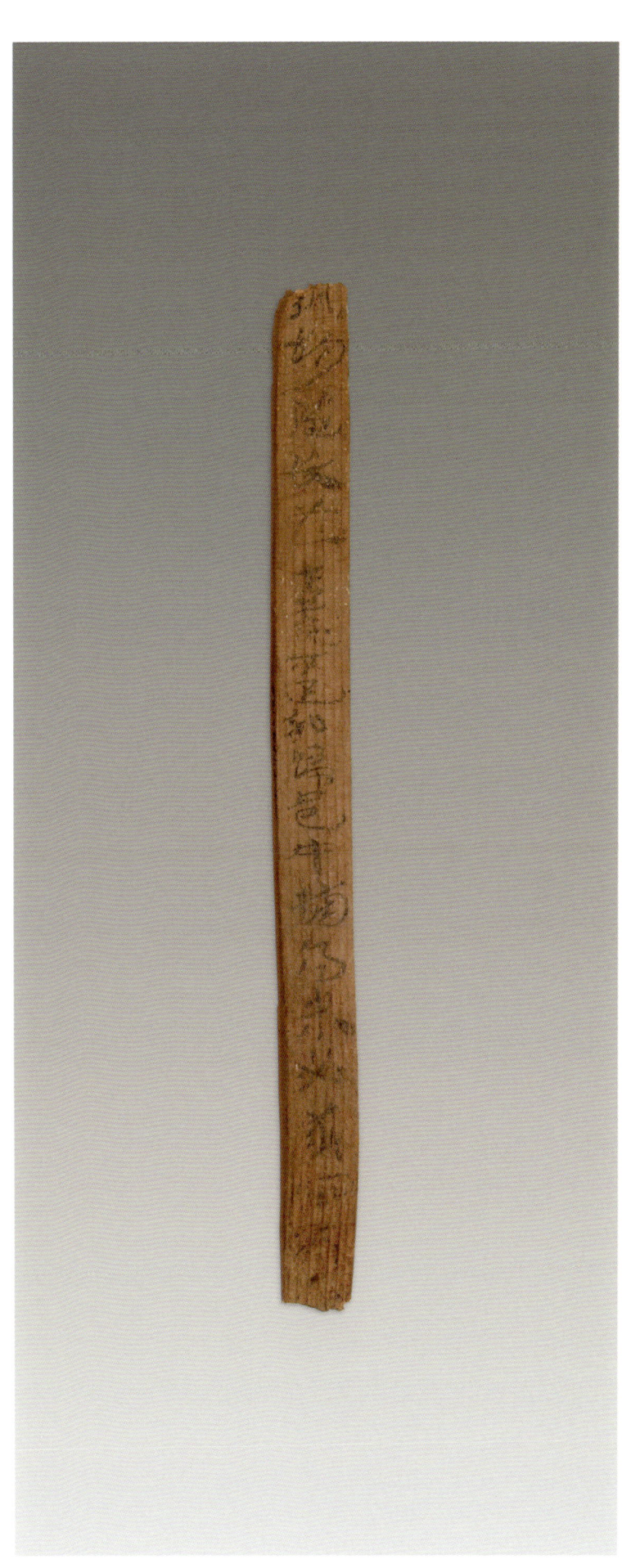

王莽"除匈奴之号"诏书

新莽始建国二年（公元 10 年）
长 12 厘米，宽 1 厘米，厚 0.3 厘米
居延破城子遗址出土
甘肃简牍博物馆藏

王莽时期，先后对匈奴采取一系列政策。首先是更改匈奴的名号。居延遗址出土的汉简中所述"除匈奴之号"诏书下达于始建国二年（公元 10 年），王莽改"匈奴"为"降奴"。

研究发现，在汉简文书中对"匈奴"有不同的称谓，如"共奴""恭奴"等。据此可知，王莽时期对匈奴的称谓凡几变。

"晋归义氐王"金印

西晋（公元266—316年）
长2.3厘米，宽2.3厘米，高3厘米；重92克
西和县出土
甘肃省博物馆藏

印为金质，橐驼钮，印面正方形，阴刻小篆印文"晋归义氐王"五字。这是西晋中央王朝赐给氐王的印信。研究证明，中央王朝向少数民族首领赐印，始于汉宣帝（公元前73—前49年在位）。如汉宣帝曾赐呼韩邪单于金质"匈奴单于玺"。后世仿效赓续行之。西晋时期，亦仿汉魏体制，颁赐给氐、羌少数民族王侯"印玺"。

氐、羌是生活在甘肃、青海、四川一带的古老民族，部落内由王、侯相统领，自汉武帝开河西、置武都，至魏晋时期，氐、羌族首领多受中央王朝的拜封。20世纪60年代初，在陇南西和县相继出土了"魏归义氐侯""晋归义氐王""晋归义羌侯"三枚金印。金印上皆有"归义"二字，即"归义内属"之意，指内迁接受中央王朝统治的各族"向慕教化来归，隶属于汉"。这三枚金印是氐、羌少数民族被纳入中央王朝统治的直接见证。

"晋归义羌侯"金印

西晋（公元266—316年）
长2.3厘米，宽2.3厘米，高3厘米；重94克
西和县出土
甘肃省博物馆藏

印为金质，橐驼钮，上用点法镌刻出动物毛纹。印面正方形，阴刻小篆印文"晋归义羌侯"五字。这是西晋中央王朝赐给羌侯的印信。

"晋率善羌伯长"铜印

西晋（公元266—316年）
长2.2厘米，宽2.2厘米
征集，1985年天水市文化馆移交
天水市博物馆藏

铜质，羊形钮，印面阴刻"晋率义羌佰长"六字。目前发现的汉魏晋时期中央王朝赐给氐、羌族王侯的印章十分少见，多为下级官吏的印章。在陇南宕昌县就曾出土了"汉率义羌佰长""魏率善羌君""魏率善羌仟长""晋率善羌仟长""晋率义羌佰长"等五枚铜印。这些金印、铜印共同见证了中央王朝对内迁氐、羌等少数民族的管辖。

吐谷浑、吐蕃

　　隋唐时期,突厥、回纥、吐谷浑、吐蕃等族群相继在西北地区兴起。吐谷浑原为辽东鲜卑慕容部的一支,魏晋之际西迁至今甘肃临夏地区,并以此为基地向西拓展势力,占据今青海、甘南、四川西北等地,与羌人杂处。隋唐时期,吐谷浑归附中央政府,并建立姻亲关系。吐蕃灭吐谷浑,其王慕容诺曷钵率残部归唐,先被安置在凉州,后大部又迁居灵州。后又散居河套、山西一带,逐渐融于汉族之中。

　　吐蕃系发源于青藏高原的古老民族。7世纪初,松赞干布娶唐朝文成公主为妻,学习先进的汉文化,吐蕃逐渐强盛,继而不断侵扰河西走廊各地。唐安史之乱之际,吐蕃趁机攻占甘肃东部各地,迁入大批吐蕃部落,并对汉、羌实行同化政策。直至北宋后期,中原王朝才渐次收复河陇大地。

交河郡夫人慕容仪墓志铭

唐代（公元 618—907 年）

长 62 厘米，宽 27 厘米，厚 5.6 厘米

1973 年榆中县朱家湾村唐慕容仪墓出土

榆中县博物馆藏

墓志铭为：

故交河郡夫人慕容氏墓志铭

夫人讳仪，字辅贤，昌黎人也。其先可汗青海国□□□□□超皇任骠骑大将军，赠持节都督。夫人□□□□□□也。室由天火崇女德，于宗盟出奉□□□□□□□配德和鸣。内苑嫔嫱，外标礼义，盛族贵裔，荣选□□□□□肤气引银河之媛，用能温肃恭懿，宣慈惠和，孝□□□□素柔而贞，令淑远闻，嘉声克着。虽寝疾移署□□□□弥留亦闺训不弭□将也，宗子训及来孙□□□贵而能贫，无□□□人，无怙富而卑，上及其□□□□□木短长□也，生死命焉！言毕遂终。□□□□□□八月一日薨于金城郡私第。嗣子朝议郎、守太仆卿□□□□荣国□□吾卫大将军嵩等知生也有涯，死而无□□□□流□□□天讶慈亲之不待，泊于十一月廿七□□□□□□此郡东南九十里薄寒山之北原也。粤□□□□□□也，死葬之以礼，归于义终也。犹恐暮□□□□□□□□内极二三子金曰：然则何

以纪德？其□□□□□□□□□□成风□□□□器纵□回豀谷□□□□□□□□□朽矣、其铭（曰）：

□□荣兮死而可哀，远感□□□□□。

□□家兮寒霜朝催，美比□□□□□。

□□人兮垂裕后来，□□□□□□。

从墓文判断，慕容仪当为吐谷浑王诺曷钵和弘化公主的后裔。慕容仪的先祖吐谷浑王诺曷钵曾娶弘化公主为妻。吐蕃灭吐谷浑，诺曷钵率众归唐，先后在凉州、灵州等地生活，死后与弘化公主一起归葬凉州。

慕容仪的父亲是唐廷附属国——青海国第三代国王、吐谷浑可汗慕容宣超，其夫是高昌国后裔鞠崇裕。唐贞观十四年（公元 640 年），唐廷灭高昌国，改为交河郡，并将王族迁徙至金城郡（今兰州一带）。其丈夫可能为金城郡。鞠崇裕曾因在武周时期协助镇压宗室叛乱中立功受封交河郡王。慕容仪病逝于金城郡，归葬金城郡鞠氏高昌王族墓地。吐谷浑慕容家族是唐代民族融合的典范。墓志书体端庄凝重，是颇具规范的唐人楷书。

龙纹金饰皮带

唐代（公元 618—907 年）
长 159 厘米，宽 2.3 厘米
肃南县出土
肃南民族博物馆藏

　　皮带带扣为圆形，上饰有团龙，龙体健硕，颇
有雄壮威猛之气。皮带尾部饰有金质护饰，中间饰
有一条行走的龙，气宇轩昂，四周饰有如意纹及联
珠纹。皮带中间部分饰有月牙形饰，上饰有云纹及
联珠纹。此皮带当为中西文化交流融合的实物见证。

如意形金饰

唐—吐蕃（公元618—842年）
长8.4厘米，宽3.5厘米
肃南县出土
肃南县民族博物馆藏

金饰分为头、身和尾三部分，头部为心形，中间为灵芝形，尾部为方形。如意纹饰早在新石器时代的彩陶上就已出现，并成为古代中国传统工艺中最常见的纹样之一，但如意形器物的出现则相对较晚。此如意纹金饰造型美观流畅、寓意美好吉祥，其出现在吐蕃与汉民族杂居的河西走廊（吐蕃化时期），说明了当地吐蕃贵族对汉民族文化的喜爱与接受。

彩绘马、蛇生肖图木版画

唐—吐蕃（公元 618—842 年）

长 87 厘米，宽 24.5 厘米

1979 年肃南县西水乡大长岭唐墓出土

肃南县民族博物馆藏

木板呈长方形，上用墨笔双线勾勒两个壶形开光，左边壶门内用墨线勾绘了一匹站立的骏马，两侧绘饰升腾的云朵。右侧壶门内绘一条正在张嘴吐信的蛇，两侧各饰有云朵。

彩绘鼠、猪生肖图木版画

唐—吐蕃（公元 618—842 年）

长 57 厘米，宽 20 厘米

1979 年肃南县西水乡大长岭唐墓出土

肃南县民族博物馆藏

木板上墨绘一个壶门开光，其内左侧绘有一只长尾尖嘴的老鼠，右侧绘有一只尖嘴野猪。在吐蕃人的墓葬中出土汉民族生肖文化，说明了吐蕃统治时期对汉文化生活、丧葬习俗的接受。

彩绘"门楼图"木版画

唐—吐蕃（公元 618—842 年）

高 66 厘米，宽 70 厘米

1979 年肃南县西水乡大长岭唐墓出土

肃南县民族博物馆藏

　　三块木板连缀而成，判断为棺木的前挡板，从上至下，第一块木板为梯形，呈屋顶斜坡。第一、二块木板上绘有一门楼建筑，门楼为单檐歇山顶。楼顶绘有展翅金翅鸟，其两侧又绘有蘑菇状云朵。大门两侧各绘有一武士，其身着甲胄，一手叉腰，一手持剑，为墓主人守护；第三块木板上勾绘房屋台阶。

　　木板上的建筑形制是典型的唐代风格，它出现在吐蕃聚居区，也表明了吐蕃与汉民族之间文化的交流与融合。

回鹘文木活字

南宋至金时期（12世纪末—13世纪上半叶）
大多数活字宽约 1.3 厘米，高约 2.2 厘米
1988—1995 年敦煌莫高窟考古发掘出土
敦煌研究院藏

公元 8 世纪回鹘人受粟特文影响，开始采用粟特文字母来拼写自己的回鹘语，逐渐演变为回鹘文，又称回纥文或畏兀儿文。

宋代毕昇发明先进的活字印刷术不久，活字印刷术便迅速传播到西夏、回鹘统治下的河西走廊地区，并被广泛使用。20 世纪初以来，敦煌莫高窟先后四次发现了回鹘文木活字。1908 年，法国汉学家伯希和（Paul Pelliot）等人在敦煌莫高窟北区流沙中发现了 968 枚回鹘文木活字。其中法国吉美亚洲艺术博物馆存 960 枚，日本东京东洋文库存 4 枚，美国纽约大都会艺术博物馆存 4 枚；1914 年，俄国东方学家奥登堡（S. F. Oldenburg）在莫高窟北区洞窟中盗掘 130 枚，现存俄罗斯圣彼得堡艾尔米塔什博物馆；1944—1949 年间国立敦煌艺术研究所收集回鹘文木活字 6 枚，现存敦煌研究院；1988—1995 年，考古人员在莫高窟北区 6 个洞窟内发现回鹘文木活字共计 48 枚，现存敦煌研究院。经统计，世界范围内回鹘文木活字总量达 1152 枚。

研究者认为，敦煌莫高窟出土的回鹘文木活字是现存世界上最早的活字印刷实物，也是现存世界上最早的含有以字母为单位的活字实物，确认了中国首创活字印刷的地位，更为中国活字印刷术进一步向西传播提供确凿的实物证据。

党项

党项系汉时羌人的一支，亦称党项羌，是一个游牧部落联盟。魏晋南北朝时居住在今青海东南部和四川松潘一带。唐前期，吐蕃征服青藏高原诸族，党项人大部被迫迁徙到甘肃东部、宁夏和陕西北部。五代时，中原藩镇割据，党项族趁势发展，逐渐强盛。北宋初，党项采取"倚辽和宋"的策略，对宋时叛时服。宋景祐五年（公元1038年），李元昊仿照汉制，自称皇帝，建立了以党项羌为主体的西夏王朝，与宋、辽、金鼎足而立。甘肃东北部至河西走廊皆入西夏王朝的统治版图。

党项族内迁后，兼容并蓄汉族及周边其他民族文化，形成了独特的民族文化。其中最为耀眼的是党项人还以汉字为基础，参照其民族语言特点，创制出西夏文字。

青釉梨形瓷壶

宋代（公元 960—1279 年）

通高 12 厘米，口径 2 厘米，底径 5.5 厘米

合水县板桥乡麻洼出土

陇东古石刻艺术博物馆藏

白釉荷叶形碟

宋代（公元 960—1279 年）

高 2.5 厘米，口径 11 厘米，底径 3.5 厘米

华池县文教局移交

华池县博物馆藏

　　瓷碟为荷叶形口，口沿微微外卷，浅弧形腹，圈足。釉
色灰白纯正，造型独特。

青釉刻划牡丹纹碗

宋代（公元 960—1279 年）
口径 19.1 厘米，高 5.9 厘米
1972 年华亭县西华乡王寨村出土
华亭市博物馆藏

　　器身呈斗笠形，沿略撇，圆唇，斜直腹，鸡心底，圈足。内外壁施豆青釉，圈足施褐釉。足内有火石红，釉面有稀疏冰裂纹。内壁刻折枝牡丹，花瓣及叶面施篦划纹；外壁刻六组三瓣花叶纹。此碗刻花精美，釉色莹润，是宋代耀州窑之精品。

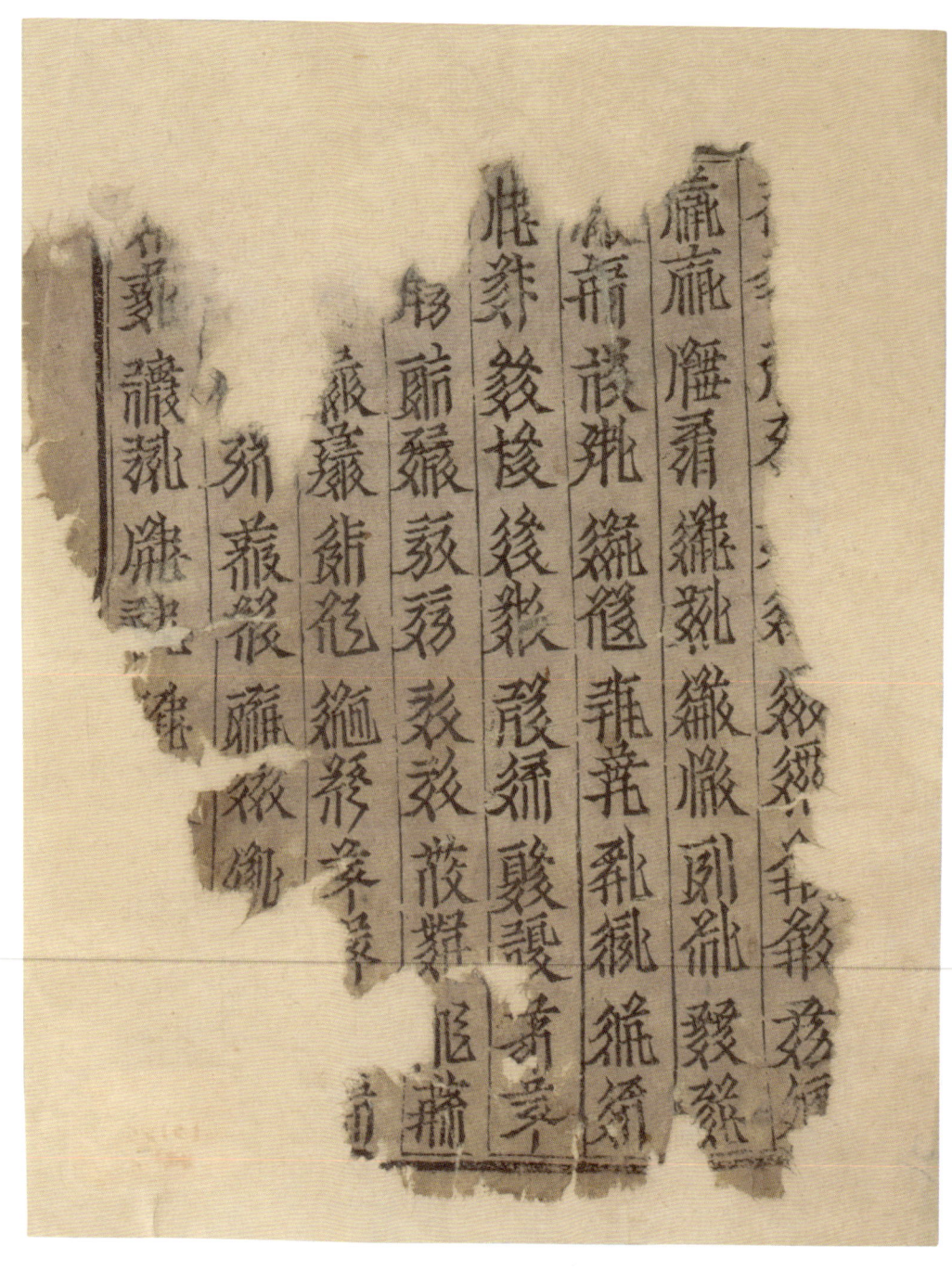

西夏文印本《三才杂字》残页

西夏（公元 1038—1227 年）
框高 18.4 厘米，每半页宽 13.5 厘米
1972 年发现于武威市张义乡小西沟岘修行洞
甘肃省博物馆藏

西夏文《三才杂字》是在西夏流行较广的一部字书，属于启蒙通俗读物。每行有 12 个字，每两字为一词组，每个词组之间有一定的空白间距，但两个词组连读成一短句，故又被称为《四言杂字》。该书讲述了一个富贵人家子弟从小到老的一生，意在用通俗易懂讲故事的方法来宣扬党项人应遵循的道德规范和儒家学说、思想，对研究党项人的社会习俗有很高的价值。

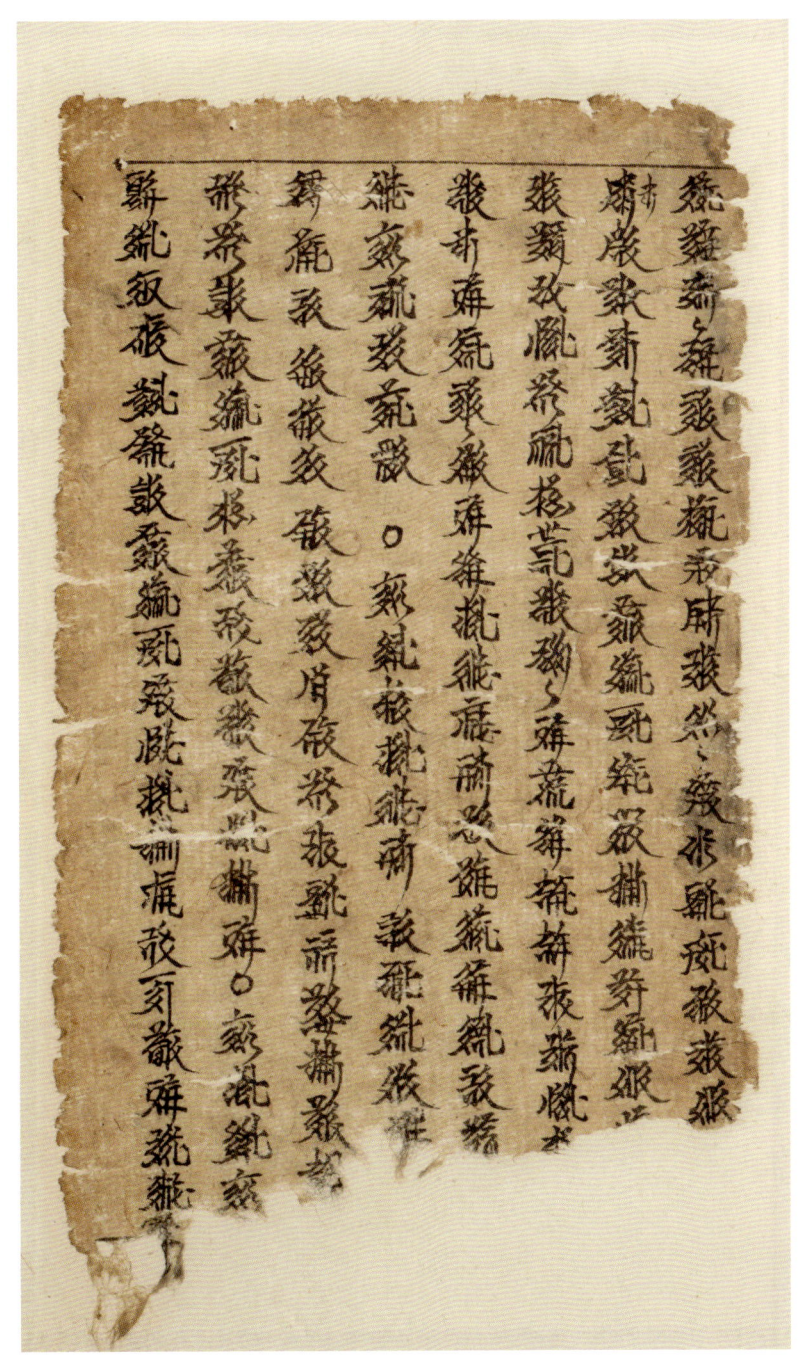

西夏文楷书医方残片

西夏（公元 1038—1227 年）
宽 11.8 厘米，高 19.5 厘米
1972 年发现于武威县张义乡小西沟岘修行洞
甘肃省博物馆藏

　　医方现存八行文字（头尾残缺）。经研究人员翻译，医方中共有三个药方，分别为汤药、丸药和单味草药，每个药方用圆圈区隔。药方中对每种药所治疗的病症（多为治疗伤寒症）、煎制方式、服用次序等均有明确的记载。

　　药方基本上遵循了中医药的传统，又融合有党项人原始、神秘的巫医色彩。此件医方是迄今发现较为罕见的西夏文医方，显示了党项与汉民族之间在医学上的交流与融合。

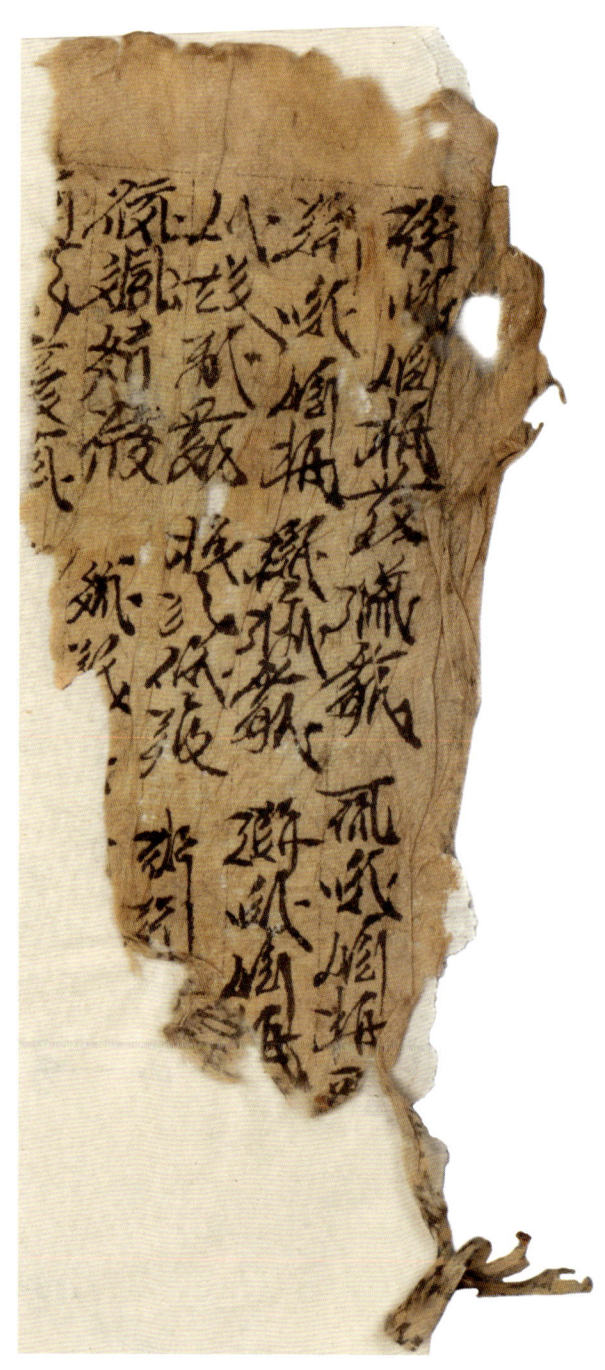

西夏文草书占卜词残片

西夏（公元 1038—1227 年）
高 16 厘米，宽 6.7 厘米
1972 年发现于武威县张义乡小西沟岘修行洞
甘肃省博物馆藏

　　西夏文草书写就的占卜词，共出土两张。经专家翻译研究，第一张内容为："卯日遇亲人，辰日买卖吉，巳日□□□，午日求财顺，未日出行恶，审日万事吉，酉日遇于贼……"；第二张内容为："寅后日变甲是安，巳后日变丁时安，申后日变更时安，亥后日变任时安……"其内容与汉文化民间占卜词相类，可见西夏文化与汉民间文化之间的影响与互动。

共同家园

乾祐蝴蝶纹鎏金铜牌

西夏仁宗乾祐年间（公元 1170—1193 年）
长 8.9 厘米，宽 4.6 厘米
2000 年征集自兰州市滨河路
甘肃省博物馆藏

西夏文首领铜印

西夏（公元 1038—1227 年）
边长 5.3 厘米，高 2.8 厘米，印面厚 1 厘米
1994 年征集自张掖市民乐县新天乡许沙村
张掖市博物馆藏

　　西夏军印，呈正方形，有方柱形背钮，背钮下部有用于系带的圆孔。印文为白文九叠篆书体西夏文"首领"二字，线槽较深。背钮顶端阴刻西夏文"上"字，背钮左右两侧阴刻西夏文楷书两行共八字，为铸造年代和地点。民乐在西夏属宣化府，统辖走廊通向青藏高原要道，此印为当时军官印，弥足珍贵，是研究西夏和民族关系史的重要实物资料。

西夏"天盛元宝"

西夏仁宗天盛年间（公元 1149—1169 年）
直径 2.31 厘米，厚 0.1 厘米
1954 年甘肃省财政厅移交
甘肃省博物馆藏

"天盛元宝"四字为楷书，右旋读。"天盛元宝"是西夏仁宗皇帝天盛年间铸造发行的钱币，有铜钱和铁钱两种币材。从考古发现来看，铁质钱币占绝对多数。

西夏仁宗时期是西夏经济、文化最繁荣的时期。考古资料显示，"天盛元宝"在宁夏、内蒙古、甘肃、陕西、青海等西夏统治故地都有发现，这足以证明其在西夏内部的流通和使用。另外，在出土西夏诸钱币中，"天盛元宝"的数量最巨，据此判断其铸造发行量亦十分巨大。

西夏"乾祐元宝"

西夏仁宗乾祐年间（公元 1170—1193 年）
直径 2.4 厘米，厚 0.1 厘米
1966 年甘肃省公安厅移交
甘肃省博物馆藏

"乾祐元宝"四字为楷书，右旋读。"乾祐元宝"亦是西夏仁宗皇帝铸造发行的钱币，发行数量亦十分巨大。仁宗时期大量铸造钱币，与辽金之间的贸易密切相关。其先金人在与西夏的贸易中使用大铁钱，但当西夏用这些大铁钱与金人再行贸易时却遭故意贬值。至此，西夏开始谋求自铸铜、铁钱币。

白釉剔刻牡丹纹罐

西夏（公元 1038—1227 年）

口径 14.4 厘米，底径 13.3 厘米，高 40.9 厘米

征集自兰州市城关区下沟

甘肃省博物馆藏

　　瓷罐呈橄榄形，造型别致古朴。腹部剔刻牡丹花纹，然后再罩透明釉，内涂色釉。因受汉民族文化的影响，花卉纹也成为西夏瓷器上最常用的纹饰，如牡丹纹、莲花纹、菊花纹、海棠纹、草叶纹、忍冬纹等，尤以牡丹纹最为多见。

黑釉剔刻牡丹纹罐

西夏（公元 1038—1227 年）

口径 20.5 厘米，最大腹围 96 厘米，底径 15.4 厘米，高 26.5 厘米

1995 年征集自兰州市城关区

甘肃省博物馆藏

　　瓷罐上半部施褐釉，下腹部露胎。腹部开光处以剔刻出两组缠枝牡丹纹，并衬以花叶。剔刻线条流畅，构图疏密得当，造型古朴稳重，沉稳俊美，是西夏黑釉剔花瓷的代表性器物。

　　牡丹纹成为西夏瓷器最基本的纹饰之一，体现了党项人对中原文化的吸收与接受。

蒙古

　　金元时期是中国历史上民族大迁徙大融合的又一个重要时期。民族流动、迁徙与融合在西北地区表现得尤为突出。出自蒙古汪古部、被称为西北最大"豪酋世家"的甘肃漳县汪世显家族，是这一时期民族融合的典型代表。

　　汪世显系金巩昌盐川镇（今漳县）人，以军功起家，历任镇远军节度使、巩昌便宜总帅等职。元太宗六年（金天兴三年，公元1234年），蒙古灭金后，汪世显随蒙古大军南下征讨四川。后以军功升任便宜都总帅，领秦州、巩昌等20余州事，并受赐虎符、锦衣、玉带等，卒后又被追封陇西公。巩昌汪氏家族自此始，成为历金元明三代的世侯之家。

　　汪世显家族在与汉民族及其他周边民族交流的过程中，广采博取，融合吸收了不同民族的文化，尤以汉文化对其影响最大。正是因为对汉文化的重视，汪世显家族才能成为西北地区最大的豪酋世家，历金元明三代而不衰。

在甘肃漳县城南五里的徐家坪汪氏家族墓葬群（始于蒙古乃马真后摄政时，止于明万历年间），埋葬着自汪世显以下共 14 代家族成员。1972—1979 年，考古人员对该墓葬群进行发掘。从墓葬结构、葬制到墓碑、墓门、墓壁、门楼建筑风格等均可以看出汉文化传统；出土墓室壁画、随葬砖雕木刻及陶器上既有道教、佛教内容以及"二十四孝图"，又有蒙古武士、狩猎等图像；陶俑、骨刀、羊皮帽、抹胸织金锦、长袍等随葬品则带有明显的蒙古族特征。此外，墓群出土的精美宋元瓷器、"金玉满堂"铜镜显示了墓主人的日常生活及审美追求。

青铜爵

元代（公元 1271—1368 年）
高 17 厘米
漳县汪世显家族墓出土
甘肃省博物馆藏

爵前流后尾，流侧有伞形柱，长圆腹，圜底，下承以三锥形足。一侧饰有小环形鋬。腹部满饰排列有序的双圈纹。爵是中国古代的饮酒器之一。青铜爵最早出现在二里头文化期，继承发展于商代中期，繁荣于商末周初，衰落于西周末期至春秋初期，在整个青铜文化中占有重要的地位。此件青铜爵可能是专门用于祭祀的用具。青铜爵造型和纹饰均模仿自古代青铜爵，但由于经过加工改造，与商周时期青铜爵的风格存在较大差异。

"金玉满堂"铜镜

元代（公元 1271—1368 年）

直径 16 厘米

漳县汪世显家族墓出土

甘肃省博物馆藏

　　圆形器，正面平整光洁，背面中间铸有三个拱形钮，三钮之间形成等腰三角形，通过铜链将它们连在一起，形成可以悬挂的钩。三钮周围一圈铸刻"金玉满堂"四字。

　　由于形制特殊，关于此器物的定名存在不同意见，目前暂被定名为铜镜。

三足铜盘

元代（公元 1271—1368 年）

直径 17.3 厘米

漳县汪世显家族墓出土

甘肃省博物馆藏

　　盘圆形，浅腹，平底，三矮足，全身具为素面。青铜盘虽无纹饰，但造型规整，制作精良。

龙泉窑青釉刻划莲瓣纹碗

元代（公元 1271—1368 年）
口径 11.7 厘米，高 7 厘米，足径 4.5 厘米
漳县汪世显家族墓出土
甘肃省博物馆藏

　　此碗敞口微敛，深腹，圈足。外壁有一周等距的竖条凸棱纹。碗内刻划莲瓣纹，内外壁及圈足施青釉，使器物透露出素雅娴静、沉静深远之气。

龙泉窑青釉瓷匜

元代（公元 1271—1368 年）

高 6.3 厘米，口径 14.2 厘米，足径 8.4 厘米

1972—1979 年漳县汪世显家族墓 M21 号墓出土

甘肃省博物馆藏

　　直口，浅腹，矮圈足，白胎。器身扁圆，在下腹部有一槽形短长方形流，流下有一卷云状的环耳。通体施青釉，造型优美，是一件少见的元代瓷匜佳器。

　　匜是古代贵族盥洗时用于浇水的器具，《左传》有"奉匜沃水"之语。青铜匜最早出现于西周中期，流行于西周晚期至春秋时期，其常与青铜盘一起组合使用，形成流行于贵族之间的"沃盥之礼"。战国时期，逐渐开始流行原始瓷匜、

金银匜以及漆匜。唐宋时期，人们开始大量模仿青铜匜的式样，烧制瓷质匜。元代时瓷匜大量出现，景德镇窑、龙泉窑、钧窑等窑场都有烧造，并出现了环耳瓷匜，在河北、陕西、山西、甘肃等地墓葬或窖藏中均有发现。值得注意的是，元代时匜的功能已经发生了变化，主要用于分水或分酒，经常与玉壶春瓶等酒器一起组合使用。

釉里红高足杯

元代（公元 1271—1368 年）

高 8.7 厘米，口径 8.9 厘米，足直径 3.6 厘米

1972—1979 年漳县汪世显家族墓 M21 号墓出土

甘肃省博物馆藏

　　杯为碗形，撇口，深腹，下承空心高足，足底外撇。杯外壁涂抹铜红料，发色鲜艳，外罩透明釉。杯内部及高足内外均饰青釉。高足杯又称"马上杯"，是游牧民族最钟爱的日常用具之一。

　　釉里红是釉下彩品种之一，因其在釉下彩绘，故称釉里红。釉里红创烧于元代，明代时烧制技术成熟，清代达到顶峰。

青白釉玉壶春瓶

元代（公元 1271—1368 年）
高 29.5 厘米，口径 8 厘米，足直径 8.3 厘米
1972—1979 年漳县汪世显家族墓 M20 号墓出土
甘肃省博物馆藏

　　瓶撇口，细长颈，圆腹下垂，圈足。瓶内外及圈足内外均施白釉。

　　玉壶春瓶是中国附带瓷器造型中的一种典型器型，其以"玉壶先春"得名，专指造型为撇口、细颈、鼓腹、圈足的

瓶式。玉壶春瓶创烧于北宋，其时定窑、龙泉窑、景德镇窑、汝窑、耀州窑、钧窑等窑口都有烧制。宋元时期，玉壶春瓶主要用作酒器。

定窑白釉刻莲花纹洗

元代（公元 1271—1368 年）

高 3.6 厘米，口径 14.8 厘米，底径 8.9 厘米

1972—1979 年漳县汪世显家族墓 M20 号墓出土

甘肃省博物馆藏

　　广口、折腹、圈足。通体施白釉，芒口。洗内刻划复线莲花一朵，足底阴刻"复古殿冬"四字。

豆青釉荷叶形盖罐

宋代（公元 960—1279 年）

高 10.5 厘米，口径 13 厘米，底径 4 厘米

榆中县兰山乡出土

榆中县博物馆藏

　　敛口，鼓腹，圈足，底有乳突。带盖，盖沿为荷叶状。

通体施豆青釉，釉色晶润。

织金锦抹胸

元代（公元 1271—1368 年）

长 26 厘米，宽 30 厘米

1972—1979 年漳县汪世显家族墓 M4 号墓出土

甘肃省博物馆藏

　　抹胸形似背心，为内外两层。表层为色彩亮丽的菱格宝相花纹黄地织金锦，衬里为褐色的麻织品。前面开襟，有九组黑色盘花纽扣，纽扣横置，排列整齐。背后由两条棕色相交叉的布带联结，另有两条下垂的丝带。所谓织金锦（蒙语谓"纳石失"），是元代上层社会特别崇尚的一种高级丝织品，在制作时把极薄的金箔捻成金丝，与丝线交织在一起，用提花技术织出各种纹样图案。

　　关于此件织金锦的用途，有学者持不同意见，认为很可能是元代蒙古族妇女所戴的姑姑冠（又名"罟罟""固姑""罟冠"等）中部圆筒上的装饰，聊备一说。

妆彩（蓝）吉羊团花锦

元代（公元 1271—1368 年）
长 11.3 厘米，宽 7.8 厘米
1973 年漳县汪世显家族墓 M19 号墓出土
甘肃省博物馆藏

佛陀之路

随着丝绸之路的开通，佛教也经西域、甘肃传入中原，经过东汉、魏晋南北朝时期的发展，在唐代形成完整的宗教信仰体系，创造出符合中国人审美的佛教艺术。

佛教东传，自敦煌至秦州（今天水）沿途佛教石窟星罗棋布，著名者有河西敦煌莫高窟、榆林窟、文殊山石窟、马蹄寺石窟、天梯山石窟；陇中炳灵寺石窟；陇东麦积山石窟、水帘洞石窟、庆阳北石窟寺等，形成了一条佛陀之路。河陇地区的石窟在空间上分布广泛，在造像与壁画风格上有明显的地域特色。河西走廊受西域风格的影响较深，陇右在风格上则与中原接近。同时，河陇大地上高僧辈出，多以译经闻名于世，敦煌莫高窟里数以万计的佛教经卷便是明证。

佛陀之路，遍及河陇大地，光耀三千世界，普度众生。甘肃佛教石窟数量多、跨越时间长、分布区域广，题记内容丰富，创作艺术精湛，在彩塑艺术、壁画艺术、建筑艺术等方面都有自己的独特价值，成为中国石窟艺术中的一朵奇葩。

岳立明拍摄

拉梢寺摩崖浮雕大佛

又称大佛崖，位于甘肃省天水市武山县城东北 25 千米的鲁班峡峡谷中。与显圣池、水帘洞和千佛洞石窟组成水帘洞石窟群。石窟创建于北周明帝武成元年（公元 559 年），由秦州刺史尉迟迥与比丘释道成合建。

巨幅摩崖上雕一佛两菩萨，大佛通高 42.3 米，身着圆领通肩式袈裟，结跏趺坐于莲台上，双手作禅定状，菩萨胁侍两旁，头戴花蔓冠，项戴珠璎珞，手执莲花。佛座上塑狮、鹿、象等动物图案，形象逼真。拉梢寺摩崖浮雕是我国现存摩崖浮雕第一大佛，面积近 360 平方米，也是世界第一大摩崖浮雕大佛。

悬泉浮屠简

西汉末至东汉初
长 24.8 厘米，宽 1.6 厘米
敦煌悬泉置遗址出土
甘肃简牍博物馆藏

简文为："少酒薄乐，弟子谭堂再拜请。会月廿三日，小浮屠里七门西入。"简中"弟子""浮屠"具有明显的佛教色彩。根据简文，研究者认为这支简很可能是遗落在悬泉置的一封僧徒之间的来往信件，或者是一件佛门弟子请求拜见长老的名刺。

汉简中关于佛教的记载，唯此一例，涉及佛教传入中国尤其是传入敦煌的时间问题。"悬泉浮屠简"的发现，充分说明在西汉末至东汉初，即公元一世纪下半叶时，佛教就已经传入敦煌地区。

高善穆石造像塔

北凉承玄元年（公元 428 年）
塔高 44.6 厘米，底径 15.2 厘米
1969 年酒泉市石佛寺湾子出土
甘肃省博物馆藏

　　造像塔整体呈圆锥形，由塔顶、塔身、基座组成。基座已佚。基座之上为八面形的塔基，七面各线刻一尊立式菩萨，一面刻药师像端坐莲台，各像左侧上角刻有八卦符号。塔基上为圆柱覆钵形塔身，塔身下部刻隶书发愿文与《增一阿含·结禁品》经中的一段，共三十六行，发愿文："高善穆为父母报恩，立此释迦文尼得道塔……承玄元年，岁在戊

辰……共成此塔……"上顶瓶形覆钵，覆钵开八个圆拱龛，七个龛内圆浮雕禅定坐佛，一龛内圆浮雕交脚弥勒菩萨。覆钵之上有七重相轮，顶端宝盖象征天穹，阴刻北斗七星。

　　此塔是已发现的中国模仿印度覆钵塔的最早实例。塔顶上的"七星"和塔基的"八卦"符号，显示了佛教传入中国后与中国本土文化之间的互动与交融。

王文超石造像碑

北周武帝保定四年（公元 564 年）
高 96 厘米，宽 43 厘米
秦安县任吴乡出土
甘肃省博物馆藏

　　四龙蟠交式碑首，碑阳正中额刻"还缘寺"三字，下开三个长方形大佛龛，居中的佛龛较大，两边较小。中间佛龛内雕一佛二菩萨，主尊跏趺坐于榻式台座上，手部残损，推测应施无畏、与愿印相。小龛内各雕一坐佛，跏趺坐于榻式台座上，均施禅定印。碑阴上部刻三个佛龛，中间长方形大龛内雕一佛两弟子，主尊跏趺坐于榻式台座上，两侧侍立比丘。左侧小龛内雕维摩诘，右侧龛内雕文殊。碑两面及左右侧刻发愿文，并有供养人王文超及家人二十多人的题名：保定四年二月庚寅朔十四日，夫先出轩辕支，惟帝誉姬仲□，

王之次子江亭，周世之封名，兹于百代焕乎，方策累叶，簪缨天下，称为盛，后选士豪，常为次弟，自人起站以来，蒙假辅国将军、中散仪同司马王文超，属逢透未薄识□傲姿生之入造浮屠，三劫并铭一，所选石坒山工（功）过世表，仰愿四海宁，往生净土。

　　造像题记不仅为研究北周历史、民族风俗提供了极为重要的依据，也是难得的书法史料。其书法兼有汉隶、魏碑笔意，字体刚健秀美，堪称书法珍品。

王令猥石造像碑

北周武帝建德二年（公元 573 年）
高 113 厘米，宽 42 厘米
1973 年张家川回族自治县出土
甘肃省博物馆藏

碑首为四龙蟠交式，阴阳两面各开一小圆拱浅龛，内雕单身结跏趺坐佛。碑阳中部开一帐形龛，帐楣饰花蕾，下垂帐幔帷幕，两侧为方形龙首帐柱，龙首向外，口衔下垂至地的流苏。龛内雕一佛二菩萨。

佛面丰圆，低肉髻，内着僧祇支，外着双领下垂大衣，手施无畏、与愿印，结跏趺坐。衣纹厚重、疏简，呈圆形垂于方形台基前。左右为胁侍菩萨立像。菩萨戴冠，宝缯下垂，双肩饰圆形宝镜、飘带，有颈圈，被巾于腹部相交，一端垂至小腿又上卷肘下垂，一端贴身下垂。下着长裙，跣足。均一手拈花蕾置于胸前，一手执桃形物下垂。下部开四个小方龛，分别雕刻两个回首蹲踞护法狮和两个单跪护法天王。天王怒目回视，颈部饰宝珠璎珞、帔巾，一手扶膝，一手握拳置于胸前。在碑左侧、下部、右部分刻发愿文。

碑左侧发愿文：

建德二年岁次癸巳五月丙寅朔，正佛弟子王令猥嘱值伯陆，盈缩无常，知德可舍，知善可崇，以减割妻子衣食之入，为忘（亡）息延。

碑阳发愿文：

庆延明父母等敬造石铭一区，高四尺弥勒壹堪（龛），释迦门壹堪（龛），前有二狮子，伏令忘（亡）息等神生泽土，值愚（遇）诸佛龙花（华）三会。愿在祈肯（恳）合家眷属一年（转碑右侧下）以乘百年，以还众灾，消灭含生之类，普同斯愿。

碑右侧供养人题名：

佛弟子堡主王令猥，息旷野将军、殿中司马、别将嵩庆，孙子彦、子茂、子开、子初，清信梁定姿，清信张女如，清信权男婴，清信权影晖，女子晖□晖。

碑阴上部开一尖拱龛，内雕一佛二菩萨，佛手施无畏印、与愿印，善跏趺坐于方形台上，跣足。两侧为侍勒菩萨立像。下为供养人车马图。上层前方为一辆牛车，车内雕刻一人，旁边刻"忘（亡）息女口女乘车供养佛时"。牛车后紧跟一骑马人，前刻"忘（亡）息延庆乘马供佛时"，侍者手持华盖紧随其侧。下层亦刻有牛拉车和骑马人，下侧刻"忘（亡）息延明乘车马供养佛时，忘（亡）父元□供佛时，忘（亡）母皇甫男奸供养佛时，忘（亡）息女香□供养佛时，扶车奴□德"。碑身右侧菩提树形龛内雕交脚弥勒一尊，左侧造一善跏趺坐佛。

此碑造于武帝建德三年（公元 574 年）"周五灭佛"前一年，其上承北魏晚期"秀骨清相"风格，下启隋唐丰满圆润的艺术风格，为北周纪年造像碑中的上乘之作。

阁楼式石造像塔

北朝（公元 386—581 年）
高 58 厘米，底边长 18 厘米
2000 年敦煌原大佛寺附近出土
敦煌市博物馆藏

　　造像塔呈方柱形，存五级四面，每面刻一龛，
龛楣为圆形。每龛雕刻一佛二供养人像，每级四角
刻菩萨立像。为佛教早期石塔形制。

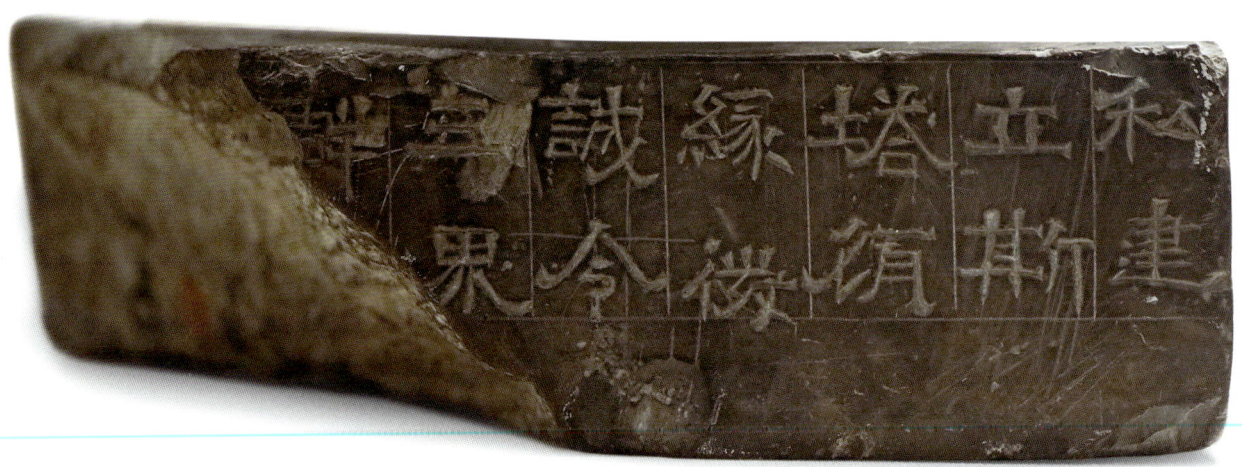

曹天护阁楼式石造像塔

北魏（公元 386—534 年）

1964 年酒泉县果园公社社员张纪录上交

酒泉市肃州区博物馆藏

　　塔身三层，下有基座，上有塔刹。塔檐、基座部分残缺。塔基座平面方形，四面刻发愿文，每面九行，每行两字，共六十八字："己卯岁有信士曹天护仰惟玄宗遐邈非积诚 / 无以阶生死幽崄非智德无以断是以每竭其 / 私建立斯塔愿缘微诚令三界群□□□□ / □□无上之庆十方有识普齐斯趣。"

　　塔身每层四面均凿一佛龛，四面挑出仿木构瓦垄和屋檐。正面上层中间雕尖楣圆拱龛，龛内雕一结跏趺坐佛，龛外两侧各雕一胁侍菩萨。中层和下层中间各雕一尖楣圆拱龛，龛内各雕一坐佛，龛外两侧上下各二小坐佛，共四身；左面上层中间雕一结跏趺坐苦修佛像，两侧各雕一站立胁侍菩萨，外侧对称各雕一树。中层中间雕一尖楣圆拱龛，龛内雕结跏趺坐佛，龛外两侧对称雕四身供养天。下层中间雕佛传故事之九龙灌顶，两侧各一站立胁侍菩萨；背面上层中间雕一盝形帷幕龛，龛内一交脚菩萨，龛外两侧对称雕四身供养天。中层中间尖楣圆拱龛内一结跏趺坐佛，龛外两侧对称雕四身小坐佛。下层中间雕树下诞生，两侧各一站立胁侍菩萨；右面上层中间龛内雕结跏趺坐佛，龛外两侧上层对称各雕一小坐佛，下层对称各雕一供养天，中层龛内雕一坐佛，龛外两侧对称雕四身小坐佛，下层中间龛内雕二佛并坐，龛外两侧各雕一站立胁侍菩萨。

　　塔的形制摆脱了西域造像塔的影响，以中原传统建筑多层楼阁式为形制，说明佛教东传过程中的中国化和本土化倾向。此塔也成为研究北魏早期佛教艺术的重要资料。

阁楼式石造像塔

北魏（公元 386—534 年）

高 31 厘米，宽 11.8 厘米

1958 年由甘谷县华盖寺院内出土

甘谷县博物馆

　　塔呈阁楼式，由一块天然整体石头雕刻而成，自下而上逐渐收缩。方形塔基，素面无纹，塔分两层，瓦楞屋檐，塔顶残损。每层四壁开拱形龛，四角立柱，每龛内均浮雕一佛，高肉髻，双手施禅定印，结跏趺坐。雕刻手法简练，重意而轻形。

三层石造像塔

北魏（公元 386—534 年）

通高 172 厘米

秦安县出土

甘肃省博物馆藏

　　塔体呈方形阁楼式，由塔顶、塔身和塔基组成。塔身三层，每层四面开龛，内雕一佛二菩萨和一佛二弟子二菩萨，佛或坐或立，身着褒衣博带式袈裟。其中最上层一侧雕释迦牟尼涅槃图，佛身后十大弟子举哀群像，佛坛下男女供养人哀伤跪拜。

　　塔上佛造像基本上反映了北魏晚期秀骨清像的艺术特点。塔身端庄沉稳，具有很高的审美与视觉效果。

石雕佛传故事碑（复制品）

北魏（公元 386—534 年）
高 136 厘米，宽 73 厘米，厚 1 厘米
麦积山石窟第 133 窟 10 号造像碑
麦积山石窟艺术研究所藏

　　佛传故事碑，全碑分上中下三段，分为十四个小方格，雕出一百余位身份不同的人物形象。上段中间为尖楣圆拱龛，二佛并坐，左侧上层为树下思维菩萨、阿育王施土，下层为释迦涅槃像；右侧为断发出家场面，释迦前有五人围观，也有人认为此图是太子在深山为阿若侨陈如等人说法。中段中间方格内为荡顶帷幕龛，龛内雕交脚菩萨，右手作说法状，

二菩萨侍立两侧。左侧上层为乘象入胎，下层为降服外道；右侧上层为树下诞生、步步生莲和九龙灌顶，下层为燃灯佛授记（买花供佛与布发掩泥）。下段中间一尖楣圆拱龛，龛内雕一佛二菩萨，佛结跏趺坐。左上层为文殊问疾，右上侧为鹿野苑初转法轮；下层两侧分别为挑檐屋形龛，龛内雕四天王和双狮。

彩绘舍利石函

北周（公元 557—581 年）

高 22 厘米，长 44.5 厘米，宽 33 厘米

20 世纪 60—70 年代泾川县南石窟寺院内

泾川县博物馆藏

　　石函顶面凿一长方形凹槽，正面雕一长方形框，内分三区，正中浮雕一盛摩尼宝珠的高柄托盘，两侧刻蕉叶纹；两侧各雕刻一只蹲踞的护法狮和一名佛弟子像。护法狮昂首相向，张口吐舌，憨态可掬。佛弟子慈眉善目。整体涂铁红色、绿色彩绘。

　　舍利石函为中国古代安置佛教舍利的最外层容器。利用石函瘗埋舍利，始见于北魏，流行隋唐时期，两宋时期达到顶峰，元明时期逐渐衰落。

石雕座佛

北魏（公元 386—534 年）
残高 30 厘米
1966 年庄浪县太家嘴出土
甘肃省博物馆藏

　　佛以结跏趺坐于方座上，持禅定印，身后背光上部残缺，
饰以密集火焰纹，头光则饰以莲瓣，头顶旋纹高肉髻，面圆
端庄，安详恬静展露微笑。

泥塑菩萨立像（2 件）

北魏（公元 386—534 年）
高 36—38 厘米
1999 年麦积山石窟第 162 窟发掘出土
麦积山石窟艺术研究所藏

　　两尊菩萨姿态左右大体对称。头戴宝冠，素发挽高髻。脸型秀长，细眉长眼，嘴角略带笑意。内穿三角领内衣，外穿交领宽袖衣，披帛于腹部交叉。一尊左手举于胸前，右手拢于衣袖中斜置于腰部，腹部略鼓起，重心向左后侧立；一尊姿势正好相反。菩萨衣裙曳地不露足，裙裾成喇叭状，折叠外撇，飘逸流畅。两尊菩萨长颈削肩，清秀俊美，是北朝造像"秀骨清像"的典型代表。菩萨脸上显露出内敛的笑意，也是一种典型的"东方微笑"。

　　据文静、魏文斌调查研究，此两尊泥塑菩萨原为麦积山

第 162 窟内壁上的主佛两侧的塑像。根据洞窟内现状可知：162 窟内正壁及左右壁主佛两侧各粘贴四尊小影塑造像，其中上面两尊为立佛，下面两尊为立菩萨。现正壁上仅存佛左上侧的立佛和下面的一尊立菩萨；左壁上仅存佛右下侧一尊立菩萨像；右壁仅存佛左上侧一身立佛，立菩萨像全部缺失。影塑立佛正面而立，菩萨则是略侧身，两两对称。根据测量残存的痕迹，其高度与两尊立菩萨像相当。文静、魏文斌推测，这两尊立菩萨像和甘肃省博物馆藏另一件正面立佛像，当是 162 窟佚失的影塑佛像。

释迦牟尼青铜像

北魏（公元 484 年）
高 21 厘米，宽 12.5 厘米
清水县出土
清水县博物馆藏

　　造像呈尖拱形，背光饰火焰纹，正面高浮雕释迦佛。四足龛上佛跏趺坐姿，双手呈禅静印，足龛两侧及背部阴刻铭文："太和八年四月廿七日清信仕张陵保造"。尖拱形背面阴刻两侍立菩萨，各手持杨柳枝抑或菩提树枝，呈交织状。

七佛背光铜佛像

北魏（公元 386—534 年）
高 22 厘米
1979 年西峰征集
庆阳市博物馆藏

　　佛结跏趺坐于须弥宝座之上，顶有肉髻，螺发大耳，宽额广颐，修眉长目，隆鼻樱唇，面部丰满，笑容可掬。身着通肩袈裟，双手结禅定印。背有高大的火焰纹背光，头光与背光之间有呈火焰形的七个小坐佛。须弥座束腰处阴刻网纹，网纹下饰缠枝纹，两前足各雕供养人一身。背光背面有一佛龛，龛眉下有三个小坐佛，佛下左右有伎乐天，身披飘带，双手作舞状。

四面浮雕造像塔塔顶

北魏（公元 386—534 年）

高 21.7 厘米，顶边长 16 厘米，底边长 18 厘米

1994 年华亭县安口镇谢家店出土

华亭县博物馆藏

塔顶砂岩质，体呈四棱柱状，顶平，下带圆榫。四面浮雕造像，均留边框。正面雕刻悉达太子树下思维图，菩提树直身阔叶遮蔽顶部，树下右侧太子屈蹲作思维菩萨状，曲左腿，左手托颊，左侧树前立一侍者。右面雕刻伎乐图，左侧坐一人击鼓，右侧飞天蹲跪弹拨曲颈琵琶，上刻一虚舞飞天。

背面上部雕刻对舞二飞天，下部雕二云朵、二天花，形态夸张。左面顶部刻两个散花飞天，中部刻云朵、天花，下部中刻摩尼宝珠，两侧各刻一躯双手合十跽坐状比丘。该造像塔工艺精湛，是北魏佛教造像中的精品，惜其余各层不存。

一佛二菩萨造像碑

西魏（公元 535—556 年）
高 39 厘米，宽 22.5 厘米
1990 年甘谷县大像山文管征集
甘谷县博物馆藏

　　正面浮雕一佛二菩萨像。佛身后有舟形背光和双层圆形头光，高髻大耳，双眉修长，垂目俯视，嘴角略带微笑，身着通肩袈裟，胸部袒露，腰系博带，右臂上举，手已残缺，左手施与愿印，结跏趺坐于长方形须弥座上，慈祥端庄。二菩萨身后亦有舟形背光，束高髻，戴宝冠，目下视，衣带得体，裙饰拖地，双手拢于袖中，置于腹前，侍立于佛的两侧，神态谦恭。须弥座有残损，右下角似有供养人，两侧各浮雕一护法狮子，狮尾高翘，生动活泼。

泥塑菩萨头像

北魏（公元 386—534 年）
高 31.7 厘米，宽 11.9 厘米，厚 19.3 厘米
天水麦积山石窟出土
麦积山石窟艺术研究所藏

　　菩萨相貌清秀，广额，鼻高直面阔大，眼睛微微张开，
丹唇，嘴角微微上翘，颇有一种"古风的微笑"，是北朝"秀
骨清像"的典型代表。"秀骨清像"造像模式意在展现佛像
慈祥宁静的内在精神。

泥塑菩萨头像

北魏（公元 386—534 年）
高 37.4 厘米，宽 16.4 厘米，厚 13 厘米
天水麦积山石窟出土
麦积山石窟艺术研究所藏

新月般修长的眉毛，高直修长的鼻梁，微微睁开的眼睛，微微上翘的嘴巴，古拙神秘而又含蓄的微笑，赋予了此尊菩萨和谐阴柔之美。

影塑弟子立像

北魏（公元 386—534 年）

高 24.5 厘米，宽 9.3 厘米，厚 4.1 厘米

天水麦积山石窟出土

麦积山石窟艺术研究所藏

　　佛弟子细眉长眼，相貌秀气，身着半裸袒肩式宽博裂裟，
衣角从右肩绕到左臂处，裹住左臂，双手抱于胸前。佛弟子
样貌已经趋向平民化，也即世俗化。

泥塑胁侍菩萨立像（复制品）

北魏（公元 386—534 年）
高 97 厘米，宽 45 厘米
麦积山石窟第 76 窟
麦积山石窟艺术研究所藏

影塑飞天

西魏（公元 535—556 年）
高 20.4 厘米，宽 24.4 厘米
麦积山石窟第 133 窟清理出土
麦积山石窟艺术研究所

麦积山石窟素有"东方雕塑馆"之称。"有龛即是佛，无壁不飞天"，飞天形式多种多样，如供养飞天、伎乐飞天、散花飞天等，制作形式有彩绘、有泥塑、有彩塑等。麦积山石窟飞天精工细作，质感很强，优美生动。

此为麦积山石窟第 133 窟窟顶的一身飞天，面部虽有残损，但其身着广袖长巾，足部掩于衣饰之中，轻盈秀美翱翔飞舞的身姿，仍彰显其最初的精美。

石佛头

北周（公元 557—581 年）
高 28.5 厘米，宽 22.5 厘米
2012 年泾川县大云寺佛造像窖藏出土
泾川县博物馆藏

　　佛长眉细眼，高鼻阔大，小嘴微翘，眼微闭，大耳下垂，高螺旋纹肉髻。面部和唇部均施有白色和红色彩绘。雕刻线条流畅，表现出了佛慈祥宁静的内在神韵。

石佛头

北周（公元 557—581 年）
高 20.5 厘米，宽 13 厘米
2012 年泾川县大云寺佛造像窖藏出土
泾川县博物馆藏

　　佛头高螺髻，面相丰圆，细弯眉，眼微鼓，直鼻小口，大耳下垂，下颌略丰，颈细长，上饰有三道纹。此头像雕刻线条流畅，面部表情自然，是龙兴寺遗址出土最完整、最精美之佛头像之一。

石雕菩萨像

北周（公元 557—581 年）
高 44 厘米，宽 23 厘米，厚 10.2 厘米
麦积山石窟出土
麦积山石窟艺术研究所藏

　　菩萨头戴花形宝冠，椭圆形光背
仅存四分之一，颈部饰项圈，身着披
帛，胸前佩戴璎珞。菩萨面部刻划丰
满圆润，雕刻细腻，柳叶形弯眉，长
目低垂，嘴角微露若有似无的笑意。
菩萨一手施无畏印，一手施与愿印。
　　菩萨体态匀称，造型准确，比例
适当，雕工精细娴熟，可与同时期青
州龙兴寺菩萨造像相媲美。

石雕观音立像

隋代（公元 581—618 年）

高 85 厘米，宽 22.5 厘米

2012 年泾川县大云寺佛造像窖藏出土

泾川县博物馆藏

　　观音头戴三叶冠，中间花叶内化佛一身，上饰忍冬纹，下缘饰莲瓣纹，两侧花叶上饰忍冬纹，宝缯下垂于肩。菩萨体态婉转曲折，面相圆润，长眉细目，高鼻小嘴，大耳垂肩，带有耳铛，下颌丰颐，细颈，戴圆形花尾纹项圈，中间装饰有圆形饰品，下部为流苏状饰物。

　　观音身着长裙，衣褶流畅，垂至脚踝，整体造像生动传神，是隋代菩萨造像的代表作之一。

鎏金一佛二菩萨青铜像

唐代（公元 618—907 年）

高 24.8 厘米，足床长 15.5 厘米，宽 10.1 厘米，高 6 厘米

1998 年镇原县新集乡崾岘村出土

镇原县博物馆藏

一佛二菩萨，中间为阿弥陀佛，左侧为观世音菩萨，右侧为大势至菩萨，合称为"西方三圣"。佛为高肉髻，面形丰圆，眉目清俊，两耳下垂，身着袒右肩袈裟，左手平伸，手心向上置于膝上，右臂高举作说法状，结跏趺坐在束腰莲花须弥座上。左侧观世音菩萨头戴高宝冠，面目圆润、体态丰腴，颈饰项圈，胸前挂有璎珞，腕戴钏环，下着紧身裙，左手提净瓶，右手持拂尘，跣足立于莲枝座上。右侧菩萨同

左式，左手拿拂尘，右手持法器无法辨识。佛座前还有两护法神，面目狰狞，姿态各一，疑为迦陵频伽。

从造像风格来看，此佛造像已脱离了魏晋南北朝时期的"秀骨清像"，出现了盛唐健康丰满、雍容华贵的风貌。造像整体比例合度，形态自然。造像铸造精细，鎏金精良，反映了唐代造像艺术的高超。

鎏金十一面观音青铜像

唐代（公元 618—907 年）

通高 84 厘米

1985 年天水市文化馆移交，原藏天水水月寺

天水市博物馆收藏

观音像分上下两部分，上为观音像，下为四层七宝台。观音头戴花冠，冠上排列十一个菩萨头像为"十地菩萨"。观音主面和善庄严，双手纤巧，两足丰柔。上身袒裸，披帛绕胸缠臂飘落在地。胸前璎珞下垂至膝。下身着"曹衣出水"长裙，跣足立于莲台上。

观音身生六臂，在身体两侧分三层排列，最上面两臂阳手向上托举似有持物；中间两臂两手虚合掌，双拇指并竖，两食指弯曲如勾型，结为秘密真性如意珠印；下方两臂下垂，拇指与中指相捻，结灭恶趣印。

十一面观音，别名大光普照观音、密号慈愍金刚，是密教六观音之一。天水地区是汉传佛教密宗东传的重要节点，这尊十一面观音青铜像是密宗信仰在当地流行的实物证据。

石雕弟子像

唐代（公元 618—907 年）
高 65 厘米，宽 20 厘米
炳灵寺石窟 10 号窟龛佛右侧弟子
炳林寺文物保护研究所藏

　　石雕像为一憨态可掬、俊朗年少的弟子立像，保存完整，但头面部及上半身有明显的焚烧痕迹。造像面型丰润，头部略向右侧倾，双眼及唇部显露出一种聪颖无邪的微笑。身着交领长衫，衣纹阴刻，线条疏朗写实。双臂横抱于腹前，赤脚立于半圆台上。塑工通过对人物面颊、五官、神态、身姿等细节的成功刻画，表达了唐代雕刻艺术"以形写神"的审美情趣，和佛教艺术进一步融于社会世俗生活的发展态势。

"胡跪"菩萨影塑（2件）

唐代（公元 618—907 年）

左：高 34.5 厘米，宽 15.5 厘米

右：高 32 厘米，宽 12 厘米

敦煌莫高窟出土

敦煌研究院藏

　　两尊胡跪菩萨，戴华冠，姿态虔诚，其一双手托花，其一双手捧花。"胡跪"是指西域一种跪拜形式，一腿跪，一腿蹲，是地位较低的供养菩萨。

石雕菩萨头像

唐代（公元 618—907 年）
高 15.9 厘米，宽 6.5 厘米
炳灵寺石窟出土
炳林寺文物保护研究所藏

　　菩萨双眉细长弯曲，双眼似微闭入神，鼻尖残失，唇角上挑略含笑意，面型圆润丰腴，耳垂狭长。头发分两段向上束起后又在顶部结高髻，云鬓高耸，典雅娴静，尽显唐代菩萨温婉柔美的女性特征。

石雕菩萨头像

唐代（公元 618—907 年）
高 22.3 厘米，宽 15.5 厘米
炳灵寺石窟出土
炳灵寺文物保护研究所藏

　　菩萨眉眼细长，鼻尖部残失，嘴唇小巧施红彩，面型呈
椭圆形。头顶原应有高高耸起的发髻，现已残失。菩萨在双
耳前后、后脑及头顶部有规律地束起发辫，紧凑而别致，是
研究唐代妇女发式变化的绝好实例。

泥塑菩萨头像

宋代（公元 960—1279 年）

高 39.5 厘米，宽 16 厘米

麦积山石窟出土

麦积山石窟艺术研究所藏

水月观音像

宋代（公元 960—1279 年）

高 14.9 厘米

征集

甘肃省博物馆藏

　　水月观音是佛教观音菩萨示现三十三身像之一，作观水
中月影状，故名"水月观音"，其形象可分三种：结跏趺坐、
站姿和如意坐姿。此件呈如意自在坐姿，头戴化佛花冠，是
年代较早的铜鎏金水月观音造像。

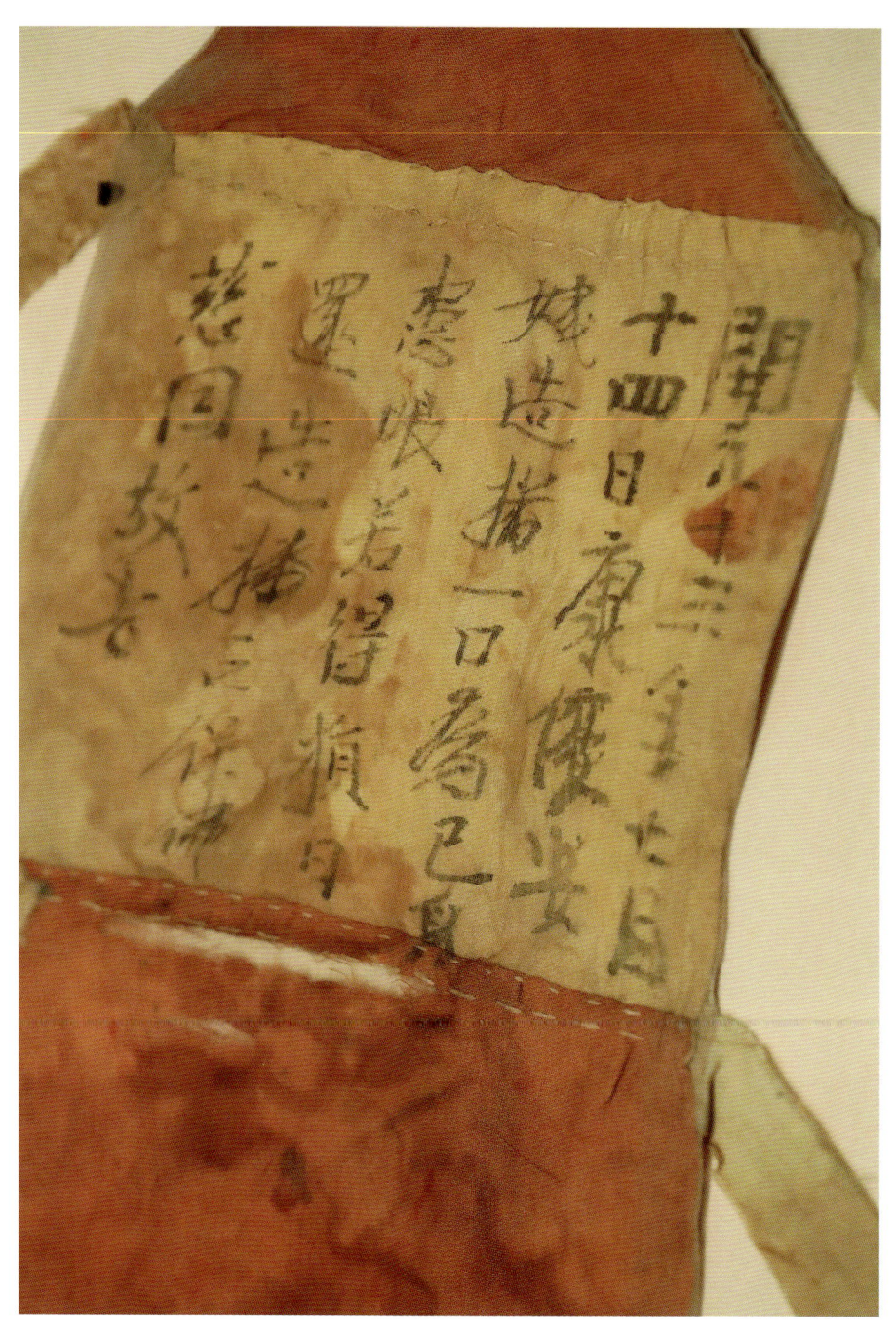

许愿绢幡

唐开元十三年（公元 725 年）
长 162 厘米，宽 15 厘米
1965 年发现于第 130 窟南壁西侧一岩孔内
敦煌研究院藏

　　幡是佛教供养品，主要与药师信仰有关。此幡首为双层红色绢，顶缀蓝色绢带环结。幡身七段，由黄、红色绢相间连接而成。各段相接处，内撑以裹着丝绵的茋茋草棍，两侧缀以短带。幡尾为本色绢，质细而薄。

　　幡身第一段有墨书发愿文六行三十八字："开元十三年七月十四日康优婆姨造播（幡）一口为己身患眼若得损日还造播（幡）一口保（报）佛慈恩故告。"研究者认为，从书法、错别字看，此康姓女供养人或为康国人。

供养人刺绣画残片

北魏太和十一年（公元 487 年）
横幅花边高约 13 厘米，残宽 62 厘米
1965 年发现于 125—126 窟窟前崖壁裂缝中
敦煌研究院藏

供养人刺绣画残片，发愿文有"太和十一年广阳王"铭，为北魏时期广阳王施造的刺绣佛像制品。

佛像居中，推测为说法图，主尊身披红色袈裟，结跏趺坐于莲座上，两侧当各有胁侍菩萨，惜已残。佛座下部正中为发愿文，残存有"广阳王慧安造"等字样。文字左右是供养人。供养人一男四女，均身着胡服，身旁绣有名款：右侧第一人为前导比丘尼，题记"师法智"；第二人戴高冠，着窄袖对襟长衫，题记为"广阳王母"（母字稍残）；第三人题记"妻普贤"；第四人"息女僧赐"；第五人题记"息女灯明"。研究者指出，发愿文中的"广阳王慧安"不见史载，"慧安"应该是佛法名。第四代广阳王元嘉崇信佛教最为虔诚，他曾"读一切经凡三遍，造爱敬寺以答二皇；为众经抄一十五卷，归心委命，志在法诚"。其身边的"慧安""普贤""灯明""僧赐"等人都应该是其家人的"法名"。

此绣品是我国目前发现年代最早的一幅满地绣佛像。图案都用细密的辫子股针绣出，线条流畅如画，针势走向随纹样转折而变化；佛像的边饰绣有忍冬联珠龟背纹，用圆形和六角形套叠，填饰忍冬纹；由深蓝、浅紫、白、棕等色相互搭配为褪晕效果；佛像除花边外，通体满地施绣。绣品色彩以浅黄色为底，将红、黄、绿、紫、蓝等色巧妙地搭配在一起，具有很强的装饰性。所绣佛像人物图案生动，面部表情端庄，配色为二晕色，是研究中国刺绣发展史的重要实物资料。

緣生論　聖者欝愣伽造隋天竺三藏達磨笈多於東京於上林園譯

從一生於三　從三轉生六　六二更六　從六亦生六

從六有於三　此三復有三　三復生於四　四復生於三

從三生於一　彼一復生七　於中所有皆應知　集出熟後邊

無智與業識　名色根亦知謂及次取　應知十二法

十二種差別善淨說爲空　緣生分力故　亦知十二法

初八九煩惱　第二第十業　餘七皆是苦　三攝十二法

五分因生果　名爲煩惱業　七分次爲果　七種苦應念

初二是過去　後二未來時　餘八是現在　此謂三時法

煩起業感報　報逐生煩惱　煩惱復生業　亦由業有報

離惱何有業　業壞則無報　無報則離惱　此三各自滅

因中空無果　因果中亦無因　果中空無因　果中亦無果

因果二俱空　智者與相應　梵本一偈今爲一偈半

世中四種分　因果合故有　煩惱業果合　念念轉生流行

有爲所攝故　二即及三略　三四即想略

二二三三　昔時有五法　無衆生無命　元動沒慧知

熱惱貪之果　轉出津流果　無衆生無命　一二一法

逆惑發起果　報流果爲二　相應根分中　一一二二分

此有十二種　等力緣自生　作者胎境界　發轉生流行

無我無我所　無我無因四　四種無智空　餘分亦如是

斷常二邊離　此即是中道　若覺已成就　覺體是諸佛

覺已於衆中　仙聖說無我　曾於城龕經　導師說此義

迎摩延經說　正見及空見　破邪真賦經　名也亦說殊勝空

生緣若正知　彼知空相應　生緣若不知　亦不知彼空

於空若起愣　則不猒受衆　若有彼无見　則迷緣生義

緣生不迷故　離愣彼知空　及猒受衆故　不迷業果合

《缘生论》

唐代（公元618—907年）
高24.3厘米，长46.9厘米
冯国瑞捐赠
甘肃省博物馆藏

　　佛教经典，唐不空译。佛说诸法因缘所生，缘生论主张万物生成既要有"因"，又要有"缘"，即条件。在佛家看来，缘生论是解释不断变动中的宇宙万物的最基本的理论。

力浴菩薩身謂所天开伸伸近乱门船陁仙
合掌恭敬讃歎欲如藥涕墮不為世樂之
所迷或出家修道樂於開寂玆破即初无散
當行於諸眾生平等无二心常在定
乱眼雜身四寸不隨行時直視不顧左右所
衣眼相好嚴麗癃餮其身草不動乱為調
食之物物无渾過墨趉之慶立城昏平
眾生故往說法心无懊惱是名若聞菩
薩行七步已唱如是言我今此身當是後邊
阿私陁仙合掌而言大王當知悉達太子定
當得成阿耨多羅三藐三菩提終不在家作
轉輪王何以故相明了故轉輪聖王相不明
弓恚達太子身相炳著者是故必得阿耨多羅
三藐三菩提見老病死復作是言一切眾生
甚可憐愍常與如是生老病死共相随逐而
加仙受非有想非无想定已說非涅
縣是生死法六年苦行九所剋獲即作是言
修是當行空无所得若是實者我應得之以
之所凡復不能受我正法之言梵王復言世
盧妄故我无所得是名耶術非正道也既成
道已梵天勒諸菩薩如來當為眾生廣開甘
露說无上法佛言梵王一切眾生常為煩惱
尊一切眾生凡有三種所謂利根中根鈍根
利根能受唯顧為說佛言梵王諦聽諦我
今當為一切眾生開甘露門即於波羅棕國
轉正法輪宣說中道一切眾生不壞諸結非
不能波非彼非不破故名中道一切眾生非

《大般涅槃经》卷第二十八

唐代（公元 618—907 年）

高 25.8 厘米，长 95.3 厘米

移交

甘肃省博物馆藏

　　《大般涅槃经》，简称《涅槃经》，共计四十卷，北凉昙无谶译。原经一般认为是在公元三世纪至四世纪之间（或说二世纪至三世纪）产生于克什米尔地区。主要阐述佛身常住、一切众生悉有佛性、阐提成佛以及涅槃、常乐我净等大乘佛性思想，强调佛性的永恒性和众生成佛的普遍性。传入中国后影响其大，南北朝时期出现了许多专门研习此经的涅槃师，形成涅槃学派。

后 记

　　《丝路孔道——甘肃文物菁华》是2019年中国国家博物馆举办的同名展览的图录，是中国国家博物馆国内交流系列丛书之一，它的出版为该展览画上了圆满的句号。

　　2018年8月，中国国家博物馆分别与甘肃省文物局、甘肃省博物馆签署了战略合作协议和备忘录。双方达成共识，将一同建立全方位、立体、务实的合作机制，构建高层次、大视野、全方位的合作平台，在学术研究、文物保护利用、展览策划、人才培养、文创开发等领域促进资源共享、优势互补，在支撑"一带一路"建设中发挥更加积极的作用。"丝路孔道——甘肃文物菁华"展（以下简称"丝路孔道展"）正是落实此次战略合作协议的直接成果。

　　甘肃是中华文明的重要起源地之一，是汉唐时期丝绸之路上的"黄金段"，是东西方文明的交汇之区、枢纽之地，是自古以来的华夏多民族聚居区。在数千年的历史长河里，多元互异的东西方文化在这段狭长的地理空间里相互激荡，不同族群在这里迁徙流动、融汇共生，最终形成了厚重而又独特的区域历史文化。"丝路孔道展"以516件（套）考古发掘的甘肃各历史时期的重要文物为基础，勾勒出一幅历史悠久辉煌、文化异彩纷呈、多民族和谐聚居的甘肃古代历史图景，全方位呈现和诠释甘肃在中华文明起源发展进程中，在东西方文明交流互鉴中所扮演的角色、地位与作用，深入贯彻了甘肃"丝绸之路三千里，华夏文明八千年"的文化宣传理念。

　　"丝路孔道展"是在国博举办的最大规模的甘肃文物专题展，展览全方位展现甘肃悠久厚重的历史文化底蕴，诠释历久弥新的丝绸之路精神，是对习近平总书记提出的"一带一路"倡议的宣传和贯彻。展览闭幕后不久，习近平总书记沿河西走廊自西向东，行程1000多千米，先后在敦煌、嘉峪关、张掖、武威、兰州考察调研，了解文物保护和研究、弘扬优秀历史文化情况。习近平总书记强调，加强文物保护，推动甘肃文化研究，服务共建"一带一路"。在此意义上来讲，"丝路孔道展"是文博工作者对中央"一带一路"重大倡议的践行，恰逢其时，意义重大。能参与此次展览的策划，我们都深感荣幸。

　　"丝路孔道展"的展品数量大、规格高（其中一级文物占比达62%），展厅设计悦人耳目，吸引了从中央到地方的大批媒体的持续关注与宣传报道，社会反响强烈。

　　"丝路孔道展"得以成功举办，得益于各主办单位、协办单位的通力合作、密切配合。在筹展过程中，王春法馆长对展览提出了明确的策展理念和实施工作要求，陈成军常务副馆长积极沟通工作方案、协调展品，馆内各相关部门积极配合相关工作，在短时间内完成了大量的工作，确保了展览按期顺利开幕，同时各部门同仁以专业的工作保证了所有参展文物的安全。在此，我们对馆领导和各位同仁的大力支持致以最诚挚的感谢。

本展览的顺利举办，离不开甘肃省文物局、甘肃省博物馆、敦煌研究院及省内40余家文博机构的鼎力支持，为一个临时展览出借如此数量巨大、珍贵程度极高的文物是需要一定的勇气和魄力的。在此，我们向甘肃文物局、甘肃省博物馆等相关单位和个人的尽心努力致以深深的谢意。

　　我们以为，"丝路孔道展"完成了对甘肃历史文明演进历程、发展特征及其历史地位的一个巡礼，是一种长时段的宏观叙事，期待将来有机会以分时段、分区域的视角策划展览，通过展示历史时空的切面，深描区域文化的精神，全面介绍和展示甘肃历史文化，助力甘肃华夏文明传承创新区的建设。

"丝路孔道"展览项目组

图书在版编目（CIP）数据

丝路孔道：甘肃文物菁华 / 王春法主编. -- 北京：
北京时代华文书局, 2020.7
ISBN 978-7-5699-3745-9

Ⅰ. ①丝… Ⅱ. ①王… Ⅲ. ①文物—甘肃—图集
Ⅳ. ①K872.420.2

中国版本图书馆CIP数据核字 (2020) 第095410号

责任编辑

余　玲

周海燕

中国国家博物馆国内交流系列丛书

丝路孔道—— 甘肃文物菁华

Silu Kongdao Gansu Wenwu Jinghua

主　编：王春法
出版人：陈　涛
出版发行：北京时代华文书局 (http://www.bjsdsj.com.cn)
地址：北京市东城区安定门外大街138号皇城国际A座8层
邮编：100011
发行部：010－64267120　010－64267397
印制：北京雅昌艺术印刷有限公司　电话：010－80451188
开本：635mm×965mm　1/16　印张：34.25　字数：621千字
版次：2020年7月第1版　2020年7月第1次印刷
书号：ISBN 978－7－5699－3745－9
定价：750.00元

如发现印装质量问题，请与印厂联系调换
版权所有，侵权必究